JN299570

消費者行動の多国間分析

— 原産国イメージとブランド戦略 —

朴 正洙 著

千倉書房

は し が き

　本書は，原産国イメージ効果に関する先行研究を体系的にまとめると同時に，日本および日本の輸出上位4ヵ国（アメリカ・中国・韓国・台湾）の消費者を対象に調査をし，原産国イメージが与える影響をまとめたものである。この結果から消費者行動研究を国際的な側面から新たな方向性を提示することを試みた。

　世界経済のグローバル化により，企業間競争は激化の一途をたどっている。市場にはさまざまな国で生産された輸入品が並び，日本ブランドの商品であっても生産自体は海外で行われているケースも少なくない。巨大な多国籍企業のみならず，主に国内で活動する内需型企業であっても，グローバル競争に参加せざるを得ないのが実情である。

　海外で生産された製品や海外ブランドに対する消費者の品質評価や態度，購買は何によって影響を受け，どのようなプロセスによって決定されるのか。こうした消費者行動について，アメリカでは1960年頃から「カントリー・オブ・オリジン（country of origin；COO）」という視点から盛んに議論されている。なお，COOとは直訳すると「原産国」を意味する用語であるが，研究対象的には実際の原産地だけではなく，ブランドなどから原産地として想像される国や地域も含まれていることを付言しておく。

　イタリアなら情熱的で，ドイツは真面目といったように，国や地域にはそれぞれイメージがある。原産国イメージは消費者の製品評価に影響を及ぼす。また，ジーンズの「リーバイス」ならアメリカ，「ベネトン」ならイタリアといったように，ブランド・イメージと結び付き，ブランド知識を形成する要因の1つとなるケースも少なくない。

　原産国イメージがもたらす効果に関連する研究は，国際消費者行動研究の中で最も多く研究されたテーマであり，欧米を中心に膨大な研究成果が蓄積されている。国際分業とグローバル化が急速に発展する中でマーケティング研究の主要テーマの1つとして変貌・発展を遂げていった。またビジネス現場でも，

原産国イメージを適切に自社のマーケティング戦略に取り入れることは，あらゆる企業にとって必要不可欠な戦略となってきているといっても過言ではない。

しかしながら，日本における原産国イメージ効果に関する研究は極めて限定的にしか展開されてこなかった。1990年代以降，原産国イメージ効果研究の新たな潮流となったブランドや消費者エスノセントリズム（consumer ethnocentrism），敵対心（animosity）について体系的に取り組んだ研究はほとんどみられないのが実情である。

そこで，本書では，国際消費者行動研究の中核的領域である原産国イメージ効果研究に焦点を当て，欧米とわが国における原産国イメージ効果研究の乖離を解消すると同時に，最新の研究成果を踏まえた総合的な視点から諸関連研究の体系化を目指し，独自の調査結果に基づき，新たな方向性を展開する。

本書は，海外を含め従来の国際消費者行動研究書とは異なる3つの特色を有している。

第1の特色は，膨大な先行研究の成果を体系的に考察し，その結果と課題を大規模な調査によって明らかにしたことである。従来の原産国イメージ研究は，ある特定の領域，または調査対象国に焦点を当てて行われた研究が多かった。

日本における原産国イメージ研究は，近年まではあまり注目されていなかったが，その必要性は高まりつつある。本書では，初期の原産国研究から1990年代以後の新たな原産国研究の潮流であるブランド，消費者エスノセントリズム，敵対心に関する海外を中心に行われた研究成果を体系的に考察し，その結果と課題について大規模な国際比較研究を実施した。これらの研究成果によって，海外と国内の原産国イメージ研究成果のギャップを一部でも解消することを試みた。

第2の特色は，受け手（消費者）を中心とした原産国イメージ効果研究の必要性を提示したことである。まず，マーケティング戦略の観点から，従来の製品戦略を中心とした原産国イメージ効果研究を，次にマーケティング活動の受け手である消費者を中心としたコミュニケーション戦略の観点から再構築して

考察した。

　同様に，制度を中心とした従来のグローバル・マーケティングの研究枠組みから脱皮し，各国消費者を対象とする調査結果に基づき戦略的インプリケーションを提示した。日本におけるグローバル・マーケティングに関する研究は，企業側のマネジメント戦略に重点を置いた研究が大半を占めている。ところが，低開発国生産の危険性減少，グローバル・ブランドの成長によって，企業のグローバル戦略も各国の消費者に焦点を合わせる必要性が生じてきた。したがって，本書では，企業活動の受け手である消費者の観点から戦略的可能性を提示するために，各国の消費者を中心として議論を展開した。

　第3の特色は，調査対象国を日本だけにとどまらず，アメリカ・中国・韓国・台湾という日本の輸出上位4ヵ国の消費者にまで拡大した点である。従来のマーケティングおよび消費者行動研究の多くは，アメリカと日本の消費者を主な対象としていた。しかし，今日ではアジア市場の重要性がますます高まっている。日本経済新聞社が上場企業130社の2001年3月期の動向を収集した結果によると，2011年3月期にアジア地域での営業利益は日本国内の利益を上回り，過去最高になった。したがって，本研究は日本とアメリカの消費者だけではなく，中国・韓国・台湾という日本の主な輸出相手国の消費者にまで調査対象を拡大した。日本の輸出の約半分を占めるこれら4ヵ国の消費者を比較分析することで，より実務的なインプリケーションを提示したい。

　上記のような問題意識のもと，本書では主に原産国効果イメージ研究を中心理論とし，それらの諸課題を以下のように検討する。

　序章では，研究課題と原産国イメージ効果研究の必要性を提示した。

　第1章では，原産国効果研究の先行研究を初期研究からブランド連想研究に至るまで，原産国イメージ効果の認知的アプローチを中心として概観する。認知的原産国イメージ効果研究は，主に「手がかり情報（information cue）」を中心理論として，原産国の複雑化研究，ブランド・オリジン研究に至る。以上の認知的原産国イメージ効果研究の変遷プロセスを網羅することによって，認

知的原産国イメージ効果研究の成果と限界を明らかにする。

　第2章では，第1章の研究成果と課題に基づき日本の一般消費者400名を対象に行った調査結果を示す。1990年代以降の世界経済のグローバル化に伴う，グローバル・ブランドの影響力の拡大により，かつて原産国情報が担っていた手がかり情報としての機能も「ブランド」が担うようになったことを実証する。そして，原産国イメージ効果は受け手（消費者）を中心とした議論に発展する必要性があることを提示し，「製品戦略」から「コミュニケーション戦略」に転換する必要性を主張する。

　第3章では，規範的原産国イメージ効果として，消費者エスノセントリズムの概念と関連した既存研究に基づき議論を展開する。消費者エスノセントリズム研究の登場背景を考察し，その先行研究を綿密にレビューすることによって，消費者エスノセントリズム研究を体系的にまとめる。

　第4章では，グローバル・マーケティングの基本的な分析ツールである人口統計的要因・社会心理的要因・経済的要因などからアメリカ・中国・韓国・台湾の消費者1,164名を対象に行った調査結果を比較分析する。

　第5章では，感情的原産国イメージ効果として，敵対心に関する先行研究を敵対要因別に考察する。加えて，アメリカ・中国・韓国・台湾の消費者を対象に実証研究を行う。実証研究では，反日感情（日本に対する敵対心）の先行要因として，戦争を要因とした敵対心と経済を要因とした敵対心から各国の反日感情への影響をモデル化し，各国消費者を対象に比較分析を実施する。

　第6章では，中国と韓国の消費者のパラドックス連想（反日感情 vs. 日本製品への好意的な態度）を，マーケティング・コミュニケーション戦略の観点から考察する。そのために，中国と韓国の消費者420名を対象に行った調査結果から，受け手を中心としたグローバル・マーケティング・コミュニケーション戦略の必要性を提示する。

　第7章では，原産国イメージを活用したマーケティング・コミュニケーションの具体的な戦略として，ブランド・レバレッジ戦略の重要性と諸概念を提示する。さらに，ブランド・レバレッジ戦略を検証できる「ブランド・コミュニ

ケーションにおける意味移転モデル」を日本の消費者720名を対象に実証する。

終章では，本論文の意義と今後の研究課題について論じる。

本書を執筆するにあたり，多くの先生，諸先輩のお世話になった。

まず，恩師である早稲田大学名誉教授の亀井昭宏先生には，公私にわたり暖かいご支援をいただいている。大学院修士課程のときに受講した「マーケティング・コミュニケーション」の講義で先生に初めてお会いしたことは今でも鮮明に記憶に残っている。講義の中での発言および発表に対して，私の研究者としての可能性を高く評価していただき，研究の発展可能性を示していただいた。このとき以来いただいているご支援は，研究者の道を歩む私の最大の励みになっている。先生のご専門であるマーケティング・コミュニケーションの研究から離れて海外消費者調査を続けていることに対しても，「これからのマーケティングの研究者は特定の専門分野だけではなく，いくつもの専門領域を持たないといけない」と常に応援していただいた。マーケティング研究に対する先生の先見的視野に敬服するとともに，先生の期待に応えられる一人前の研究者になるように今後も精進したい。さらに，亀井先生には，研究だけでなく人としても多くを学ばせていただいている。誰に対しても謙虚で誠実なお人柄は，私にとって常に目標であり続けている。このように亀井先生に対する感謝の気持ちは，言葉では言い尽くせない。

また，本書のベースとなった博士学位論文のご指導をして下さった先生方に，厚く御礼を申し上げたい。大学院修士課程以来ご指導をいただいている早稲田大学の太田正孝先生からは，グローバルな視点を持って研究に臨む重要性をご教示いただいた。また，同大学の武井 寿先生からは，意味とコミュニケーションなどマーケティング研究の理論的体系に加え，本書の全般にわたってご指導をいただいた。青山学院大学の三村優美子先生からは，流通という観点から本研究の内容を綿密に確認していただき，有益なご助言をいただいた。

さらに，消費者行動研究については阿部周造先生，マーケティング戦略については大学院修士論文指導以来ご指導を頂いている恩蔵直人先生，広告コミュ

ニケーションについては嶋村和恵先生，マーケティング・サイエンスについては，守口　剛先生に日ごろからたいへんお世話になっている。その他にもここで全員のお名前を挙げることはできないが，早稲田大学商学学術院の先生方のご研究とご指導は本書の執筆に多大な力となった。同大学の先輩の先生方にも学会関連で日頃たいへんお世話になっている。各先生方に改めて感謝を申し上げたい。

さらに，日本商業学会・日本消費者行動研究学会・日本広告学会・日本ダイレクトマーケティング学会などの先生方には学会活動の中で常に貴重なアドバイスをいただいている。

本書を出版する基礎となる研究に対して助成をいただいた吉田秀雄記念事業財団の関係者には厚く御礼を申し上げたい。吉田秀雄記念事業財団には，二度にわたる研究助成と今回の出版機会をいただいた。これまでの同財団の関係者にここに記して感謝申し上げる。

日本学術振興会の関係者にもお礼を申し上げたい。科学研究費若手B（課題番号21730345）と科学研究費基盤C（課題番号23530547）の研究機会がなかったら，このような大規模な国際比較調査を行うことはできなかった。

また，日経広告研究所の関係者に対しても厚くお礼を申し上げたい。同研究所では大学院博士後期課程在籍中より，客員研究員として研究会に参加させていただいた。研究会の成果は本書にも反映されている。

本書の出版を快諾していただいた千倉書房，ならびに編集部長の関口　聡氏に対しては心よりお礼申し上げたい。

最後に，常に私の研究生活を支えてくれている家族にも感謝の気持ちを表したい。

2012年7月

朴　正洙

目　次

はしがき

序章　多国間消費者行動研究の必要性 …………………………1
　1　先行研究と研究課題 …………………………………………1
　2　原産国イメージ効果研究の必要性 …………………………2
　　2.1　日・米消費者における原産国イメージに対する意識の違い …………2
　　2.2　原産国イメージ効果研究の必要性 ………………………………5

第Ⅰ部　認知的原産国イメージ

第1章　認知的原産国イメージ効果研究 …………………13
　1　原産国イメージ効果 …………………………………………13
　2　原産国イメージ効果研究の発祥 ……………………………14
　　2.1　初期の原産国イメージ効果研究 ……………………………14
　　2.2　初期研究の成果 ………………………………………………22
　3　原産国イメージ効果の精緻化と国際化 ……………………25
　　3.1　原産国イメージ効果の精緻化 ………………………………26
　　3.2　グローバル化による国際比較研究 …………………………30
　4　原産国の複雑化とグローバル・ブランドの台頭 …………32
　　4.1　先行研究 ………………………………………………………32
　　4.2　調査内容の考察 ………………………………………………42
　　4.3　企業戦略の実態 ………………………………………………44
　　4.4　日本の製造業における東アジア現地法人の現地調達先の割合 …45
　　4.5　結果と今後の研究課題 ………………………………………46
　5　ブランドにおける原産国イメージ効果 ……………………49
　　5.1　低開発国生産の危険性低下とグローバル・ブランドの成長 …………50
　　5.2　ブランド・オリジンの概念と展開 …………………………54

5.3　グローバル・ブランド名の効果 …………………………………57
　　5.4　ブランド連想における原産国イメージ …………………………59
　6　まとめ ……………………………………………………………………62

第2章　原産国イメージ効果の新展開 ……………………………………67
　　　　――ブランドを中心とした原産国イメージ効果――
　1　原産国イメージ効果における「ブランド」 …………………………67
　2　先行研究と仮説導出 ……………………………………………………68
　　2.1　先行研究 ……………………………………………………………68
　　2.2　仮説導出 ……………………………………………………………70
　3　実証研究 …………………………………………………………………75
　　3.1　調査概要 ……………………………………………………………75
　　3.2　実験計画 ……………………………………………………………77
　　3.3　分　析 ………………………………………………………………78
　4　検証結果 …………………………………………………………………81
　5　まとめ ……………………………………………………………………83

第Ⅱ部　規範的原産国イメージ

第3章　消費者エスノセントリズム研究の理論 …………………………89
　1　規範的原産国イメージ効果 ……………………………………………89
　2　消費者エスノセントリズム研究 ………………………………………90
　　2.1　消費者エスノセントリズム研究の背景 …………………………90
　　2.2　エスノセントリズムに関する理論的考察 ………………………92
　3　消費者エスノセントリズムの研究成果 ………………………………94
　　3.1　初期の消費者エスノセントリズム研究 …………………………94
　　3.2　研究の多様化 ………………………………………………………97
　　3.3　グローバル化と精緻化 ……………………………………………103
　4　先行研究の考察 …………………………………………………………114
　　4.1　消費者エスノセントリズム研究の成果 …………………………114

4.2　消費者エスノセントリズム研究の課題 ………………………116
　5　まとめ …………………………………………………………119

第4章　消費者エスノセントリズムの比較分析 …………………121
　　　　――アメリカ・中国・韓国・台湾――
　1　消費者エスノセントリズムの課題　………………………………121
　2　消費者エスノセントリズムの主要な先行要因 …………………122
　　2.1　消費者エスノセントリズムの先行要因 ………………………122
　　2.2　調査対象国（アメリカ・中国・韓国・台湾）…………………125
　3　仮説設定 ………………………………………………………126
　　3.1　地理的要因 ……………………………………………………126
　　3.2　人口統計的要因 ………………………………………………127
　　3.3　マクロ経済要因と国際比較 …………………………………129
　4　実証研究 ………………………………………………………131
　　4.1　地理的要因 ……………………………………………………131
　　4.2　人口統計的要因 ………………………………………………132
　　4.3　マクロ経済要因と国際比較 …………………………………135
　　4.4　検証結果 ………………………………………………………137
　5　まとめ …………………………………………………………138

第Ⅲ部　感情的原産国イメージ

第5章　敵対心研究の影響と課題 ……………………………………143
　1　感情的原産国イメージ効果 ………………………………………143
　2　敵対心（Animosity）の先行研究 ………………………………144
　　2.1　戦争を要因とした敵対心 ……………………………………144
　　2.2　経済を要因とした敵対心 ……………………………………150
　　2.3　その他を要因とした敵対心 …………………………………151
　　2.4　先行研究の考察 ………………………………………………152
　3　反日感情の先行要因 ………………………………………………153

3.1　仮設の設定 ……………………………………………………155
　　3.2　モデルの検証 …………………………………………………159
　4　調査結果 ……………………………………………………………166
　5　まとめ ………………………………………………………………166

第6章　パラドックス連想におけるコミュニケーション戦略 …171
　1　アジアにおけるコミュニケーション戦略の必要性 ………………171
　2　中国におけるグローバル企業のトラブル …………………………172
　　2.1　ネットを中心としたグローバル企業のトラブル ……………172
　　2.2　トヨタの広告問題 ……………………………………………173
　　2.3　中国の新しい民族主義の台頭 ………………………………176
　　2.4　中国のインターネット利用状況 ……………………………177
　　2.5　中国の伝統メディアの状況 …………………………………180
　　2.6　日本製品に対する高い評価 …………………………………181
　3　仮説設定 ……………………………………………………………182
　4　実証研究 ……………………………………………………………188
　　4.1　調査設計 ………………………………………………………188
　　4-2　測定尺度 ………………………………………………………189
　　4.3　分析1（日本ブランド1）……………………………………189
　　4.4　分析2（日本ブランド2）……………………………………194
　　4.5　検証結果 ………………………………………………………201
　5　まとめ ………………………………………………………………202

第Ⅳ部　原産国イメージに基づいたブランド戦略

第7章　ブランド・レバレッジ戦略 ………………………………209
　1　二次的ブランド連想の活用 …………………………………………209
　2　ブランド・レバレッジ戦略 …………………………………………209
　　2.1　ブランド・レバレッジ戦略の必要性 ………………………210
　　2.2　ブランド連想の活用 …………………………………………213

3　ブランド・レバレッジ戦略に関する実証研究 …………………215
　　3.1　先行研究と仮説導出 ………………………………………216
　　3.2　実証研究 ……………………………………………………223
　　3.3　検証結果 ……………………………………………………226
　4　まとめ ……………………………………………………………228
終章　本書の意義と今後の研究課題 …………………………………231
　1　原産国イメージ効果研究の体系化と新たな方向性 …………231
　2　本書の意義 ………………………………………………………231
　3　今後の研究課題 …………………………………………………232
参考文献 …………………………………………………………………235
索　　引 …………………………………………………………………249

序章　多国間消費者行動研究の必要性

1　先行研究と研究課題

　原産地やブランドから想起される国や地域といった「原産国イメージ」は，消費者の製品評価や購買行動に何らかの影響を及ぼす。この「原産国イメージ効果」はSchooler (1965) を皮切りに，この分野に関する研究が本格化し，今日に至っている。

　Nagashima (1970) は原産国イメージを，「ビジネスマンと消費者が特定国の製品に結び付けている象徴 (picture)，評判 (reputation)，ステレオタイプ[1] (stereotype) である」と定義付けた。ここでいう原産国イメージは，代表的な製品・国家の特徴・経済・政治的な背景・歴史および伝統のような変数によって形成される。また，マス・コミュニケーション，個人の経験およびオピニオン・リーダーにも関係しているため，国際市場の中で消費者行動にも強く影響するとしている。

　さらに，Martin and Eroglu (1993) は，原産国イメージを「ある特定の国に対して抱いている記述的 (descriptive)・推論的 (inferential)・情報的 (informational) 信念の総計である」と定義付けている。また，Roth and Romeo (1992) は，原産国イメージを，「製造国の生産品とマーケティングの強弱に対する事前知覚に基づいた概念であり，特定国家の製品に対して形成されている全体的な知覚である」と定義した。

　このように原産国イメージは，消費者の知覚 (Roth and Romeo 1992 ; Thakor and Kohli 1996) に基づく消費者のイメージから出発した概念であり，消費者を中心としたマーケティング研究の一領域として発展してきた。

　近年では消費者におけるブランド連想 (Keller 1998) を中心として，その研

究が推進されている[2]。ブランド・オリジンは「ターゲット消費者によって知覚される場所・地域・国」と定義されており，生産国を意味する従来の原産国とは本来，異なる概念である（Thakor and Kohli 1996）。また，消費者の無関心や情報不足（情報の非対称性），または企業側による意図的な原産国情報提供の回避などの理由によって，ブランド・オリジンと実際の原産国情報との間に乖離が生じるケースも少なからずある。

しかし，ブランド論の観点からは，「原産国イメージとは，消費者の記憶内にある原産国連想の反映としての知覚である」と定義できる。原産国連想とは，当該国消費者の記憶内のブランド・ノードと結び付いた情報ノード群であり，当該消費者にとっての特定の原産国の意味を含んでいると考えられる。

海外を中心とした原産国イメージ研究の内容は広範囲にわたり，研究成果の蓄積も膨大であるため，その全貌を明確にすることは極めて困難であるが，本書では「認知」「感情」「規範」という3つのフレームワーク（Obermiller and Spangenberg 1989 ; Verlegh and Steenkamp 1999）に基づき分析の枠組みを構成する[3]。この枠組みを用いて原産国イメージ効果に関する主要な研究を分類し，その意味を各系譜の中で位置付けた（図表0-1）。

2　原産国イメージ効果研究の必要性

原産国イメージ効果が重視されるようになった背景としては，経済のグローバル化に伴う企業および消費者を取り巻く環境変化が挙げられる。特に，日本における原産国イメージに関連する研究の必要性は今までよりも増している。近年に至るまでの日米における原産国イメージ研究に対する意識の違いをもたらした背景を考察した上で，現在の日本における原産国イメージ研究の必要性を提示したい。

2.1　日・米消費者における原産国イメージに対する意識の違い

戦後，低価格で粗悪な日本商品に対するネガティブ・イメージに着目した初

序章　多国間消費者行動研究の必要性　3

図表0-1　原産国効果における認知的，感情的，規範的メカニズムの例

メカニズム	説明	主要結果
認知的（cognitive）	品質判断の手がかり	全体的な製品の品質判断のシグナル（Made in（国））
規範的（normative）	消費者の社会的・個人的な規範	国産品を買う行為は，国内経済を支えるために正しい行為（消費者エスノセントリズム）
感情的（affective）	特定国に対する敵対心	対立関係にある国家からの製品およびサービスに対する敵対的な感情（反日感情）

期の原産国研究（Reierson 1966）から「製品品質の劇的な改善による原産国イメージの向上」という原産国イメージ変化を察知した研究（Nagashima 1977；Darling and Wood 1990），生産拠点の多様化による原産国の複雑化研究（Han and Terpstra 1988；Nebenzahl and Jaffe 1996），日本からの輸入品による国内経済悪化を背景とする消費者エスノセントリズム研究（Shimp and Sharma 1987），中国の反日感情を対象とした敵対心研究（Klein, Ettenson and Morris 1998）に至るまで，原産国研究は日本企業および国家と密接な関連性を持ちながら発展を遂げてきた。

　ところが，日本では原産国イメージ効果に関する研究はほとんど注目されることなく，その研究成果も限られている。アメリカに比べれば日本のマーケティング研究者層は薄く，マネジメント的な側面を重視したグローバル・マーケティング研究[4]への偏りも一因として考えられる。さらに，アメリカと比較すると以下のような要因が考えられる。

　第1の要因として考えられるのは，輸入品に対する日米消費者の意識の違いである。1970年代以後，図表0-2で確認されるように，アメリカの対外貿易収支赤字と経常収支赤字に伴う製造業の停滞によって，大量の失業者が発生している。一方，日本は1960年代以後，対外貿易収支の黒字が年々拡大するとともに失業率は低水準に抑えられ，1990年代初頭にかけて日本の経済は長期発展を成し遂げた。

4 　序章　多国間消費者行動研究の必要性

図表 0-2　日・米の貿易収支と失業率の動向

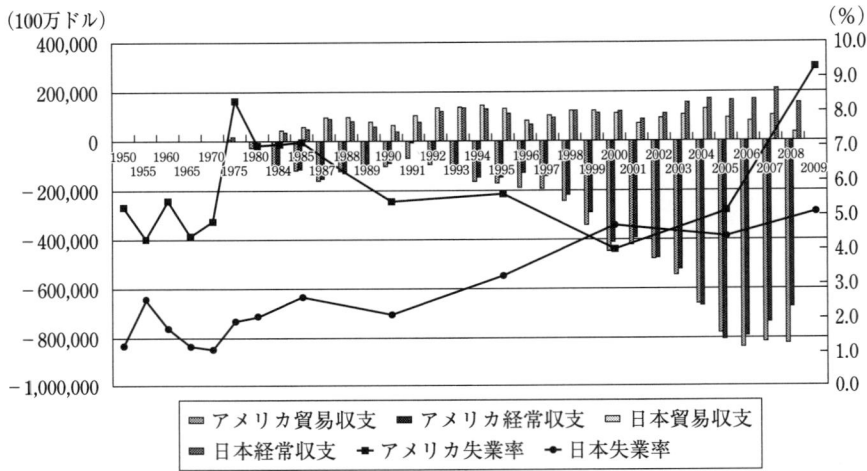

(出典)『世界国勢図会1983年版〜2011年版』,『現代アメリカデータ総覧』(2009), "Statistical Abstract of the United States 2011", (2010) を基に筆者作成。

　図表 0-2 のように，1980年代からの日本とアメリカの消費者におけるマクロ経済的環境差は著しく大きかった。そのため，日本人とアメリカ人は輸入品に対する意識を異にすることになったと考えられる。

　第 2 の要因は，製造業における日本企業の存在感の強さである。日本企業は技術準備力・企業の研究開発の支出・特許取得率・企業の技術吸収力の各分野で世界 2 位である (Porter et al. 2005)。その結果，1970年後半から日本の製造業は国内外で強い競争力を誇り，日本の消費者にとって「Made in Japan」の信頼性と優越性は根強いものとなった。同時に，日本製品の品質の良さは，外国製品は劣位なものであるという印象にもつながる。製造業分野において，「日本製＝高品質」「外国製＝低品質」という図式は，未だに日本の消費者意識に根強く残っている。一方，アメリカでは自国製造業の割合が年々減少している。その背景には高付加価値産業への転換や外国企業への売却といった要因もある。

　第 3 の要因は，日本のメーカーによるグローバル・ソーシング戦略の有効性

である。アメリカでは景気低迷期に入ったときに，消費者はコスト・パフォーマンスを重視した消費行動を一般化し，海外からの低価格品を購入し始めた。その結果，アメリカ国内企業の市場シェアが低下し，当該企業の業績不振によって従業員の解雇につながった。

また，さらなる低価格の輸入品増加によって，対外貿易収支赤字の拡大と失業率の上昇という負のスパイラルに陥った。しかし，日本の企業は1970年までは「安かろう，悪かろう」というイメージだったにもかかわらず，シェアの拡大と品質の持続的改善を並行して進め，次第に低価格・低品質のセグメントから高品質・高価格のセグメントに移動するのに成功した。さらに1990年のバブル崩壊によって，日本経済が長期にわたって停滞する中で，低価格品志向の消費者が増え続けたと思われる。そのニーズに対応するため，日系企業は海外生産拠点から積極的に逆輸入し，新興工業国ブランドの低価格帯シェアの拡大を徹底的に押し下げた。日本の総輸入の中で海外進出日系企業からの逆輸入が占める割合は90年代に入ってから急増し，1980年代後半に4％台だったものが97年には14.3％まで拡大した。この大半はアジアの現地法人からの逆輸入である[5]。

以上の3つの要因により，輸入品に対する日本消費者の態度はアメリカの消費者と大きく異なり，原産国イメージ効果についての関心は日本の学術的分野だけではなく実務的なマーケティング領域においても注目されなかったと考えられる。

2.2 原産国イメージ効果研究の必要性

日本では原産国イメージに関連する研究はほとんど注目されてこなかったが，今後は原産国イメージに関連した研究の必要性が高まるだろう。理由は以下の3点である。

第1に，グローバル市場における競争環境の劇的な変化である。1990年以後，原産国イメージ研究が日本で芽生えなかった最も大きい要因であった強い日本の製造業は，近年外国のメーカーとの激しい競争に巻き込まれ，世界市場の多

くの領域でその存在感が脅かされている。

　特に家電業界では，日本ブランドの強い存在感が揺らぎ始めている。「松下とソニー」に代表された世界市場の電気製品分野に，1980年代から積極的に国際化を進めてきた韓国勢（サムスン電子，LG電子）と台湾勢（エイサー），さらに2000年代からは中国勢（ハイアール，レノボ）が参入し，熾烈な競争を繰り広げている。

　その背景として，生産技術の普及によるモジュール化およびコモディティ化が指摘されている。デジタル家電分野では，韓国・台湾・中国メーカーの躍進に伴い，「日本製＝高品質」，「アジア製＝低品質」という等式はもはや世界市場では成立しなくなっているのである。

　日本経済新聞社がまとめた2010年の「主要商品・サービスシェア調査」によると，日本企業は前年より1つ多い，32品目中10品目で世界シェアの首位に立ったが，6品目でシェアを減らした。また各品目の上位5位内の日本企業は52社から50社に減少した。一方，中国企業は10社から14社に，韓国企業は18社から19社に増えた。日本企業は円高が重荷となった上，成長市場の新興国で出遅れた構図が読みとれる。

　この調査では，中国企業の躍進が目立つ。生産量ベースの世界市場が前年比2.1倍と大幅拡大が続く太陽電池の分野でトップに立ったのは，前年2位のサンテックパワーである。続いて2位はJAソーラー，4位はインリーグリーンエナジーと，いずれも中国の太陽電池メーカーである。大量生産による低コストを武器にシェアを維持・拡大する中国勢に，日米欧勢は引き離されるばかりで，前年3位のシャープは上位5位から転落した。世界市場における中国企業の存在感は今後もますます増大すると予想される。

　さらに，白物家電分野における中国企業の躍進も見逃せない。中国ブランドであるハイアールは世界冷蔵庫市場では12.6％のシェアを占めており，すでに世界シェアのトップ企業となっている。洗濯機市場でも9.2％のシェアで世界2位の企業に成長した（日本経済新聞2011年7月28日）。さらに，パナソニックとサンヨーは「白物家電事業」を中国ハイアールに売却することが決まり，家

電業界における中国ブランドのさらなる成長が見込まれる。

　第2に，中国の消費者における反日感情の台頭と拡散である。2005年の反日デモに続き，中国との領土問題がある尖閣諸島沖で海上保安庁の巡視船と中国漁船が接触し，公務執行妨害の疑いで漁船の船長が逮捕された問題によって，2010年にも再び中国内陸を中心に反日デモが広がった。

　中国は2000年以後，もはや企業の生産拠点から世界最大の消費市場として変貌・発展しつつあるといえる。商品別市場規模をみると，自動車とデスクトップ・パソコンの市場規模は世界1位，デジタル・テレビと携帯電話は市場規模世界2位，トイレタリー・化粧品も世界市場規模4位になって，世界最大の消費市場に変貌した[6]。

　これまでは中国の経済成長に伴い日本企業の中国事業も拡大してきた。だが，欧米や韓国企業との競争が激しくなっている中で，2010年の「尖閣諸島の問題」から勃発した反日デモのように外交問題をきっかけに反日感情が表に現れるようになり，企業が足を引っ張られるリスク要因が増大している。

　さらに，中国経済の成長と自国ブランドの成長，海外ブランドの普及などによって，日本ブランドに対する代替ブランドとして自国ブランドが台頭してきたことも見逃せない。2003年と2006年に中国8都市で行われた，日本製品と中国製品の品質イメージ調査（大橋・小山・博報堂中国マーケティング研究プロジェクト 2008）によれば，日本製品に対する高品質な原産国イメージの変化（2003年→2006年）は，上海（57.1→55.2）・北京（69.1→65.3）・広州（53.8→55.0）・成都（54.9→57.3）・大連（84.2→69.4）・福州（69.5→60.3）・瀋陽（78.0→75.5）・武漢（69.6→64.5）であった。上海・北京・大連・福州・瀋陽・武漢の6都市で日本製品に対する品質評価が下がったことが確認された。なお，2010年に行われた同社の調査結果によると，日本製品に対する「高品質なイメージ」は，上海（48.8）・広州（39.0）・北京（47.4）という結果であったことから，日本製品に対する中国消費者の品質評価は下がっていることが示された[7]。

　一方，中国製品に対する評価は，上海（28.0→24.8）・北京（20.3→26.6）・広州（27.9→30.5）・成都（33.3→38.3）・大連（29.3→31.4）・福州（20.6→29.7）・瀋陽

（24.6→28.9）・武漢（23.4→29.4）であり，上海を除くすべての都市で中国製品に対する品質評価が上昇していることがわかる[8]。

　以上のような中国消費者の動向から，これまでは中国の消費者が仮に「日本の政治家が靖国神社を参拝するならば，日本車を買い控える」と考えたとしても，日本車に匹敵する商品がなかったため，実際の買い控えにはつながりづらかった。しかし，現在は中国経済の著しい成長に伴う中国企業の品質とブランド力の向上，海外の有力メーカーによる積極的な市場戦略によって「日本製品＝高品質」というイメージが揺さぶられている。したがって，中国の消費者を対象にビジネスを展開する日系企業は，反日感情の現状と動きから今後ますます目を離せなくなるだろう。

　第3に，原発事故による影響が挙げられる。これまでアジアの消費者にとって，日本の商品は安全と信頼性の象徴として非常に高く評価されてきた。たとえば，香港・台北・上海などアジアの主要国の高級デパートの食品売場では，まるで日本のスーパーではないかと錯覚するほど日本のリンゴから加工食品まで幅広く売られていた。

　ところが，2011年3月11日の東日本大震災以降，状況が一変した。インターブランドジャパン（東京・千代田）は東日本大震災と東京電力福島第1原子力発電所の事故が日本のブランドに与えた海外での影響に関する調査の結果を発表した。それによると，アメリカ・イギリス・中国の消費者を対象にした調査結果において，「安全」「信頼できる」といった評価が全般的に低下しており，特に中国での日本ブランドのイメージ悪化が顕著だった。日本ブランドの全体評価は震災前の50％から38％に低下している。中でも中国では64％から42％と大きく落ち込んだ。業種別にみると低下が目立ったのは「食品」（47％→27％）と「化粧品」（40％→27％）だった。項目別では「信頼できる」が53％から39％に，「安全」が52％から35％に低下している。

　日本製品への不安要因（3つまでの複数回答）では，中国の消費者の72％が「製品が放射能に汚染されている」と回答。アメリカの47％，イギリスの27％を大きく上回った。また，中国の消費者の46％が「日本以外の国で生産された

日本ブランドの製品も不安」と回答している。一方，イギリスでは47％が「日本製品に不安は感じていない」と答え，アメリカの26％，中国の４％を上回ったことが確認された。

　これまで「反日感情」という政治的な要因だけがネガティブ要因であった日本製品は，現在「放射能汚染の風評被害」という新たな危機的状況に巻き込まれている。

（１）社会心理学の用語で，ある集団（カテゴリー）に対し過度に一般化された否定的または肯定的な認知を指す。集団認知には必然的に付随するものである。
（２）原産国イメージ効果に関する研究が，貿易学者ではなくマーケティングおよび消費者行動分野の研究者を中心に発展したことも，消費者を中心にした学問的アイデンティティからであると考えられる。
（３）Verlegh and Steenkamp（1999）は，感情的な原産国イメージ研究を象徴的（symbolic）かつ情動的（emotional）な研究を感情的原産国研究としてみなしているが，本書では「反日感情」のような国家に対する感情である敵対心（animosity）を原産国イメージ効果研究の側面から感情的研究としてみなす。
（４）欧米におけるグローバル・マーケティング研究が消費者調査を中心としているのに対して，日本におけるグローバル・マーケティング研究の多くは，企業のマネジメント面を重要視する学術的特徴があったと考えられる。
（５）東南アジアや中国などの子会社の製品をすべて日本に持ち帰ることもある。家電，自動車，事務機器など広い意味での機械産業においても製品の大半を東南アジアの海外子会社から逆輸入している。たとえば，アイワは，日本で販売するAV製品の大半を東南アジアの海外子会社から逆輸入している。吉原英樹（1997）41頁。
（６）『通商白書2010』229頁。
（７）その他の都市と中国製品を対象にした調査結果は得られなかった。
（８）2012年２月に中国現地で行った定性調査でも中国の某家電ブランドに対する，中国消費者の高い品質評価を確認できたことからも中国国内ブランドに対する中国消費者の信頼が高まっていると考えられる。

第Ⅰ部
認知的原産国イメージ

第1章　認知的原産国イメージ効果研究

1　原産国イメージ効果

　今日，市場にはさまざまな国からの輸入品が並び，われわれの生活を支えている。欧米の高級ブランドだけではなく，中国や台湾，マレーシアといったアジア諸国の製品も多数含まれている。日本国内のブランドであっても，生産コストを削減するために海外で生産されるケースも多い。一方，海外企業とのライセンス契約により，日本国内で海外ブランドの商品が生産・販売されているケースも少なくない。たとえば，アメリカのビール「バドワイザー」やオランダの「ハイネケン」はキリンビールがライセンス契約を結び，生産・販売を行っている。また，イギリスバーバリー社は三陽商会がライセンス契約によって日本国内におけるバーバリー・ブランドの製造・販売を手掛けている。

　原産国イメージ効果に関する研究は1960年代から始まり，これまでに780人以上の研究者によって750本以上の論文が発表されてきた（Papadopoulos and Heslop 2002）。日本においては，ほとんど注目されることがないまま現在に至るが，消費者行動研究の分野では最も多くの研究がなされてきたジャンルであり，グローバル・マーケティング分野においても主要テーマの1つとして変貌を遂げてきた。原産国イメージはブランド論の一部に組み込まれ，ブランド・コミュニケーション戦略において重要な概念になりつつあるといっても過言ではない。

　しかしながら，原産国イメージ効果の研究内容は広範囲にわたり，研究の蓄積も膨大である。本書では「認知」「感情」「規範」という3つのフレームワーク（Obermiller and Spangenberg 1989 ; Verlegh and Steenkamp 1999）に基づき分析の枠組みを構成する。この枠組みを用いて原産国イメージ効果に関する主

要な研究を分類する。

　本章では1960年代から1980年代初期にかけて議論された，初期の原産国イメージ研究を概観する。その上で原産国イメージ効果に関する研究の中で，主要な研究分野の1つである「認知的原産国イメージ効果研究」の発展と変遷プロセスを考察する。さらに，原産国イメージ研究の発展プロセスをグローバル経済化というマクロ的側面と消費者行動研究の変遷などと照らしてみることにより，原産国イメージ研究の定義を提示する。

2　原産国イメージ効果研究の発祥

2.1　初期の原産国イメージ効果研究

　消費者における原産国イメージ効果の重要性を初めて指摘したのは Dichter (1962) である。Dichter (1962) は Harvard Business Review の "The World Customer" というタイトルで「Made in」というフレーズが製品の受け入れと成功に多大な影響を与えると指摘し，消費者における原産国イメージ効果の影響の重要性について言及した。

　実質的なマーケティング研究領域における原産国イメージ効果研究の発祥は Schooler (1965) が Journal of Marketing Research で発表した "中米共同市場における製品バイアス (product bias in the central american common market)" からである。

　Schooler (1965) は，グアテマラの学生200人を対象に原産国イメージ効果についての影響を実証した。中米の4ヵ国（グアテマラ，メキシコ，エルサルバドル，コスタリカ）の商品（ジュース，繊維）を対象に架空の原産国ラベルによる調査を実施。その結果，グアテマラ産の商品とメキシコ産の商品は，いずれもコスタリカ産とエルサルバドル産よりも高く評価されることがわかった。さらに，グアテマラ産とメキシコ産，コスタリカ産とエルサルバドル産の間に有意差は存在しないことも確認された。

この調査結果から，同一製品であっても原産国によって，消費者からの評価に差異が生じるという原産国イメージ効果が初めて実証された。Schooler (1965) の研究は，世界自由貿易時代の到来以前から，いち早く各国の消費者意識の根底に存在する原産国イメージ効果という非関税障壁の存在を明らかにしたことで高く評価された。彼の先駆的な研究成果は，その後の原産国イメージ効果研究の方向性と内容にも影響を与え，原産国イメージ効果研究をマーケティングおよび消費者行動研究の主要なテーマの1つとして位置づけるのに貢献したと考えられる。

　1960年代までは，アメリカは，先進技術商品において比較優位を持ち，欧州は機械・化学などの伝統的重工業品に，日本は安い労働力をベースとした軽工業品に比較優位を持つようになった。ところが日本はその後，1960年代から1970年代にかけて，アメリカとヨーロッパの重化学工業と先進技術産業などにキャッチアップしてきた。このキャッチアップ・プロセスが日本の高度経済成長だったといえる。戦後日本企業の技術革新と貿易政策による，日本製品に対する品質イメージの劇的な変化は，原産国研究の中にも痕跡が残されている。

　Reierson (1966) は，アメリカの消費者が外国製品に抱いているイメージについて大学生を対象に調査を行った。一般製品，機械製品，食品，ファッション製品の4つの製品群に分けて，それぞれの国別のイメージ調査を実施した。各製品群の原産国は，一般製品ではアメリカ・ドイツ・日本・フランス・カナダ・イタリア・イギリス・スウェーデン・ベルギー・デンマークの10ヵ国，機械製品や食品，ファッション製品ではアメリカ・ドイツ・日本・フランス・イタリア・イギリス・スウェーデンの7ヵ国である。図表1-1で確認されるように，アメリカがすべての項目で1位にランクされたのに対して，日本・カナダ・イタリア・イギリスの製品はすべてのカテゴリーで低く評価されている。

　Reierson (1967) は原産国イメージ効果とプロモーションおよび流通戦略との関係を確かめた研究も行っている。アメリカの消費者を対象に，イタリア産と日本産の各製品に対するコミュニケーション媒体として映画プレゼン (film presentation)，雑誌広告とパンフレット (magazine advertising and brochures)，

図表1-1 調査結果

調査製品	Baylor 大学 (学生105人)			Texas A&M 大学 (学生50人)		
	低	中	高	低	中	高
Ⅰ. 一般製品						
アメリカ	0.0	11.4	88.6	0.0	22.0	78.0
ドイツ	3.8	32.4	63.8	0.0	16.0	84.0
日本	49.5	45.7	4.8	46.0	40.0	14.0
フランス	32.5	60.0	7.6	20.0	76.0	4.0
カナダ	5.7	61.0	33.3	4.0	72.0	24.0
イタリア	30.5	57.1	12.4	34.0	52.0	14.0
イギリス	2.9	41.9	55.2	3.0	46.0	48.0
スウェーデン	3.8	38.1	58.1	1.0	46.0	52.0
ベルギー	17.1	60.0	22.9	20.0	56.0	24.0
デンマーク	12.3	61.0	26.7	14.0	6.04	22.0
Ⅱ. A. 機械製品						
スウェーデン	19.0	54.3	26.7	22.0	44.0	34.0
ドイツ	9.5	20.0	70.5	4.0	20.0	76.0
イタリア	36.2	40.0	23.8	20.0	48.0	32.0
アメリカ	1.0	7.6	91.4	4.0	18.0	78.0
フランス	29.5	61.9	8.6	28.0	58.0	14.0
日本	65.7	25.7	8.6	66.0	24.0	10.0
イギリス	4.8	46.7	48.5	4.0	60.0	36.0
B. 食品						
スウェーデン	6.7	53.3	40.0	6.0	50.0	44.0
ドイツ	11.5	64.7	23.8	6.0	60.0	34.0
イタリア	3.8	51.5	25.7	26.0	44.0	30.0
アメリカ	2.9	4.8	92.3	2.0	4.0	94.0
フランス	21.0	52.3	26.7	12.0	44.0	44.0
日本	60.0	32.4	7.6	58.0	36.0	6.0
イギリス	10.5	59.0	30.5	12.0	48.0	40.0
C. ファッション製品						
スウェーデン	21.0	65.7	13.3	14.0	66.0	20.0
ドイツ	30.0	59.0	10.5	18.0	68.0	14.0
イタリア	10.3	46.7	42.0	4.0	52.0	44.0
アメリカ	2.9	8.6	88.5	2.0	24.0	74.0
フランス	1.9	21.0	77.1	4.0	18.0	78.0
日本	55.2	39.1	5.7	56.0	38.0	6.0
イギリス	5.7	42.9	51.4	6.0	60.0	34.0

(出典) Reierson (1966), p.36を基に筆者作成。

資料配布（publication distribution），ウィンドーディスプレー（window display）など各流通網による原産国イメージ効果を調査した。その結果，イタリア製品の場合は，雑誌などの広告が製品の評価につながるが，日本製品の場合はあまり効果がないことが明らかになった。おそらく消費者の購買考慮対象に日本製品が入っていないため，広告コミュニケーションによる効果の有意差がなかったと考えられる。

　この調査結果から，1960年度当時のアメリカの消費者における日本製品に対する強い偏見があること，原産国イメージ効果と流通による相互効果が生じることが確認された。ちなみにイタリア製品の場合は，雑誌広告・パンフレット・資料配布・ウィンドーディスプレーという広告媒体効果だけではなくニューマン・マーカスという名声ある小売店のウィンドーディスプレーなどの小売店効果が確認されている。

　このような調査結果は，原産国イメージ効果を広告媒体と小売店というマーケティング・ミックスの観点から検証したことで，輸入品マーケティングの貴重なインプリケーションを提示した。原産国イメージが消費者に与える影響は，調査対象国によって大きく異なる。この事象は消費者の信念と態度が成長および生活環境によって決定されることを裏付けている。したがって，原産国イメージ効果は，ある国に対する現地消費者のイメージによって大きく影響される。

　Nagashima（1970）は各国の消費者が抱く原産国イメージは国際マーケティング戦略を決定する上で重要な要因になると指摘した。Nagashima（1970）の調査対象者は，日米それぞれの国に住むビジネスマンであった。1965年にアメリカ・ミネソタ州で調査が開催された際の原産国はアメリカ，日本，イギリス，ドイツ，イタリアの5ヵ国，一方，日本・東京における調査で原産国として選定されたのはアメリカ，イギリス，ドイツ，フランス（イタリアの代わり）だった。

　この研究では，原産国イメージ効果の目的を明確にし，原産国イメージについて明確な定義付けをしている。原産国イメージは，代表的製品・国の特徴・経済的または政治的背景・歴史・伝統という変数によって形成されるものであ

ると定義した。したがって，国際マーケットにおいてこれらのイメージは，消費者行動に多大な影響を与える。そのために，原産国イメージ効果研究の際には，国内だけではなく国家間におけるイメージ効果を比較検証する必要性が強調される。

　この研究成果の中でも注目したいのは，1970年以前のアメリカと日本の製品イメージは現在と正反対であるという点だ。たとえば，1967年調査によると日本のビジネスマンにとって，「Made in USA」というラベルのイメージは，技術的進歩，独創的製品，高価な製品として認識されている。一方，アメリカのビジネスマンも，アメリカ製を自動車と家電製品においては最高として評価しているのである。

　さらに，原産国となっている国の代表製品のイメージが大きく反映されていることが明らかになった。たとえば，「Made in England」は伝統的なイメージのよさを，「Made in Germany」は実質的，保守主義と男らしさを，「Made in France」は特有のプレステージ性が消費者イメージ調査に反映されていた。

　日本製品に対するイメージはソニー，ニコン，トヨタ，ホンダなどの企業の活動で徐々に改善されていることも確認された。日本のビジネスマンよりもアメリカのビジネスマンの方が，日本製品の技術的進歩と世界的物流の面を高く評価しているほどだった。

　その後，Nagashima（1977）が1975年に自国商品に対する原産国イメージ変化を考察した研究を行っている。東京のビジネスマン100名を対象にした調査の結果，日本製品のイメージは非常に上昇したことが明らかになった。一方，アメリカ製品に対するイメージは相当下落していた。ただし，プレステージ・イメージという項目は維持し続けていた。その結果をまとめたのが以下の図表1-2である。

　人口統計的要因における原産国イメージ効果に関する研究としては，Schooler（1971）とAnderson and Cunningham（1972）の研究がある。

　Schooler（1971）は，アメリカの1,331世帯を調査対象として「35歳以下」と「50歳以上」では，外国製品に対するスタンスが異なることを明らかにした。

図表 1-2 最も価値がある原産国の製品

(単位：％)

製　品	原　産　国	1967	1975
自動車	アメリカ	54	19*
	ドイツ	25	55*
	イギリス	13	7
	日　本	5	12*
	その他	3	7
電気機器	アメリカ	40	36
	日　本	48	49
	ドイツ	10	10
	その他	2	5
織　物	イギリス	59	58
	アメリカ	−	−
	日　本	27	31
	フランス	6	6
	オーストラリア	4	−
	その他	4	5
化粧品	フランス	81	68*
	アメリカ	10	12
	日　本	9	12
食　品	アメリカ	44	58*
	日　本	39	17*
	フランス	6	3
	その他	11	22
薬　品	ドイツ	68	76
	日　本	18	9*
	アメリカ	12	2*
	その他	2	13

(出典) Nagashima (1977), p.99を基に筆者作成。*有意差あり

50歳以上の年齢層はアフリカ，アジア，ドイツからの製品を低く評価した。一方，35歳以下は外国製品を高く評価している。

さらに，女性は男性よりも外国製品を高く評価していることも実証された。特に男性と女性の間で評価に差が生じたのはナイジェリア，チェコ，西ヨーロッパを原産国とする商品である。これらの商品について女性は男性よりも高く

評価していた。ただし，チリ産の製品については，男性よりも評価が低い結果を示した。

同調査では教育水準と原産国イメージ効果の関連性も確認された。大卒以上の教育を受けたグループは，そうでないグループよりもアフリカ，チェコ，東ヨーロッパ，インド，西ドイツ，西ヨーロッパからの製品を高く評価することがわかった。

Anderson and Cunningham (1972) は原産国イメージ効果を用いたマーケティング・セグメンテーション戦略の必要性を提示した。Reierson (1966) と Nagashima (1970) が行った研究成果について，外国産製品に対する多様な知覚を確認できた点については評価しながらも，これらの先行研究ではマーケットをセグメントできる人口統計的，パーソナリティなどの消費者属性を取り組むことができなかったと指摘し，それらの属性を取り入れた実験を行った。

調査は，1970年5月に「フォルクスワーゲン」「トヨタ」「ルノー」「マーヴェリック（フォード）」の新車を購入したアメリカのミシガン州・イングハム地域の消費者116名を対象に行われた。マーヴェリックはアメリカ・フォード社唯一の小型車であり，トヨタやルノー，フォルクスワーゲンは1969年度の時点でアメリカ市場の輸入車部門で約7割のシェアを占めていた。この調査では，架空の原産国ラベルを用いた Schooler (1965) の研究と同様，「新車購入者」を調査対象としている[1]。

調査の結果，Anderson and Cunningham (1972) は教育水準の高い人は外国産製品を好むと分析した。また，非白人は白人の回答者よりナイジェリア，ラテンアメリカ，インドからの製品を高く評価しているが，白人はアメリカと北米の製品を高く評価する傾向があることもわかった。さらに，保守主義 (conservatism) と独断主義 (dogmatism) および地位関係 (status concern) の低い人のほうが外国製品を好むことが明らかになった。

1970年代からはアメリカ市場に開発途上国からの輸入品が増え始める。Gaedeke (1973) は開発途上国からの輸入品に対する原産国イメージ効果を調査した。アメリカと開発途上国11ヵ国（フィリピン，香港，アルゼンチン，ブラ

ジル，台湾，メキシコ，韓国，インド，シンガポール，トルコ，インドネシア）を原産国として，それぞれの国の製品全般に対する印象，食品，電化製品，繊維製品に対するアメリカの学生の反応を測定した。その結果，ブランド名のみを提示した場合と，原産国と同時にブランド名を提示した場合では評価が異なることが実証された。

さらに，Etzel and Walker（1974）は外国製品に対する広告戦略の観点から，原産国イメージ効果を活用する必要性を提示した。外国製品に対するステレオタイプ（stereotype）と当該国の特定製品に対するイメージ間の関係を検証するため，アメリカ人女性293名を対象にアメリカ，ドイツと日本それぞれを原産国とする自動車，カメラ，玩具に対する評価の違いを調査した。その結果，製品全体に対する原産国イメージと，当該国の製品カテゴリーに対するイメージは必ずしも一致しないことが明らかになった。

一般消費者ではなく，産業財購買管理者にどのような影響を与えているかを初めて調査したのは White（1979）である。アメリカとフランスを調査地，アメリカとフランスの有力企業の購買マネジャーを調査対象者，アメリカ・フランス・（旧）西ドイツ・イギリス・日本を原産国として調査を実施。480部のアンケート用紙を郵送して，236名の有効回答を得た。調査対象製品は，産業用リフトトラック，ディクテーション・システム，工作機械である。調査の結果，原産国イメージは知覚品質（perceived quality）に影響を与えるが，それに対して価格は影響を与えないことが明らかになった。また，原産国と価格の交互作用も確認できなかった。

調査対象国別にみると，（旧）西ドイツとアメリカのほうが高く評価され，日本，ブラジルは一貫して低く評価されていた。1970年代後半のアメリカの産業購買管理者にとって，日本製よりもドイツ製，アメリカ製の商品ほうが好ましいとされていた様子がうかがえる。

Cattin, Jolibert and Lohnes（1982）は，Nagashima（1970）の比較研究に引き続いて，アメリカとフランスの産業材購買マネジャーを対象に調査を行い，価格が製品評価の代理的指標になっているように，製品の原産国も製品評価の

22　第Ⅰ部　認知的原産国イメージ

図表1-3　調査結果

調査項目	調査対象	アメリカ産	フランス産	(旧) 西ドイツ産	イギリス産	日本産
合理的価格	アメリカ	0.161	-0.764	-0.481	-0.335	1.417
	フランス	0.544	-0.523	-0.700	0.185	1.581
信頼できる	アメリカ	0.346	-1.093	1.305	-0.935	0.378
	フランス	0.301	0.196	0.880	-0.731	-0.646
注意深く綿密な技量	アメリカ	-0.248	-0.903	1.326	-0.788	0.613
	フランス	-0.100	-0.158	0.932	-0.573	-0.100
技術的先進性	アメリカ	1.058	-1.511	0.943	-1.421	0.931
	フランス	1.011	-0.276	0.508	-1.489	0.245
パフォーマンス性	アメリカ	-0.861	-0.732	1.635	-0.275	0.233
	フランス	0.283	-0.373	1.106	-0.602	-0.415
合計スコア	アメリカ	0.456	-5.003	4.728	-3.754	3.572
	フランス	0.951	-1.134	2.726	-3.210	0.665

(出典) Cattin et al. (1982), p.136を基に筆者作成。

指標であると示した。その結果が図表1-3である。

　Cattin, Jolibert and Lohnes (1982) の調査の結果，産業材購買管理者に最も好まれるのは (旧) 西ドイツの製品であり，フランスとイギリスはあまり好まれないことがわかった。また，アメリカとフランスの購買管理者の間にも差が生じている。たとえば，日本製のものに対して，フランスの購買管理者はアメリカの購買管理者よりも好意的ではない。一方，イギリス製に対しては，フランスの購買管理者のほうが好意的なのである。また，調査対象国であるアメリカとフランスに対しては，相手国の製品に対しての偏見が顕著に現れた。

2.2　初期研究の成果

　初期の原産国イメージ効果研究の成果は以下のように整理できる。
　第1に，従来は輸出入関連の規定によってパッケージ表示としてしか機能しなかった原産国ラベルを，消費者の原産国イメージとして見直した。そして，

消費者が製品の品質を判断する際の手がかりとして捉え，マーケティング研究の一領域に発展させたことであろう。

　マーケティング研究からみて初期の原産国イメージ研究は，生産プロセスに重きを置いた販売者と輸入業者側の規定的意味合いを，消費者の観点から見直して「原産国イメージ」という市場の受け手である消費者視点に転換した。消費者視点からの原産国イメージ研究に転換したことは，初期の原産国イメージ研究がその後も，マーケティング研究の一領域としてさまざまな研究テーマを取り入れながら，膨大な研究成果を生み出した根本的要因であるといえる。

　さらに，原産国イメージ効果研究をマーケティング研究の発展プロセスからみると，マーケティング・コンセプト[2]の出現と関わりが深い。マーケティング・コンセプトは1950年代半ばに生まれ，現代に至るまで顧客志向のマーケティング・コンセプトがマーケティング研究の中心になっている。

　したがって，初期の原産国イメージ効果研究において，原産国の意味を消費者における原産国イメージの重要性として捉えたことは，顧客志向のマーケティング・コンセプトを反映していたと考えられる。

　第2に，手がかり情報（information cue）[3]，ステレオタイプ（stereotype）などの基本的な理論に基づいて，さまざまな観点から原産国イメージを分析し，消費者が無意識に抱いている国家イメージを科学的な手法で測定できた意義も評価できるだろう。

　原産国イメージ研究は人口統計的要因・社会心理的要因などの消費者属性を原産国イメージと同時に分析するなど，輸入品市場顧客の細分化（segmentation）というマーケティング戦略の研究成果までに短期間内に発展した。1960年代にスタートした研究成果は，1980年代以後の世界経済のグローバル化に伴い，急速に発展し，さらに多くの研究がなされるようになった。

　第3に，初期原産国イメージ研究でとりわけ興味深いのは，戦後日本から輸入された製品に対するアメリカの消費者のネガティブな反応に着目した研究である（Reierson 1966, 1967）。アメリカ製と日本製それぞれの製品に対して，当時のアメリカの消費者が抱くイメージは現在と正反対であり，さまざまな広

図表1-4　日本製品に対するイメージ変化

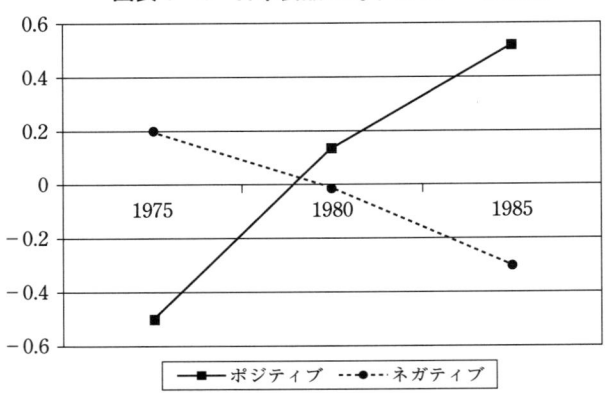

（出典）Darling and Wood (1990), pp. 437-438を基に筆者作成。

告媒体にはほとんど効果がなかった（Reierson 1967）。

　たとえば，Reierson（1966）の調査結果をみると，アメリカ製がすべての項目で上位，日本製がすべてのカテゴリーで下位を占めていた。しかし，その評価は当該国の経済発展および当該国ブランドのブランド・エクイティ向上に伴い変化する[4]。

　Darling and Wood（1990）がフィンランドで管理者や事業主，教授，学生などを対象に消費財についての原産国イメージの調査を行った結果の一部である。

　原産国は，日本とアメリカである。この調査結果は国に関するイメージが変化するということを極めて明確に示している。1975年にはフィンランドの消費者から好まれていたアメリカ製品が1980年以後からは日本製品に逆転されている（図表1-4参照）。フィンランド市場での消費財輸入シェアの変化とほぼ一致していることは注目に値する。

　1980年代以後にグローバル市場で原産国イメージの変化が大きかったのは日本だけでなく，韓国・台湾も同様であろうと推測される。

　一方，初期の原産国イメージ効果研究の課題としては，ほとんどの研究が原

産国という単一手がかりを提示して調査された点が挙げられるだろう。

　原産国イメージは，消費者にとって製品の品質を判断するための手がかりの1つに過ぎない。ところが，ブランド名や価格，パッケージといった他の手がかりを提示しなかった場合，原産国情報が消費者に与える影響は大きくなる可能性が高い。つまり，原産国情報のみを提示した消費者調査によって，すべての購買行動を説明するには限界がある（Bilkey and Nes 1982）。

　このような実験上の課題については，Bilkey and Nes（1982）も指摘しており，1980年代以後になると，原産国イメージ以外の手がかりも積極的に取り入れた実験が盛んに行われるようになる。また，Bilkey and Nes（1982）は初期原産国イメージ研究では言葉による調査のみを行うケースが多かったといった問題も指摘している。

　こうした課題をふまえ，1980年以後の原産国イメージ研究は，大きく2つの流れにに大別される。まず，消費者行動論的観点から，原産国イメージ効果のメカニズムを究明するという流れである。消費者属性・各国消費者の比較などによって，さらに研究が精緻化されていく。

　一方，世界経済のグローバル化に伴い，生産の国際化が進むにつれ，企業側のグローバル・ソーシングの観点から原産国イメージ効果を測定するという研究も発展した。ただし，企業側の視点からアプローチされた原産国の複雑化研究は，1990年以後のグローバル・ブランドの登場などに伴い，その研究内容が衰退し現在は主要なジャーナルから消えてしまったと考えられる。前者は本章3で，後者は4で詳しく紹介したい。

3　原産国イメージ効果の精緻化と国際化

　1980年代以後，原産国イメージ効果についての研究は消費者行動研究領域の確立[5]の影響を大きく享受して，研究内容のさらなる精緻化が成し遂げられた。さらに，世界経済のグローバル化によって，その研究範囲の拡大も続いた時期である。

本節では，1980年代以後からのこれらの2つの影響による，原産国イメージ効果研究の発展プロセスを考察してみよう。

3.1 原産国イメージ効果の精緻化

輸入品の「Made in（国）」という原産国ラベルは製品の品質判断の指標となる，という原産国イメージ効果研究の理論が「手がかり情報（information cue）」である。初期の原産国イメージ効果に関する理論は，手がかり情報を中心としてきた（Bilkey and Nes 1982）。その背景要因を，消費者行動研究の側面から考察すると，1970年代の消費者行動研究の動向と強く結び付いていると考えられる。

1970年代の消費者行動研究は，認知革命（cognitive revolution）の影響を受けて消費者行動研究におけるパラダイム転換が起こり，消費者情報処理理論が主要な研究パラダイムとして台頭した時期でもあった（青木 2010）。

1970年代の多属性態度モデル（multi-attribute attitude model）と1980年の精緻化見込みモデル（elaboration likelihood model：ELM），関与（involvement）・事前知識（prior knowledge）などの情報処理プロセスと消費者属性に関する消費者行動研究の成果は，原産国イメージ効果のメカニズムの解明と効果分析に大きく貢献した。

価格や性能などの他の手がかりを考慮せずに，原産国のみを提示した初期の原産国イメージ効果の課題（Bilkey and Nes 1982）に対して，新たな方向性を提示したのは Johansson, Douglas and Nonaka（1985）である。彼らは多属性態度モデルを採用し，原産国に加えて，燃費や馬力，走行安全性など複数の手がかり情報（multi information cues）を提示し，自動車の原産国イメージに関する調査を行った。

その結果，消費者はアメリカ車は燃費が悪く，ドイツ車は快適であるといったように，特定の属性に関するステレオタイプな原産国イメージが存在することがわかった。しかし，全般的な評価となると，原産国イメージの効果は確認できなかった。以上の調査結果をふまえて，原産国イメージはこれまでいわれ

ていたほど大きな影響を与えていないと彼らは指摘した。

　1980年代になると，原産国イメージ効果のメカニズムを考察する研究も多く行われた。Han（1989）は原産国イメージ効果のメカニズムを究明するために，ハロー効果（halo effect）[6]を用いて実在するブランドを使って実証研究を行った。対象ブランドはアメリカ Genernal electrics と RCA，パナソニックと東芝，サムソンと Goldstar（現在の LG）である。アメリカの一般人を対象に，技術先進性（tech advance）・名声（Prestige）・サービス（service）・出来栄え（workmanship）・価格（price）という，対象ブランドに対する5つの製品属性に関する電話インタビューを行い，116人の有効回答を得た。

　この調査の結果，消費者が特定国からの製品についてあまり認識していない場合，製品の属性を推測するハロー効果が現れることがわかった。ハロー効果によって製品属性に関する評価を通じて，ブランド態度にも間接的に影響を及ぼしていることが確認された。

　一方，消費者がある国の製品についてよく知っている場合には，原産国イメージは製品に対する信頼とブランドに対する態度に直接影響を及ぼすことが明らかになった。つまり，原産国イメージは製品属性を消費者の信念に集約したものであり，その原産国イメージが直接ブランド態度に影響を及ぼすことにつながる。

　この研究のインプリケーションとしては，品質の面で劣っている製品でも，ポジティブな原産国イメージを持たれている国で生産された場合，ハロー効果を享受できるという点である。しかし，長期的にみると当該国と当該国の産業全体のイメージを傷付けるリスクもはらんでいる。したがって，品質管理は各企業レベルにとどまらず，各産業や国家レベルにおいても管理する必要があると指摘している（Han 1989）。

　原産国イメージ効果に対するメカニズム研究で最も注目された研究は Hong and Wyer（1989）の研究であろう。認知心理学の観点からアプローチしたこの研究は，原産国イメージが製品評価に及ぼす際にどのような認知的プロセスをたどるのかについて実証した。

Hong and Wyer (1989) は，原産国情報の認知的メカニズムを解明するために，符号化仮説 (encoding hypothesis)[7]，ヒューリスティックス仮説 (heuristic hypothesis)[8]，初頭・親近効果 (primacy-recency) 仮説[9]，認知的精緻化仮説 (cognitive elaboration hypothesis)[10]，という4つの仮説を提示して実験を行った。

実験方法は，情報提示の順序（原産国を属性情報よりも先に与える場合と後に与える場合），情報処理目的（製品に対する評価を目的とする場合と明確な目的なしに製品情報に対する理解を目的とする場合），属性情報（ポジティブな情報とネガティブな情報），原産国情報（ポジティブな原産国情報とネガティブな原産国情報）を調査した。

調査の結果，認知的精緻化仮説が支持された。つまり，明確な情報処理なしに製品情報に対する理解を目的にする被験者にとって原産国情報は製品に対する好奇心を促し，具体的な製品属性情報をより綿密に考察するように処理する間接的な効果をもたらすことがわかった。

一方，製品に対する評価をしようとする明確な目的を持っている被験者にとっては，原産国情報は，他の製品属性情報と同様に製品評価に直接影響を与えることが示された。

その後，Hong and Wyer (1990) は，ある製品に対する情報を一遍に与えられることは多くないという点に着目し，原産国情報と製品属性情報を一日間隔で提示する実験を行った。研究結果から，情報提示時点の間隔が広くなるにつれ原産国の製品評価への影響が大きくなることを確認した。

消費者は原産国情報に接した際に，製品を原産国に照らしてみる時間が多いほど，原産国イメージは製品属性情報の解釈に大きく影響を及ぼす。このような効果を Hong and Wyer (1990) は「符号化効果」と名付けた。製品の原産国情報と製品属性情報のように関連性が高い場合，情報提示時間の間隔が長くなると，原産国情報について考慮できる時間が長くなって，原産国情報の効果が大きくなることを明らかにした。

また，Hong and Toner (1989) は，精緻化見込みモデルを用いて原産国情

報とジェンダー差を検証した。彼らは，従来の原産国イメージ効果とジェンダー差は，単純な性別の差ではなく情報処理の動機づけと能力の差にその原因があると突き止めた。

たとえば，女性は車のような男性的製品を評価する際には動機付けがなく情報処理能力もないため，原産国イメージに依存する。一方，生理用ナプキンのような女性製品を評価する際には動機付けがあり情報処理能力もあるので，外的手がかり情報である原産国情報を使わないという。同様に，男性は女性用の製品を評価する際には動機づけがなく情報処理能力もないため，原産国イメージに依存する。一方，乗用車のような男性製品を評価する際には動機付けがあり情報処理能力もあるので，外的手がかり情報である原産国情報を使わないという。しかしながら，カメラのような中性製品（男性製品でも女性製品でもない）の場合は，ジェンダー差は有意ではなかった。

以上のことから，原産国イメージ効果とジェンダー差は，性別による差ではなく製品の属性による性別間の動機づけと情報処理能力の差であることを明らかにした。

原産国イメージは製品カテゴリーとの関連性（Roth and Romeo 1992）と消費者の製品知識程度（Maheswaran 1994），調査対象国（Parameswaran and Yaprak 1987），文化的要因（Guhan-Canli and Maheswaran 2000）などによって影響される。

製品カテゴリーとの関連性を検証したRoth and Romeo（1992）は，アメリカなどの9ヵ国における自動車などの6つの製品カテゴリーの革新性・デザイン・名声・熟練度などの製品属性を用いて調査を実施した。その結果，製品カテゴリーによって原産国のイメージが異なることがわかった。

Maheswaran（1994）は，原産国イメージと，知識水準との関連性を検証した。消費者の知識水準を，調査対象製品に対する専門性との関連性によって測定した。この研究では，消費者の専門性（高い，低い）と原産国（ポジティブな原産国イメージ，ネガティブな原産国イメージ），商品属性の程度（強い商品属性，弱い商品属性）を用いて調査した。

調査対象製品には，パソコンとステレオが用いられた。調査の結果，初心者の場合は製品を評価する際に，原産国情報が影響を与えるが，専門家の場合，原産国情報は製品の品質を判断する際に影響を与えないことが明らかになった。

初心者の場合は原産国イメージに関連した認知的反応が製品評価を媒介するが，専門家の場合は，製品属性に関連された認知的反応が製品評価を媒介することが示された。さらに，不明瞭（ambiguous）な製品属性情報が提示された場合は，初心者と専門家は製品評価に原産国情報を利用することが確認された。

以上の調査結果から，初心者における原産国情報は製品属性情報を解釈するのに利用されるが，専門家にとっての原産国情報は製品属性情報に対して選択的に処理されていることが確認できた。したがって，原産国情報は製品評価に直接的に影響を与えるのではなく，間接的に影響を与えていることが明らかになった。

3.2 グローバル化による国際比較研究

1980年代以後になると，世界経済のグローバル化が始まり，原産国イメージ研究の分野でも国際比較研究が積極的に進められるようになった。

Papadopoulos, Heslop, Gary and Avlonitis（1987）はカナダ・イギリス・フランスの消費者を対象とし，カナダ・イギリス・フランス・アメリカ・スウェーデン・日本の原産国イメージを調査した。その結果，原産国イメージに対する消費者の反応は調査対象国によって異なることが確認された。

たとえば，フランスの消費者はカナダの消費者よりも原産国イメージに対して全般的に敏感だが，イギリスの消費者の場合は，原産国イメージには敏感ではない。さらに調査対象国ごとの差に目を向けると，日本製の場合はすべての調査対象国の消費者から高く評価されているのに対して，スウェーデン製の場合は，すべての対象国から低く評価されていることがわかる。

一方，アメリカの製品は，カナダとフランスの消費者には高く評価されているが，イギリスでは若干評価が低くなる。さらにカナダ製は，機能面ではアメリカ製に匹敵するけれども，技術的には模倣品として意識されている。イギリ

ス製は，信頼性，仕上がりなどのすべての品質で悪いという。

このような原産国イメージの影響は，当該国を訪れるなど当該国と直接接した経験を持つ消費者が多ければ多いほど，弱まる傾向がある。

Parameswaran and Yaprak（1987）が原産国イメージ研究の国際比較調査を行った調査地はアメリカとトルコであり，調査対象者はアメリカのアトランタにある企業の役員158名とトルコのイスタンブールにある企業の役員202名である。調査対象となる原産国は，（旧）西ドイツ・日本・イタリアであり，調査対象製品カテゴリーは車・カメラ・計算機である。

Parameswaran and Yaprak（1987）は原産国イメージを測定するために一般的国家態度（general country attitude：GCA）・一般的製品態度（general product attitude：GPA）・特定製品属性（specific product attributes：SPA）を5段階のリッカード・スケール（全くそう思わない〜非常にそう思う）によって測定した。

一般的国家態度は，教育水準・勤勉性・創造性・生活水準などの10項目によって構成されているが，一般的製品態度は技術水準・高級感など14項目から成っている。さらに，車・カメラ・計算機という3つの特定製品属性は品質・スタイルなど8項目で構成されている。

この研究の調査結果によると，アメリカとトルコの回答者は，原産国イメージとなる3ヵ国の人・製品・ブランドに対して異なる認知・知識・親しみ・知覚を持っていることが明らかになった。たとえば，アメリカの回答者は日本，ドイツ，イタリアの順に評価しているが，トルコの回答者はドイツ，日本，イタリアの順に原産国イメージを評価していることが示された。

一方，文化論的な観点から原産国イメージ効果にアプローチした国際比較研究もある。Guhan-Canli and Maheswaran（2000）は，原産国イメージと製品の性能を比較した。アメリカと日本の消費者を対象にした比較研究を行った。調査対象製品はマウンテンバイクであり，日本とアメリカの消費者に同一の製品属性情報を提示した。実験で提示した製品属性情報は，調査対象製品の品質テストの結果である。

その結果，日本の被験者は提示された製品属性情報の評価にかかわらず，日本産製品をアメリカ産製品よりも高く評価していることが示された。一方，アメリカの消費者は製品属性情報の評価に基づいて，製品属性情報の結果がアメリカ製のマウンテンバイクの評価が日本産のマウンテンバイクよりも高い場合のみ，アメリカ製マウンテンバイクを高く評価した。

4　原産国の複雑化とグローバル・ブランドの台頭

　1980年代からは，プラザ合意を引き金として日本企業では生産コスト削減だけではなく，貿易摩擦の回避を目的とした海外生産が盛んになった[11]。さらに，新興工業国（韓国・台湾・香港・シンガポールなど）の企業も，世界市場に登場して次々とその活動をグローバルに展開するようになった。

　1990年代からは，世界経済の大きな流れであったグローバル化とIT革命，生産技術の普及に支えられながら，COA（country of assembly：最終組立国），COP（country of parts：部品生産国），COD（country of design：デザイン国）[12]など，本社を中心とした原産国の複雑化が，ごく一般的になった。このような，原産国の複雑化[13]が消費者行動に及ぼす問題および危険性にマーケティングの側面からアプローチしたのが，原産国の複雑化に関する研究の出発となった。

　本節では，原産国の複雑化における研究で生産拠点を中心とした1980年代の原産国の複雑化に関する議論からブランドの影響を検証した近年の議論までを原産国の複雑化に焦点を当て年代順に考察し，最後にその問題点を考察する。

4.1　先　行　研　究

　まず，原産国の複雑化議論の理論的枠組みを提示した，特定国の優位（country-specific advantages＝以下CSAs）と特定企業の優位（firm-specific advantages＝以下FSAs）などに関する理論を原産国イメージ戦略の観点から整理すると以下のようにまとめられる。

　CSAsは，企業の立地する国によって享受できる比較優位である。たとえば，

賃金が安いベトナム等に生産拠点を持っていることにより，他社よりコスト削減ができ，価格競争力を持つことができる。CSAsは企業の内部的競争優位要因ではなく，立地国という企業の外部的因子によって得られる比較優位である。CSAsは企業内部に内在するものではなく企業が立地する場所にメリットがあるために，競争相手に模倣されやすいという点で持続的競争優位としては限界がある[14]。

原産国イメージ研究においては，CSAsに，特定国の不利益（country-specific disadvantages＝以下CSDs）を加えて考察することができる。CSAsが生産企業の観点から原産国によるポジティブな側面に焦点を合わせているのに対して，原産国イメージ効果の研究では，消費者におけるイメージを重視するため低開発国からのネガティブ効果のような原産国にとってのマイナスの側面も重視している。したがって，原産国研究の多くはCSAsよりもむしろCSDsにおいて議論されている。

たとえば，日本からベトナムに生産拠点を移転することで，製造コストが削減され，当該企業は価格競争力という優位性を持つ。ところが，「ベトナム製」という原産国イメージがもたらすマイナス効果によって消費者の購買意欲を低下させる恐れがある。

1980年代の原産国イメージ研究の多くは，コスト削減を目的とした生産拠点移転と知覚品質，あるいは購買意図の間のトレード・オフ関係を探っていたといえる。

一方，FSAsは企業の特許権，トレードマーク，ブランドなどの企業内部の経営資源によって得られる比較優位である。以上の観点から，原産国イメージ効果研究を考察すると，図表1-5のように整理できる。

Johansson and Thorelli（1985）は生産拠点の課題を取り上げ，原産国イメージに対する消費者のステレオタイプが，グローバル市場における製品ポジショニング戦略管理にどのような影響を与えているかを明らかにした。

彼らはアメリカの大学院生70名と日本の学部および大学院生82名を対象とした。調査対象製品は車であり，対象ブランドとモデルはホンダ（Accord）マツ

図表 1-5 CSAs, FSAs における原産国イメージ効果研究の主な研究対象

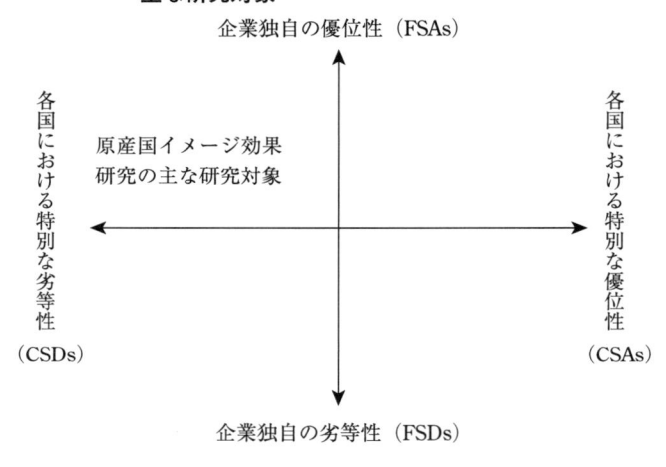

```
              企業独自の優位性（FSAs）
                      ↑
   各国における      │  原産国イメージ効果       各国における
   特別な劣等性      │  研究の主な研究対象       特別な優位性
       ←───────────┼───────────→
      （CSDs）        │                         （CSAs）
                      ↓
              企業独自の劣等性（FSDs）
```

ダ（626），トヨタ（Celica），フォード（Mustang），フォルクスワーゲン（Rabbit），アウディ（4000），BMW（320i）などである。

分析の結果，原産国によって価格戦略の方向性が全く変わってしまうことを確認した。原産国イメージに対する消費者のポジティブなステレオタイプが存在する場合，当該企業は価格プレミアムを享受する。一方，原産国イメージに対する消費者のステレオタイプがネガティブな場合，企業は価格割引をせざるを得なくなる。

以上のような結果から，原産国イメージに対する消費者ステレオタイプは非常に重要であり，FSAs と CSAs の識別に直接関連していることが確認できた。

多国籍企業が製造コストを削減するという点で CSAs を享受できる生産拠点に移転する場合は，製造コストの削減は達成できるが，低開発国からの原産国イメージによる消費者のネガティブなステレオタイプによって，マイナス効果を伴うかどうかを慎重に判断する必要があることを指摘した。

Johansson and Nebenzahl（1986）は，多国籍企業が生産拠点を決定する際に原産国を最も考慮すべきだと主張している。彼らは原産国をマーケティング

戦略的な観点から捉えて原産国イメージに関する偏見を考慮した製品ポジショニング戦略を立案すべきであるとしている。

多国籍企業は市場で自社のFSAsが消費者にどのように認識されているかによって，価格プレミアムを得たり，価格割引を行ったりする。人件費が安い国や地域で生産すれば価格競争力を持てる一方，原産国イメージがもたらすマイナス効果というリスクも同時に考慮しなければならない。

彼らの研究では，調査対象ブランドをホンダとマツダ・Chevrolet・Buick，生産国は日本・アメリカが，韓国・メキシコ・フィリピンを対象にして調査した。まず，アメリカの一般人320名を対象にしたインタビュー調査を行った。調査した結果，日本のブランドは，特に日本以外の国（韓国・メキシコ・フィリピン）で生産された場合にその品質評価を大幅に落としていることがわかった。原産国のマイナス効果を克服する対応策としては，価格割引戦略をとらざるを得ない。

多国籍企業がコスト削減のために生産地を人件費が安い国へ移転するのは，結局のところは価格競争力を取ろうとしているのではないかと思われる。コスト削減によって価格競争力を得る戦略は，CSAs的アプローチであるので，他の多国籍企業にすぐに模倣されてしまう。アメリカの消費者を対象にしたこの調査では，日本のブランド車がアメリカで生産される場合には大きなブランド・イメージの侵食があるが，アメリカのブランド車が日本で生産される場合には，あまりブランド・イメージの侵食はみられないこともわかった。

原産国の複雑化に関する本格的な研究は，Han and Terpstra（1988）から始まる。

Han and Terpstra（1988）は，ブランドの本社が立地する国と生産拠点（原産国）が一致する製品をユニナショナル製品（uni-national product），一致しない製品をバイナショナル製品（bi-national product）として分類し，調査した。

調査対象の製品はテレビと自動車であり，アメリカ・日本・ドイツ・韓国という4つの原産国イメージを調査対象にし，アメリカの一般人を対象にインタビューを行った。調査の結果，バイナショナル製品の場合には，ブランドネー

ムよりも原産国のほうがより影響が大きくなることが判明した。

　この結果について，多国籍企業の生産拠点が世界に拡散され，ブランドの本社機能を持つ国と，実際の生産が行われている国が一致しない企業が増えるようになってから実施した調査結果であるという点に注目したい。

　また，原産国イメージがもたらすマイナスの影響を払拭するためには，アメリカでの生産拠点が必要であるという研究も存在する。Chao (1989) は，新興工業国の多国籍企業によるアメリカ市場への直接投資を，原産国イメージの観点からひもとく。

　調査の対象製品をテレビ・ビデオデッキ・ステレオとして，一般消費者240名を対象にインタビュー調査を実施した。韓国をCOAとした調査では，アメリカの大手流通網（Hudson）によって知覚品質と購買意図の評価にかなりの差があることが明らかになった。すなわち，韓国製の電気製品がアメリカの大手家電量販店で販売される場合，知覚品質と購買意図が有意的に高くなったのである。

　逆に，韓国企業のCOAをアメリカにした場合には，知覚品質と購買意図の評価に流通網による有意差は現れなかった。つまり，消費者はアメリカで生産された韓国製品を流通にかかわらず，高く評価していることがわかった。こうした調査の結果，新興工業国（韓国・台湾・香港・シンガポールなど）の企業の場合，アメリカに生産拠点を確保すると，アメリカの消費者にポジティブな原産国イメージを与えることができるため，アメリカへの直接投資は，有効な戦略であると結論付けている。

　さらに，1990年代になると，ブランドに着目した研究が多く現れる。Tse and Gorn (1993) は，グローバル・ブランドにおけるCOAの影響を調査した。調査対象製品はステレオである。COAは日本とインドネシアを，対象ブランドは実在する「ソニー」と架空ブランド「GIW」とし，調査を行った。

　調査では学生153名を対象にした。調査の結果，グローバル・ブランドはCOAによるネガティブな影響を乗り越えることはできないことがわかった。消費者の製品判断の際に，原産国イメージはグローバル・ブランドと同様，ま

たはそれ以上に多大な影響力のある要因であることが示された。

しかし，ブランドによって，ネガティブな原産国イメージを払拭できるという研究も同時期に発表されている。Tse and Lee (1993) による研究では，強くポジティブなブランドはネガティブな COA と COP 効果を衰退させることがわかった。また，製品経験によってもネガティブな COP のイメージを払拭することができるという。

調査の実験1は大学生134名を対象に，COA や COP は日本と韓国とした。実験2では大学生178名を対象にソニーというポジティブなブランドと Goldstar（現在の LG）という劣位のブランドを調査対象ブランドとした。この研究は，グローバル・ブランドはネガティブな原産国情報を払拭できることをいち早く実証した点で評価できる。

Tse and Lee (1993) の原産国の複雑化研究に続いて，COD という新たに複雑化させた原産国情報を提示した研究が Chao (1993) であろう。Chao (1993) は原産国情報を分解する必要性を提示し，COA と COD という側面から原産国効果の構造を調べた。調査は台湾の Tera Electronics で生産されるテレビを対象とし，価格（\$269.95 vs. \$369.95），COA（台湾・タイ・メキシコ），COD（アメリカ・日本・台湾）を独立変数とした。

被験者は一般人120名とし，電話インタビューによる調査を採用した。調査の結果，価格・COD・COA は調査対象製品の品質に影響を及ぼしていることが確認された。

さらに，製品のデザインと品質に関する評価は，価格・COD・COA に影響されるという。特に，COD は製品の品質に影響を及ぼし，価格と大きな相互作用をもたらすという。また，日本を COD にした際に，その影響度が最も大きかった。

加えて，生産の面においては台湾とタイとの差はあまりないため，タイへの生産拠点の移転がイメージを低下させずにコスト削減が可能であるという戦略的インプリケーションも提示できた。

この研究の成果としては，原産国研究を COA と COD に分類して，COD の

重要性を引き出したことであろう。この研究から，原産国イメージ効果が，原産国だけにとどまらないことを確認することができる。

　一般消費者だけではなく，企業の購買担当者は原産国の複雑化をどのように受け止めているのか。Ahmed and d'Astous (1995) は，一般消費者と組織購買者を対象にして COA・COD・ブランド名・保証・価格の影響を調べた。

　組織的購買に関するデータはケベック州にあるカナダ購買マネジャー協会 (the Canadian Association of Purchasing Managers) の協力を得て173人の有効回答を得た。また，一般消費者からは，190名の有効回答を得た。

　組織購買者にとっての高関与製品としてはコンピュータ・システム（IBM・富士通・Seikocha）を，中関与製品としてファックス装置（ゼロックス・東芝・サムスン）を，一般消費者には高関与製品として自動車（フォード・トヨタ・ヒュンダイ）を，中関与製品としてビデオデッキ（GE・ソニー・サムスン）を調査対象製品（ブランド）とした。

　COD と COA としてはカナダ・日本・メキシコを対象国とした。さらに，具体的な価格と保証期限も明確に提示した。調査結果は，企業の購買担当者にとって COD は COA とブランド名よりも重要な手がかり情報であることを明らかにした。

　一方，一般消費者にとってはブランド名がより重要であり，COA と COD は等しく重要性を持っていることがわかった。さらに，一般消費者は購買意思決定においては原産国情報とブランド名よりも保証が重要であることも明らかにされた。

　1990年代半ばは，ブランドの重要性が徐々に原産国の複雑化に関する方向性を提示するようになる。Nebenzahl and Jaffe (1996) は，企業の生産拠点が世界各地になることにつれて，どのようにブランド・イメージが知覚されるのかを明らかにしている。

　具体的にはソニーと GE という2つのグローバル・ブランドと日本・アメリカ・ロシア・ハンガリー・ポーランドを調査対象とした。調査対象者はアメリカの学生305名，対象製品としては電子レンジとビデオ・デッキにした。

調査の結果，製品の知覚価値は知覚されているブランド価値とCOA価値に影響されることがわかった。さらにブランドのCOAが特定できない際には，当該ブランドに関連した国をCOAとして推定することも示された。

Lee and Schaninger（1996）は，原産国情報をCOA決定の要素であると指摘している。1990年代初めのドイツの代表的車メーカーであるDaimler-Benz・BMW・Volkswagenのアメリカ市場の生産地決定について述べる。

1990年代からは，ヨーロッパのEUと北アメリカのNAFTAのような地域間貿易ブロック化が進んでいた時期である。この時期に，ドイツの3つの自動車メーカーがアメリカ市場を狙って生産拠点を決定する際に，アメリカ以外にメキシコという代替案を用意していたという。

メキシコに工場を建設すると，アメリカよりははるかに安い賃金のため，価格競争力を得られた。ところが，結果的に価格競争力を追求してメキシコを生産拠点に決めたのはVolkswagenだけであり，Daimler-BenzとBMWはアメリカに工場を建設したという。

Daimler-BenzとBMWは生産コストによる価格競争力を追求すること以上に，ブランド・イメージを勘案した結果，メキシコに立地しなかったが，Volkswagenでは生産コストが重要な要素であったと指摘している。つまり，市場における製品ポジショニングの差異が，原産国をどう捉えるかに関わる例である。

また，別の調査では対象製品はノート・パソコンとし，COAはアメリカ・韓国・中国を対象国とした。調査の製品属性は，プロセッサー・保証・バッテリーの寿命・価格にし，調査は中国で行った。その結果，COAは，グローバル・ブランドの知覚品質に影響を及ぼしていることが明らかになった。

Chao（2001）は，COAとCODにさらにCOPを加えて原産国の複雑化効果に関する研究を行った。具体的にはテレビとステレオを調査対象製品として，アメリカとメキシコをCOA，COP，CODの対象とした。アメリカの大学生720名を対象にしたこの研究では，適合理論（congruency theory）[15]を理論的なフレームワークとしている。

その結果，COAがアメリカの場合は，COPがメキシコよりもアメリカであった際に消費者態度が有意に高いことがわかった。さらに，COAがメキシコの場合は，COPがメキシコとアメリカだった場合の態度における有意差はなかった。

原産国の複雑化に関する理論的な枠組みである適合理論の立場から，原産国スキーマ[16]はCOAによって喚起され，CODとCOPのように製品評価に影響を与えている別の手がかり情報にも影響すると推測されるという。

実務的には，COAだけではなく，COPも態度と購買意図に影響していることから，ネガティブなCOPの製品における広告キャンペーンでは，消費者注意を製品のポジティブなCOP，CODに引きつけることが効果的であろう[17]。

1990年代後半以降このような生産拠点を中心とした議論から，ブランドを中心とした議論に徐々に移動するようになった。1990年以後からは，IT革命と世界金融市場の自由化によって世界経済のグローバル化が急速に推進された。その結果，低開発国・開発途上国などへの生産拠点の移転に対する危険性を警告する研究もその姿を消すようになった。

この時期にブランド・エクイティの観点から，原産国の複雑化問題に対する方向性を提示し，ブランドと生産拠点の関係を明らかにした研究がHui and Zhou (2003) である。Hui and Zhou (2003) は，実在するブランドと最終組立国の影響を検証した。

その結果，最終組立国は，ブランド・エクイティが高い企業である場合，製品に関する信頼とグローバル製品態度にそれほど大きな影響を及ぼさないと主張している。

この研究では，ブランドとしてソニー（ブランド・エクイティが高いブランド）とサンヨー（ブランド・エクイティが低いブランド），最終組立国は日本（ポジティブな原産国）とメキシコ（ネガティブな原産国）を対象にした調査を行った。

その結果，ブランドの所有国と製品の最終組立国が一致する場合には，ブランドに関する評価には影響が及んでいないとした（ソニーとサンヨーは共に日本製）。一方，ブランドの所有国と最終組立国が異なる場合は，ブランドの評価

に影響が及んでいるという。

さらに,この研究で最も興味深い点は,ブランドの所有国と最終組立国が異なる場合,ソニーのように高いブランド・エクイティを持っている企業よりは,ブランド・エクイティが低いサンヨーのほうが最終組立国のネガティブな影響が大きいことである(ソニーとサンヨーがメキシコ製の場合)。したがって,ブランド・エクイティが低い企業は,生産地によるネガティブなハロー効果を大きく被っているのである。

この結果によって,ブランド価値が高い企業であるほどブランド名が原産国イメージを支配していることがわかる。ブランドと原産国に関する既存研究では,原産国を中心として捉え,ブランドが原産国にどのような影響を与えているかが検証されてきた。ところが,この研究からは,ブランドを中心としたブランド価値によって,原産国イメージを検証した。その結果,高いブランド・エクイティを持っている場合は,ネガティブな原産国イメージを乗り越えることが明らかになった。

2000年代以後には,Hui and Zhou (2003) の研究成果のように実在するブランドを使用するなど調査の妥当性を確保し,グローバル経済の動向をよく理解した研究もあるとはいえ,一部では原産国の複雑化に関する議論が続いたといえる。

Hamzaoui and Merunka (2006) は,バイナショナル製品に対する消費者評価がCODとCOAによってどう異なるかを検証した。さらに,製品カテゴリーとCOD, COAとの一致概念を紹介した。

製品カテゴリーと原産国の複雑化を提示した研究もある。具体的には車とテレビという2つの製品カテゴリーについてCODとCOAの異なる組み合わせをトルコの一般人389人を対象にして調べている。車を調査対象にした場合には,CODとしてドイツと韓国,COAとしてはフランスと台湾とした。また,テレビを調査対象にした場合,CODがドイツの場合にはCOAは日本とイタリア,CODが日本の場合にはCOAは台湾とイタリアとした。

調査結果によると,COD, COAのような国イメージと製品カテゴリーとの

一致は製品評価に重要な決定要因であることが明らかにされている。これらの調査結果からの実務的なインプリケーションとしてはCODまたはCOAと製品カテゴリー間の一致度を測定して，マーケティング・コミュニケーションおよび製品プロモーションに活用できることが挙げられる。

　日本における原産国の複雑化研究については李（2006, 2007）の研究がある。李（2006）は，最終組立国・部品生産国・デザイン国に分解した原産国の複雑化情報，ブランド名が，消費者の信念と態度の形成に与える影響を調べた。その結果，最終組立国・部品生産国・デザイン国・ブランド名が，信念と態度に影響していることが示されている。

　その中でも特に，ブランド名の影響が最も強く，続いてデザイン国が強い影響を及ぼしていたことがわかった。具体的な調査方法は，調査対象製品としてはデジタルカメラを，ブランドにはキヤノン（ポジティブ・イメージのブランド）とAVOX（ネガティブ・イメージのブランド），デザイン国・最終組立国・部品生産国は日本と中国とした。調査は大学生607名を対象に行った。

　その後も，李（2007）はデジタル・オーディオ・プレーヤーを対象に最終組立国・部品生産国・ブランド・価格・関与度が消費者の信念と態度にどう影響しているかを調べている。独立変数には，ブランド（ソニー vs. Jtech）・最終組立国（日本 vs. 中国）・部品生産国（日本 vs. 中国）・価格（2万円 vs. 1万円）を設定している。

　調査の結果，李（2006）の調査結果と同様にブランド名の影響が最も強かった。高関心グループは部品生産国を最終組立国より重んじているが，低関心グループは最終組立国を重視して部品生産国はほとんど評価に反映しないことを示した。なお，調査は大学生411名を対象に行った。

4.2　調査内容の考察

　これまで紹介してきた原産国の複雑化研究の問題点と課題は次の3点である。

　第1に，調査手法と現実の消費者行動間における乖離の問題が挙げられる。

原産国のみを手がかり情報として提示した初期原産国の問題点（Bilkey and Nes 1982）は，1980年代以後大きく改善された。しかし，「スーパーマーケットとデパートの商品の原産国を探すためには，アマチュア探偵にならなければならない」とLiefeld（1993）も指摘したように，現実の消費者の購買行動をそのまま再現する調査までには至らなかった。

消費者からの評価を得にくい低開発国で製品を生産する場合，多くの企業は原産国イメージに基づくネガティブな反応を緩和すべく，さまざまな措置をとっている。たとえば，iPhone（アップル）は中国で生産されているが，ネガティブな原産国イメージを払拭すべく，"Designed by Apple in California Assembled in China"と製品に表示している。このように，好ましくない原産国情報を発信しない，あるいは好ましくない原産国情報を緩和するためのコミュニケーション戦略が実施されているケースは多々ある。

第2の問題点は，当時の原産国効果を実証した研究者の間でも，ブランド論の概念が十分に浸透していなかったことである。1990年代以後，グローバル・ブランドの増加と影響力の拡大に伴い，商品を選別する際の手がかりとしての機能は原産国情報からブランドに移行しつつある[18]。ただし，ブランドが確立されていない製品においては，原産国情報は，依然として手がかり情報として機能している。ブランド論の概念が十分に反映されていないまま，1990年代以後にも一部の研究者は原産国の複雑化のみに焦点を当てた研究を続けたと考えられる。

第3の問題点としては，技術の普及に伴う製品のコモディティ化の影響を挙げることができる。たとえば，電化製品業界における生産技術のモジュール化とデジタル化は，デジタル家電などを中心に革新的なイノベーションをもたらした。そして，製品の品質向上と技術水準の世界普及を引き起こし，低開発国産の製品もその品質が劇的に向上した結果，手がかり情報としての原産国機能は大きく低下したと考えられる。

以上のように，原産国の複雑化研究は原産国情報に多面的側面からアプローチして，その効果がマーケティング研究，特に消費者行動に与えている影響を

明らかにしてきたといえる。しかしながら，1990年代以後の世界経済の急速なグローバル化という波に巻き込まれてしまい，現在は原産国の複雑化を研究テーマとしている研究成果は海外の主要ジャーナルでは見受けられなくなった。

　原産国の複雑化に関連した研究の衰退要因の1つは，コスト削減を目的とする企業のグローバル化戦略の持続的な推進であったと考えられる。さらに，低開発国の生産拠点によるネガティブな原産国イメージ効果を，企業のグローバル化戦略では反映させなかったのではないかと思われる。では，実際の企業活動では，原産国イメージがグローバル生産拠点決定に反映されているのか。これらの課題を確かめるために，企業戦略の実態を考察してみよう。

4.3　企業戦略の実態

　まず，実際のグローバル・マーケティング活動で，海外生産拠点に関して，原産国の複雑化研究で指摘されている課題を考慮しているかどうかを確かめる。
　そのため，実際のグローバル企業の生産拠点決定の現状を調べた朴（2005）のインタビュー調査と，『ものづくり白書』の立地選択要因に関するアンケート調査を紹介する。さらに，COPに関する原産国の複雑化研究の矛盾を指摘するために，日系企業の部品調達の実態も紹介する。

4.3.1　韓国企業の海外生産拠点の決定要因

　朴（2005）は，原産国イメージ効果研究に対する先行研究を整理する中で，原産国の複雑化に関する研究に対して，いくつかの疑問を持ち，グローバル企業のマーケティング戦略の実態を把握するために，韓国の代表的多国籍企業であるA社を対象にインタビュー調査を行った。結果は以下のとおりである。A社の海外生産拠点の決定要因としては，第1に，製造コストが韓国よりはるかに削減できる場合である。第2に，進出国家の貿易障壁を乗り越えた場合である（進出国家の同一貿易圏内に完全所有子会社あるいはジョイント・ベンチャーの形で進出）。第3に，最近はSCM（supply chain management）の一環として進出国家の物流に便益がある場合（国境に隣接している産業クラスターに完全

第1章 認知的原産国イメージ効果研究　45

所有子会社あるいはジョイントベンチャーの形で進出）であるという。さらにA社の場合，原産国イメージのネガティブな効果はほとんど考慮されていないことが確認された。

4.3.2　日本企業の海外直接投資の立地選択要因

　経済産業省の調査（2007年2月）は，日本の製造業が直接投資を行う場合に，どのような要因を重視して立地を選択しているのかをアンケート調査で把握した[19]。

　その結果，海外生産拠点の立地選択要因の中で重要度が高いのは，「労働力確保の容易性」や「物流コスト」であり，9割以上の企業が「非常に重要である」あるいは「重要である」と回答した。

　この他，「人件費単価」，「知的財産の確実性」，「電力などのユーティリティ単価」，「災害リスク」，「サプライヤーとのアクセス」，「税制」，「顧客との接近性」，「補助金などの金銭的インセンティブ」の順に重要度は高くなっている。

　以上の朴（2005）のインタビュー結果と『ものづくり白書』を比べてみると，極めて類似性が高い。実際の企業活動においては，原産国の複雑化に対する戦略的な危険性は認識されていなかった。つまり，当時多くの研究者が懸念したコスト削減のための生産拠点の多角化は，実際の企業活動では積極的に推進されていたことが確認できた。

4.4　日本の製造業における東アジア現地法人の現地調達先の割合

　COPを調査対象変数とした先行研究（Tse and Lee 1993 ; Ahmed and d'Astous 1995 ; Chao 2001 ; Hamzaoui and Merunka 2006 ; 李 2006, 2007）を考察してみると，COPに関わった国が，1ヵ国に限定されていたことが確認できる。

　ところが，実際の企業活動では，1つの製品の生産プロセスにおいては，数多くの部品が組み込まれている。さらに，先行研究では，部品に関わった原産国の定義も明確にされていない。メーカーの原産国のみが複雑化されているのではなくて，部品メーカーの生産拠点も，世界各地に多角化したのは明らかで

ある。

　したがって，部品の製造に関わる国（部品のブランド国，部品の最終組立国，部品の本社所在地など）が複雑化されたことを棚に上げたまま，原産国の複雑化に関する研究が進められたと思われる。経済産業省（2007）によると，日系企業では東アジアを中心とした分業化[20]が進化している。

　たとえば，日本の現地企業の調達先は，現地企業45%，日系グループ外企業29%，日系グループ内企業17%の順になっている。この結果を原産国の複雑化という観点から考察すると，原産国の次元が多様であることがわかる。したがって，原産国の複雑化に関する研究で，一ヵ国しかCOPを取り上げないのは，現実の企業活動とは程遠い。

4.5　結果と今後の研究課題

　以上の考察結果から，原産国の複雑化に関する先行研究をみてみると，以下の3点を指摘せざるを得ない。

　第1に，原産国の複雑化研究は，製品戦略から原産国情報を分解して考察したために，手がかり情報を受け手（一般消費者）視点ではなく，企業視点からアプローチしたと考えられる。

　生産拠点という製品戦略的な観点から始まった原産国の複雑化研究は，ハイブリッド製品の増加に伴い原産国情報を分解する必要性を提示し，複雑化された原産国情報が消費者行動に及ぼす影響を明らかにした。ところが，この研究自体がグローバル製品戦略的（Johansson and Thorelli 1985; Johansson and Nebenzahl 1986）な観点から出発していることに注目すべきである。

　この研究が企業視点から進められた根拠は以下のとおりである。たとえば，われわれが実際の購買を行うときに，視認できる手がかり情報は，ブランド・価格・COAくらいであろう。当該ブランドを熟知しているとき，またはそのブランドに関心を持って情報探索をしてからわかるのは，COB（country of brand：ブランドの原産国）くらいであろう。一方，われわれ消費者の手がかり情報として機能しないものは，COPとCODである。

たとえば，薄型テレビの購買を仮定してみよう。われわれが薄型テレビを買おうとして家電量販店に行き，買いたい薄型テレビを，すべて解体してから，いちいち部品製造国と部品製造ブランド名を確認しようともしないし，しようとしてもできないはずである。

ただし，消費者がCODとCOPを確認できるのは，企業側が，マーケティング・コミュニケーションの手段として積極的に，CODとCOPを強調することによって，当該ブランドないし製品の品質の良さを前面に出す必要がある際，つまり，消費者へとCODとCOPに関する情報を発信するときである。

たとえば，パソコンに張られている「Intel Inside」のシールやスイス・デザインと書かれている腕時計，イギリス産の羊毛というシールが張られているスーツ，ヨーロッパ風の車であることを前面に出したトヨタの「アベンシス」などがある。

以上の，受け手（消費者視点）から，既存の原産国研究をみるために，原産国の複雑化に関する近年の研究を，調査対象変数を手がかり情報[21]として捉え，消費者視点と企業視点に分類したのが，図表1-6である。

したがって，今後の研究では原産国の複雑化情報を製品戦略ではなく，コミュニケーション戦略の中心である受け手，つまり消費者の観点からアプローチする必要があると考えられる。

第2に，原産国の複雑化研究が従来の原産国イメージ効果研究と大きく異なる点は，多くの調査で実在するブランドを取り入れたことである。1980年代からの原産国イメージ研究では実在するブランドが調査対象変数として，多くの研究で用いられるようになった。このことは，次節5でも考察する消費者行動における手がかり情報の変化が顕著に反映された結果ではないかと考えられる。

初期原産国研究が行われた1960年代には，グローバル・ブランドの数とそのブランド価値が微々たるものであり，知覚品質[22]の外的手がかり（extrinsic cue）である価格・原産国・ブランド名・店名・パッケージなどが，製品の品質判断に大きな役割を果たした。

ところが，1990年代以後，世界経済のグローバル化とともに，グローバル・

図表 1-6　手がかり情報に対する送り手（企業）視点 VS 受け手（消費者）視点

	企業視点	消費者視点からの手がかり情報
COP	●	×
COD	●	×
COB	●	△
COA	●	○
PRICE	●	●
BRAND	●	●

●：利用可，○：原産地が表示されたときのみ利用，
△：消費者のブランド関与度により利用可，×：利用不可
COP（Country Of Parts：部品生産国），COD（Country Of Desing：デザイン国），
COB（Country Of Brand：ブランド所有国），COA（Country Of Assembly：最終組立国）

ブランドは増加し，そのブランド価値も向上した。これにより，初期原産国が担っていた手がかり情報としての機能もほとんどブランドが担うようになったといえる[23]。

　ブランドを用いた原産国の複雑化に関する先行研究を考察すると，ブランドは原産国のネガティブな効果を乗り越えられない（Johansson and Nebenzahl 1986；Han and Terpstra 1988；Tse and Gorn 1993；Ahmed and d'Astous 1995）という結果と，ブランドはネガティブな原産国情報を衰退，または緩和できる最も有力な手がかり情報である（Tse and Lee 1993；Nebenzahl and Jaffe 1996）という結果が対立している。

　このような1990年代半ばにおける相反したブランドの効果は，本章の考察で示したように複雑化を中心とした製品戦略的アプローチとブランドを中心とした原産国イメージ研究との過渡期的な研究成果であると推測できる。

　したがって，本節で考察した先行研究を，生産拠点を中心とした製品戦略的な原産国の複雑化研究と，ブランドを中心とした原産国の複雑化研究にさらに細分化できる。

　以上のような研究結果から，ブランドを中心とした原産国研究を考察し，整

理することにより原産国の複雑化研究からブランドを中心とした原産国研究までの移行プロセスをより明確にする必要があると考えられる。そこで，次節5ではブランドを中心とした原産国イメージ研究を考察する。

第3に，原産国情報の有効性に関する実証研究を行う必要性があると考えられる。原産国の複雑化研究領域だけではなく，原産国イメージを研究対象とする多くの研究では，原産国情報の実質的有効性についてはほとんど議論されていない。たとえば，原産国情報は消費者の知覚と態度に影響をしているかどうか，どの国からの原産国情報がネガティブであるか，関与度は原産国情報にどう影響しているかなどは議論されている。一方，実際に原産国情報はどのような状況下で活性化されるのか，原産国情報を活性化させる先行要因は何かなどの研究はまだ十分になされていない。

最後に，本節の考察結果からも明らかになったように，原産国研究を企業のマーケティング・コミュニケーション手段として有効に活用するため，今後の研究ではコミュニケーション戦略の観点から原産国イメージ研究を精緻化する必要があると考えられる。

5　ブランドにおける原産国イメージ効果

初期の原産国イメージ効果研究では，原産国情報は消費者が製品を選別する際の手がかりとして機能していることが確認された（Schooler 1965 ; Reierson 1966 ; Nagashima 1970 ; Anderson and Cunningham 1972 ; Gaedeke 1973 ; Etzel and Walker 1974 ; White 1979 ; Cattin, Jolibert and Lohnes 1982）。

ところが，1990年代以後世界経済のグローバル化とデジタル家電を中心としたモジュール化，コモディティ化，コスト・リーダーシップ競争の激化などの影響によって，開発途上国と低開発国における生産の危険性[24]は大きく低下した（Han and Terpstra 1988 ; Chao 1989 1993 2001 ; Tse and Gorn 1993）。また，グローバル・ブランドの成長は原産国イメージの手がかり情報としての機能をさらに低下させた。

本節では，このような手がかり情報としての原産国イメージ効果の機能変化について，その背景を考察し，今日のブランド論における原産国イメージを考察する。

5.1 低開発国生産の危険性低下とグローバル・ブランドの成長

近年の消費者は，グローバル・ブランドを高品質の証として選択している (Holt, Quelch and Taylor 2004)。このことは，グローバル・ブランドが手がかり情報として機能していることを裏付けている。品質の証は，すでに原産国ではなくブランドに変化したことを意味する。

このような手がかり情報変化の背景には，2つの要因がある。まず第1に，ネガティブな原産国イメージをもたらす低開発国の生産拠点としての危険性が大きく低下したという点である。原産国イメージ効果研究の主な対象製品であった家電業界を考察してみると，1990年代以後，デジタル家電を中心にモジュール化とコモディティ化が急速に広がった。モジュール化とは，複雑で巨大なシステムを設計・構成・管理するとき，全体を機能的なまとまりのある「モジュール」に要素分割することができるということである。設計と製造のときに擦り合わせを行う必要があまりないために構成要素の規格化・標準化を進めることができる。したがって，良い根幹部品を仕入れて，組立てれば大手メーカーとの品質差はなくなる。たとえば，MP3プレーヤーの音質において有名ブランド製品と無名ブランド品間にあまり品質差を感じなくなったのは，このためである。

モジュール化によって市場の急拡大と激しい競争が起こった好例は，パソコン市場である。その後，デジタル家電業界でもモジュール化が進み，最終製品における品質の均一化が進んでいる。モジュール化は，日本家電メーカーの競争力低下の背景要因として挙げられている[25]。

モジュール化と共に製品のコモディティ化も欠かせない。コモディティ化は，1990年代の後半から始まった。企業間における技術的水準が次第に同質化し，製品やサービスにおける本質的部分での差別化が困難となり，どのブランドを

取り上げてみても顧客側からするとほとんど違いを見出すことのできない状況がコモディティ化である。コモディティ化とは本来，麦やトウモロコシなどの「一般商品」や「日用品」という意味である。差別化されるべき製品においても，一般商品のように差別化が困難になっている状況をわれわれはコモディティ化という（恩蔵 2007）。

たとえば，デジタル家電業界におけるモジュール化とコモディティ化は，世界の家電業界を大きく変化させている。序章で示したように従来の家電業界のトップブランドだったアメリカと日本のブランドに代わり現在は中国と韓国ブランドが大きくシェアを伸ばしている。さらに，モジュール化とコモディティ化によって，価格競争はさらに激しくなりコスト・リーダーシップ競争は激化した。その結果，原産国イメージ研究で指摘されたような低開発国生産の危険性よりもコスト削減が重視され低開発国への進出がより積極的に進められたと考えられる。

世界経済のグローバル化に伴うモジュール化とコモディティ化などの影響によって，低開発国生産の危険性は大きく低下した。原産国イメージ研究の手がかり情報の変遷プロセスをみると，手がかり情報としての原産国イメージは，品質判断の中心的手がかり情報としての機能から付随的な機能[26]として変わったといえる。

第2の要因は，グローバル・ブランドの成長である。コカ・コーラはグローバル・ブランドとして認知されているが，国際的イメージとしては，アメリカのブランドとして多くのアメリカ国外の消費者に認識されている。一方，ベネトンのように刺激的な原色の広告は，イタリアを連想させる。

以上のような認知的原産国イメージ効果の変遷を図表化したのが図表1-7である。

グローバル・ブランドは，国に対する連想を製品と結び付け，利用することもできる。マクドナルドは，アメリカのファーストフードであり，ロレアルはフランスの化粧品，スウォッチはスイスの時計，そして日清カップヌードルは日本の即席麺である。ディズニーは，アメリカが故郷であることを反映したい

第Ⅰ部　認知的原産国イメージ

図表1-7　認知的原産国イメージ効果研究の変遷

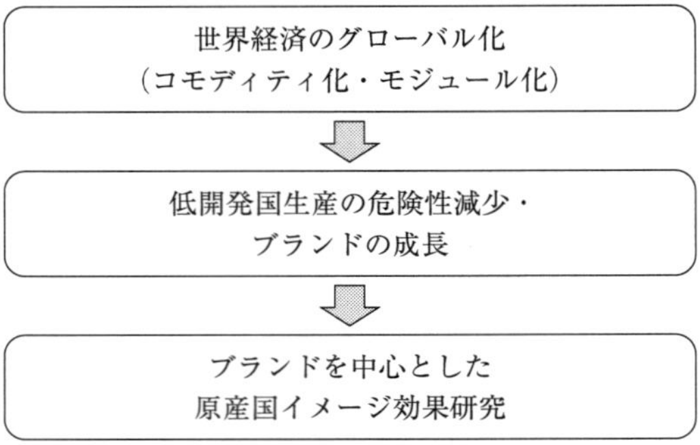

```
┌─────────────────────────┐
│　　世界経済のグローバル化　　　│
│　（コモディティ化・モジュール化）│
└─────────────────────────┘
　　　　　　　↓
┌─────────────────────────┐
│　低開発国生産の危険性減少・　　│
│　　　　ブランドの成長　　　　　│
└─────────────────────────┘
　　　　　　　↓
┌─────────────────────────┐
│　　　ブランドを中心とした　　　│
│　　原産国イメージ効果研究　　　│
└─────────────────────────┘
```

との思いから，そのフランスのテーマパークの名前を，ユーロ・ディズニーからディズニーランド・パリに変更した（Kotabe and Helsen 2008）。

　グローバル・ブランディングの目的は，コスト削減と顧客コミュニケーションの均一化である。この志向は，1980年代に多数の支持を集めた（Levitt 1983）[27]。そしてこの時期いくつかの企業が国際競争に乗り出し，アメリカと日本の企業はブランドとグローバル・マーケティングを武器に海外市場へと進出し（Holt, Quelch and Taylor 2004），その後1990年代からは新興工業国（韓国・台湾・香港・シンガポール）企業ブランド，2000年代からはハイアールなどの中国ブランドのグローバル・ブランド化が進んでいる。

　グローバル・ブランディングの目的からすると，グローバル・ブランドにおける原産国イメージに関する議論は，学術的だけではなく，実務的にもその価値は大きい。このような側面から以下では，世界各国の消費者を対象に調査したグローバル・ブランドの選択理由を考察することによって，原産国イメージとグローバル・ブランド間の関係を把握できる。

　世界各国の消費者は，グローバル・ブランドをどのように評価しているか。グローバル・ブランドの評価については，Holt, Quelch and Taylor（2004）が2003年度に41ヵ国3,300人の消費者を調査として調査を行った。その研究成果は以下のとおりである。

2002年グローバル・ブランドに関する世界各国の消費者の評価を調べるため，リサーチ・インターナショナル USA の協力を仰ぎつつ，2段階の調査を実施した。第1段階は，初年度に41ヵ国消費者1,500人に，次いで12ヵ国1,800人に調査し，グローバル・ブランドの特性が購買意思決定に及ぼす影響について調べた結果，グローバル・ブランディングに求められる特性を明らかにした。

この調査の結果，どの国の消費者にも認知されている特性が3つあり，消費者はそれらの特性に基づいて購買を決定していることがわかった。一方，アメリカの価値観という，多くの企業が最重要視していた要素は，実際の購買行動にはほとんど影響を及ぼしていないことが判明した。その重要な項目は，①高品質の証（44%），②文化的神話（12%），③社会的責任（8%）という3つであった。

Holt et al. (2004) の研究内容を詳しくみると，グローバル・ブランドに対する評価については，消費者は，多国籍企業同士が品質とイノベーションをめぐって激烈な争いを繰り広げていることを知っているため，争いに勝利した企業に大きな信頼を置く。フォーカス・グループに参加したロシアのある消費者は「人気の高いブランドほど商品の質は高い」と述べていた。同様にスペインの消費者も「私がグローバル・ブランドを好きなのは，多くが高品質で，アフターサービスがしっかりしているから」とコメントしている。

これらの意見は，しばしばグローバル・ブランドがプレミアム価格であることを正当化する理由にもなっている。タイの参加者はグローバル・ブランドについて「確かに値段は高いが，質を考えれば，妥当である」という。

以前は，品質や技術力の目安は原産国であり，「Made in USA」であることが重要だった。業種によっては「Made in Japan」や「イタリアのデザイン」も高く評価されていた。ところが最近は，世界的な名声こそ高品質の証になった。Holt et al. (2004) によって調べられた以上の結果からも，原産国はいまだ購買行動に強い影響を与えているものの，その影響度は3つの特性（高品質の証・文化的神話・社会的責任）と比べて，わずかに3分の1程度だったという。

以上の調査結果から，手がかり情報が原産国からグローバル・ブランドに変

化したことが明らかになった。では，ブランドにおける原産国イメージの意味をブランド・オリジンの観点から考察してみよう。

5.2 ブランド・オリジンの概念と展開

　今日の原産国イメージ研究におけるブランドの概念をいち早く提示したのがThakor and Kohli（1996）が提唱する「ブランド・オリジン（brand origin）」である。

　Thakor and Kohli（1996）は，ブランド・オリジンをターゲット消費者によって知覚される（perceived），場所（place）・地域（region）・国家（country）であると定義した。ブランド・オリジンの出発点は，実際に製造・生産・デザインされている国ではなく，消費者の知覚に存在する国である。

　原産国イメージが実際に製造された国を中心とした研究であるのに対して，ブランド・オリジンとは実際には別の国で製造されている場合でもターゲット消費者が知覚，またはブランドとの関わりが高いと思っている国がブランド・オリジンとなる[28]。したがって，ブランド・オリジンとは，従来の生産国を中心とした原産国イメージとは大きく異なる。

　このようにブランド・オリジンでは，原産国イメージに対する情報は，当該ブランドが目標とするターゲット・マーケットの消費者評価という前提または認識から始まる。ブランド・オリジンの手がかりは必要以上に具体的な意味を持つ場合もある。

　Thakor and Kohli（1996）によると，たとえば「エッフェル塔」や「パリ」というブランド名の香水は，アメリカ人にはフランスを連想させる効果があり，香水ブランド名として有効かもしれないが，ヨーロッパ市場ではあまり特徴的でないため成功しがたい。

　同様に，ヨーロッパの回転寿司店名には，「相撲」という日本文化を代表する寿司店名が使われているが，日本国内の寿司店には相撲を寿司店のブランド名として用いられている店舗は見当たらない。

　従来の原産国イメージとブランド・オリジンについては，次の相違点を取り

上げることができる。まず，従来の原産国イメージとブランド・オリジンの主要な区別は前々節3でも考察したように原産国に対するアプローチの違いから生じる。従来の原産国研究では，生産国を中心とした「Made in（国）」という生産国に重きを置いた。つまり，従来の原産国イメージ研究では，最終生産または生産プロセス・レベルにおける国に焦点を当てている。このような従来の原産国イメージ研究では，原産国イメージはブランディング・価格・パッケージ・店名のイメージと同様に，手がかりの1つに過ぎない。

従来の原産国イメージ研究とブランド・オリジン研究はそのアプローチが全く違うため，既存の原産国イメージ研究の成果でもブランドを研究対象または調査対象にしていながら，ブランド・オリジンの中身を十分に活かせなかった[29]。

さらに，ブランド・オリジンは，生産国によって変わらないし，「Made in（国）」という原産国情報と同じ国家である必要もない。この違いは海外生産拠点の多国籍企業が増加しているので，より明らかになる（例：サムスンの液晶テレビは韓国製の液晶パネルも使うが，台湾製液晶パネルも使う）。したがって，ブランド・オリジンの概念は　COA，COP，CODなどの原産国の複雑化研究とはそのアプローチが大きく異なる。

消費者の無関心，特定ブランド・オリジン情報の不足（情報の非対称性），または企業のコミュニケーション戦略による消費者に選好されていない原産国情報提供の回避などの理由によって，ブランド・オリジンと実際の原産国情報との乖離があり得る[30]。

消費者の知覚しているブランド原産国と，実際のブランド国（ブランドの本国）のギャップについては，Balabanis and Diamantopoulos（2008）の調査結果が興味深い。イギリスの一般消費者193人を対象に電子レンジブランド13社の調査を行った結果は，図表1-8のとおりである。

たとえば，シャープの場合，日本（31.6％）であり，サンヨー（76.2％）・パナソニック（58.5％）に比べると，イギリス消費者におけるシャープの原産国は日本的イメージが薄いと考えられる。

図表1-8 ブランドの知覚原産国

	日本	韓国	中国	アメリカ	ドイツ	イギリス	フランス	台湾	イタリア	その他	知らない
パナソニック	58.5[a]	2.6	1.0	11.4	5.7	10.4	0.5	0	0	0.5	9.3
シャープ	31.6[a]	2.1	1.0	14.0	5.2	28.5	0	3.6	0	1.6	12.4
サンヨー	76.2[a]	6.2	6.2	0.5	0	0.5	0	3.1	0	0.5	6.7
サムスン	43.5	28.0[a]	8.8	1.0	2.1	0	0	5.7	0	0.5	10.4
Whirlpool	0.5	0	1.0	19.7[a]	11.9	39.4	2.6	2.6	0	4.1	18.1
Tricity	4.7	1.6	1.0	13.0	1.0	58.0	1.6	0.5	0	1.6[a]	17.1
Daewoo	16.6	45.1[a]	4.1	0.5	7.8	3.6	1.6	7.8	0	2.1	10.9
Matsui	50.8	16.1	7.3	0	1.6	3.1[a]	0	8.3	0	1.0	11.9
Belling	4.1	0.5	2.1	14.0	3.1	53.4[a]	1.6	1.6	0	0.5	19.2
DeLonghi	2.6	4.2	4.7	5.7	4.2	1.6	20.8	8.3	13.5[a]	1.0	33.3
Hinari	38.3	24.4	6.2	0	0	2.1[a]	0	11.4	0	0.5	17.1
Proline	2.6	2.6	2.6	14.0	2.1	13.5[a]	5.7	2.6	0	1.6	52.8
LG	4.7	4.2[a]	2.6	5.2	8.9	5.8	2.1	0.5	0	1.0	64.9

注：aは実際のブランド原産国
（出典）Balabanis and Diamantopoulos (2008), p. 52を基に筆者作成。

　さらに，調査対象国によって消費者が知覚しているブランド原産国と実際のブランド国はかなり異なる。2011年アメリカ・イギリス・中国の消費者を対象に行ったインターブランドジャパンによる調査をみると，中国の消費者とアメリカ・イギリスの消費者が知覚しているブランド国と実際の原産国の差は大きい。たとえば，アメリカの消費者の多くは「ノキア」を日本ブランドであると誤認している。さらに，地理的に近い中国の消費者はサムスン，LG，ヒュンダイを日本のブランドであると誤認していないが，アメリカとイギリスの消費者は日本のブランドであると誤認している（インターブランドジャパン 2011）。また，以上のような消費者のブランド原産国に対する誤認を逆手にとって，コミュニケーション戦略として活用する事例[31]もある。

　以上のような結果から，ブランド・マネジメントでは，実際のブランド原産

国よりも消費者が知覚しているブランド・オリジンを重要視していることが明らかである。さらに，消費者が認知しているブランドであっても，ブランド・オリジンについては全く興味を示さないこともよくある。たとえば，タイで生産されているニコンのデジタル一眼カメラを日本の消費者は日本のデジタルカメラだと知覚するだろう。同様に，アメリカで生産されたトヨタ自動車をアメリカの消費者は日本の自動車だと知覚している。このようにブランド・オリジンとは，実際の当該ブランド製品が製造された国ではなく，当該ブランドのターゲット・マーケットにおいて知覚されている原産国である。

つまりマーケティング戦略における従来の原産国イメージとブランド・オリジンの大きな差は，従来の原産国イメージでは，原産国に製品戦略の観点からアプローチしているが，ブランド・オリジンの観点からは，製品戦略ではなくコミュニケーション戦略の観点からアプローチする点にある。

ブランド・オリジンのイメージが望ましいにもかかわらず，広告やブランド名からその原産国情報が把握できない場合，企業はさまざまなコミュニケーションを展開する必要がある。McCracken（1993）によると，ブランドはいくつかの違う文化的意味（cultural meanings）によって構成されているという。彼は，ブランドは男性や女性（性別意味）・社会的地位（階級意味）・国籍（国家意味）・民族（多文化意味）などを象徴することができるという。

たとえば，マルボロの赤と白のタバコケースは，①挑戦・自由・満足の人生，②豊かさ・競争力・男性性，③典型的なアメリカ的キャラクターを象徴する。さらに，アメリカ西部のカウボーイが大牧場を走る広告によって，オリジンとなる手がかり情報の多様な意味は強まる（Thakor and Kohli 1996）。

以上の内容から，ブランド・オリジンとは，初期の原産国イメージと大きく異なって，消費者による知覚を中心として，実際に製造・生産・デザインされている国ではなく，消費者の知覚に存在する国であることが確認された。

5.3 グローバル・ブランド名の効果

国外市場でマーケティングを展開する企業は，世界各国の固有な環境（競争

環境,法的・制度的環境,経済環境,文化環境)に直面する。このような環境は,政治体制を中心とした制度的環境と,文化的環境の中で生活を営んでいる消費者に大きく分けられる。原産国イメージに関する研究は各国の消費者を中心とした研究であり,貿易実務などの原産地とは研究の方向性と視点が全く異なる。

異なる文化に属している消費者は,物質的環境・言語・美学・宗教・教育システム・価値システムなどさまざまな文化的要素に影響される。この中で,言語的コンテキストは国によって大きく異なる。アメリカ(英語),日本(日本語),中国(中国語)など,国内で使われている言語が単一言語の場合もあれば,インドのようにヒンディー語を話す人が人口の30%にしか満たず,その他14の公用語が存在したり,スイスのようにドイツ語,フランス語,イタリア語,ロマンシュ語の人口構成を持っている国家も存在する。

このような言語とブランド名との重要性は,中国市場でマーケティング活動を展開する企業でよく表れている。中国のグローバル・ブランドの多くは,当該グローバル・ブランドと似た響きのブランド名を,実際のブランド名の代わりに造語して,中国ローカル・ブランド名として使用している。たとえば,HP(ヒューレット・パッカード)は恵普(Hui-Pu)という中国現地のブランド名を用いている。この意味は Hui(親切)と Pu(普遍的な)という中国語の意味を採用した。さらに,世界的なシステム企業である Oracle(オラクル)は甲骨文(JiaGu Wen)という中国ブランドを用いて,中国古来のデータ記録物であった甲骨を自社のブランド化してデータや情報の記録を意味している(Kotabe and Helsen 2008)。

原産国イメージ研究においても,ブランドの発音による原産国イメージ効果を研究している。Leclerc, Schmitt and Dube(1994)は,外国語のブランド名は文化的ステレオタイプによって,製品認知と態度に影響することを実証している。外国語のブランド名は,ターゲット市場における消費者の認知と態度に影響を与える効果的な手段である。効果的な外国語のブランド名を用いる手法としては,外国語によるブランドの発音とスペリングが重要である。この研究は,ブランド名という言語的側面から原産国イメージ研究を考察した点で評価

できる。

ブランド人気と原産国イメージの重要性を強調する研究もある。Kim and Chung（1997）は，ブランド研究の観点から原産国イメージ研究を行った。この研究では，原産国イメージを国に関する特定の無形資産としてみなし，ブランド人気と原産国イメージがどのように結合され，長期的利益をもたらすかを確かめている。

調査は，アメリカのコンパクト車市場におけるアメリカと日系メーカーを対象にした。調査内容をみると，企業の長期的成功要因の変数としてブランド人気と原産国・イメージを挙げている。その結果，長期的な成功を収めている企業の場合は，ブランド人気を保ち，それゆえに良い原産国イメージを持っていることが検証された。

彼らが企業の長期的成功の変数としてブランド人気と原産国イメージに注目したのは，有名なブランドは特定の価値，つまり，人気，名声というブランドの信頼性とそれに関わるブランド・エクイティを持っているからである。さらに，グローバル市場においては，同一製品カテゴリー・ブランドの一般的成功は，当該ブランド国と同じ原産国として共有されている無形資産に注目している。

同一国からのブランドが類似した評価をされるのは，ブランドだけでは説明できない。外的手がかり情報として，ブランドと原産国イメージによって，消費者の購買意思を促すという。

5.4 ブランド連想における原産国イメージ

グローバル・ブランドは，ある国で強固に確立し，その国の連想がそのエッセンスの一部であるブランドにとって，しばしばその国を連想させる。たとえば，リーバイスはアメリカのジーンズ，シャネルはフランスの香水，デュワーズはスコットランドのウィスキー，キッコーマンは日本の醤油，ベルトーリはイタリアのオリーブ油である。

どの場合でもブランド母国で確立しており，母国それ自体がブランドのエッ

センスの一部となっている。そのような状況下では，グローバル・ブランドは価値がある（Aaker 1991）(32)。

　原産国をブランド連想と関連づけたのは Aaker（1991）である。彼によると，ブランド連想とは，ブランドに関する記憶と「関連している」すべてのことであるという。さらに，彼は連想やイメージは両方とも知覚されたものであるが，それは客観的現実を反映している場合もあれば，反映していない場合もあると指摘している(33)。

　ブランド連想は，購入意思決定やブランド・ロイヤルティの基盤を表している。多くの可能な連想が存在し，それらはさまざまな方法で価値を提供する。ブランド連想が企業やその顧客に対して価値を創造する方法としては，情報の加工／探索の支援・ブランドの差別化・購入理由の提供・肯定的な態度／感情の創造，そして拡張の基盤の提供である。

　このようなブランド連想には，製品属性・無形資産・顧客便益・相対価格・使用状況・使用方法・使用者（顧客）・有名人（人物）・ライフスタイル（個性）・製品クラス・競争業者・国（地理的地域）というタイプがあるという。

　その中で，国は強いシンボルになり得るという。なぜなら，国は製品・素材，そして能力と密接に関連しているからである。ドイツはビールや高級車，イタリアは革製品，フランスはファッションや香水を連想させる。これらの連想は，ブランドを国と関連付けることによって利用される。

　アメリカのアルコール市場で急成長している「輸入ウオツカ」の分野は，国家イメージとの関連によって大きく成長した例である。ストリチナヤはロシアを連想させる。他の競争業者は，フィンランド（フィランド），スウェーデン（アブソルート），そしてアイスランド（アイシー）を連想させる。それらの国との関連は，新鮮で，さわやかな，そして寒いといったイメージを提供する。

　世界18都市の消費者を対象に日本を連想させるものをヒアリングしたところ，1位は「家電製品／ＡＶ製品（65.7％）」であり，2位は「デジタル製品（パソコン／デジタルカメラ）（60.8％）」，3位は「自動車（57.3％）」となっていて，ものづくり日本を象徴するこの3つの製品群は，ほとんどの都市でトップ3にラ

ンキングされており,「日本」から連想する三大イメージとして世界共通で確立されている様子がうかがえた[34]。

一方,ブランド論を体系化したKeller（1998）は,ブランド・コミュニケーション戦略の観点から原産国イメージを捉えている。

原産国イメージは,ブランドの二次的連想として活用できる（図表1-9）。ブランドの二次的連想とは,他の領域からブランドへ「移転させる」プロセスである。本質的に,ブランドは他のモノからいくつかの連想を「借り」,連想の性格に応じてブランド・エクイティの一部を「借り」ていると説明している。

ブランド・エクイティ構築は,ブランド構成要素の選択と支援的マーケティング・プログラム活用や,製品,価格,流通,マーケティング・コミュニケーション戦略によって構築できる。さらなるブランド・エクイティ構築の方法が二次的ブランド連想の活用である。

既存のブランド連想が何らかの点で不十分な場合,二次的ブランド連想は,強く,好ましく,ユニークな連想あるいはポジティブな反応を生み出すために極めて重要であり,既存の連想や反応を新鮮な別のやり方で強める効果的な方法である（Keller 1998）。

二次的なブランド知識を生み出す方法の1つとしては,製品の原産国を明示することである。これによって国と地域とブランドとの新たな知識を生み出すことができる。図表1-9は二次的ブランド連想の活用の源泉になる要素である。

Shimp（2008）は,ブランドの二次的連想である場所（例：原産国）・人（例：有名人）・物事（例：コーズ）・別のブランドにリンクさせること（Keller 2003）によって,ブランド・エクイティを高めるコミュニケーション戦略としてみなした（第7章参照）。Shimp（2008）によると,具体的にブランド・エクイティを強化する方法としては,①自ら話す（Speak-for-itself）,②メッセージ誘導（Message driven）,③レバレッジ（Leveraging）戦略という3つの戦略的方法があると分類し,ブランド間の競争が激化している今日の市場で,ブランド・レバレッジ戦略を最も相応しいブランド・エクイティ構築の方法であるとして

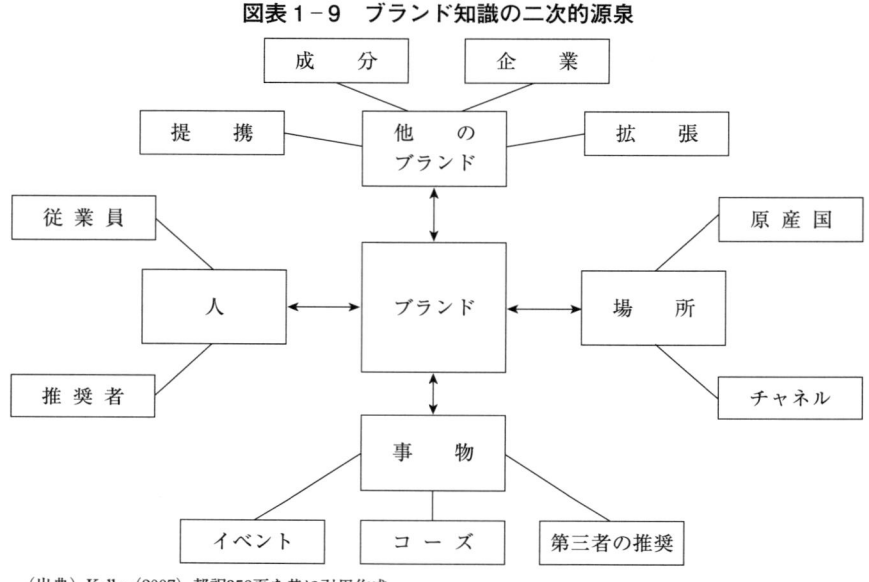

図表1-9 ブランド知識の二次的源泉

```
        成分         企業
           \       /
   提携 ── 他のブランド ── 拡張
              ↕
  従業員              原産国
    \                /
     人 ←→ ブランド ←→ 場所
    /                \
  推奨者              チャネル
              ↕
           事　物
         /   |   \
      イベント コーズ 第三者の推奨
```

(出典) Keller (2007), 邦訳358頁を基に引用作成。

いる[35]。

　以上のように，ブランド論の観点から原産国イメージを考察すると，原産国イメージはブランド連想と密接な関係を持って，ブランド・エクイティ構築に活用される。さらに，ブランド・コミュニケーション戦略としても有効な手段であることが確認できる。

6　ま　と　め

　本章では，初期の原産国イメージ効果研究の研究成果を体系的にまとめ，考察した。

　まず，初期の原産国イメージ効果研究の成果としては，パッケージの表示という機能に過ぎなかった原産国ラベルを消費者の品質判断の手がかり情報とし

て捉え，マーケティング研究の一領域に発展させたことが挙げられる。

　従来，原産国は輸入国・輸入業者などを中心とした生産プロセスとして捉えられていた。しかし，初期の原産国イメージ効果研究では，原産国を市場の受け手である消費者の観点から解釈した。つまり生産・販売者および輸入業者側における「原産国ラベル」のみの狭義的原産国の意味を，市場の受け手である消費者側の観点にシフトしたということである。これは原産国イメージ効果研究が，マーケティング分野におけるさまざまな研究テーマを取り入れながら，膨大な研究成果を生み出していく根本的要因となったといえるだろう。

　理論的な側面から考察すると，初期の原産国イメージ研究は，「手がかり情報」という認知的効果に着目した研究が大半を占めており，原産国という単一の外的手がかりのみによって消費者の態度を検証しているという課題があった (Bilkey and Nes 1982)。

　1980年代半ばになると，単一手がかり情報を提示する調査手法の限界を克服する研究 (Johansson, Douglas and Nonaka 1985) や，原産国イメージ効果のメカニズムを探る研究 (Han 1989 ; Hong and Wyer 1989 : 1990)，消費者知識と原産国効果との関連性を考察した研究 (Maheswaran 1994)，製品カテゴリーとの関連性を明らかにした研究 (Roth and Romeo 1992) などが登場し，消費者行動研究の理論を中心とした原産国イメージ効果研究の精緻化が進められた。

　また，1980年代にはアメリカ国内製造業の衰退とプラザ合意を引き金とした日本企業の海外生産増加を背景として，部品の生産から最終消費まで複数の国が関連するようになり，原産国の複雑化研究が多く行われた (Han and Terpstra 1988 ; Chao 1993 ; Tse and Gorn 1993 ; Chao 2001)。

　ところが，1990年代以降，世界経済のグローバル化に伴い，モジュール化，コモディティ化，コストリーダーシップ競争，グローバル・ブランドの成長などの影響が大きくなると，原産国の複雑化に関連した研究は衰退する。消費者の購買行動プロセスにおける原産国イメージの役割も大きく変わってきた。原産国が担っていた外的手がかり情報としての消費者の品質評価機能も，原産国・価格・パッケージなどの外的手がかりから，ブランドとして統合されたと

いえるだろう。

　手がかり情報という消費者の認知的情報から出発した認知的原産国研究の流れは1990年代半ばに大きな転換期を迎え，2000年代からはブランド・オリジン，ブランド連想といったブランド論を中心とした議論に発展した。調査の技術的手法も調査の信頼性と妥当性を確保するため，実在するブランドを中心とした原産国研究が多く台頭するようになり，ブランド論を中心とした活発な議論が展開されている。

(1) こうした調査手法は大学生アンケートに大きく依存するようになった1980年代以後の原産国イメージ効果研究に示唆する面が大きい。
(2) マーケティング・コンセプトとは，ビジネスは製品志向の「市場に出して売る」方針から，顧客志向の「感じ取って応じる」方針に移行した（Kotler and Keller 2006）。したがって，マーケティングでは製品はもとより，製品を製造し，供給し，最終的に消費されるまでのプロセスに関わるものすべてを駆使して，顧客ニーズを満たそうという考え方を重視している。Levitt（1960）は，販売とマーケティングの違いを「販売は販売者のニーズに焦点を当てる」が，「マーケティングは購買者のニーズに焦点を当てる」と指摘している。販売では，製品をお金に換えるという販売者のニーズ充足に気を取られていると分析している。
(3) 原産国イメージ研究における手がかり情報とは，品質を判断する指標として原産国イメージを用いることを指す。
(4) Nagashima（1977）と Darling and Wood（1990）参照。
(5) 消費者行動研究が1つの独立した学問領域として確立されたのが1970年代である（青木 2010）。
(6) ハロー効果とは，他者がある側面で望ましい（もしくは望ましくない）特徴を持っていると，その評価を当該人物に対する全体的評価にまで広げてしまう傾向を意味する。
(7) 入力された刺激が内的処理可能な形式に変換され記憶表象として貯蔵されるまでの一連の情報処理プロセスを指す。
(8) この仮説はステレオタイプの理論に基づいている。原産国イメージは，ステレオタイプの影響が大きいことから，消費者は複雑で理解し難い製品属性に関する情報を無視して，原産国だけによって製品を判断してしまう。
(9) 初頭（primacy）効果とは，社会心理学では，複数の情報に基づいて態度や印象を形成したり判断を下すときに，最初に提示された情報が特に強く影響することを意味する。一方，親近（Recency）効果とは，判断の直前に提示された情報が強く影響することを意味する。
(10) 原産国イメージは人の知的好奇心を誘発し，製品の具体的属性情報についてより深く考えるように促す。
(11) 板垣（2002）によると，企業が輸出ではなく海外生産を選択する要因には，コスト要

因，関税のような進出国における政府政策，市場特性の違いが挙げられる。国際経営分野でもこれらの要因を多国籍企業の内部化理論としてアプローチされてきたという。日本企業の場合は，1960年代から開発途上国が輸入していた工業製品を国産化して工業化を図ろうとして設けた高い関税を避けることと，日本における労賃の上昇が海外生産を展開した初期の要因であるという。年代別に海外生産に影響を及ぼした要因をみると，1970年代では貿易摩擦と円高，1980年代にはさらなる円高と欧州における経済統合の進展，1990年代からは中国の開放政策の進展，アジアの品質管理能力の向上，EU成立，東欧の市場経済への移行などがある。

(12) 本節では，原産国の複雑化を研究対象としているために，原産国の詳細な区分が先行研究内に提示されている場合は，COA・COD・COPなどの用語を以下で使うことにする。
(13) 恩蔵（1997）は，製品にまつわる国を，ブランドを有する会社の本社機能が置かれている国，デザインが行われる国，部品や原材料が調達される国，最終的な生産（アセンブリング）が行われる国，製品が消費される国という5つの次元から原産国の複雑化問題を整理しておく必要性を提示した。
(14) 1990年以前までは，低開発国における直接投資は低開発国内部から抵抗が強かったが，1990年代以後からは多くの国で積極的に外資による経済開発を促している。
(15) 適合理論（congruency theory）は，有名人広告研究の代表的なモデルであるマッチアップ仮説（match-up hypothesis）の理論的背景にもなる。
(16) スキーマとは認知心理学の用語であり，過去の経験を蓄積，体系化し，背景知識のようにその後の知覚と経験を導くような心的構造のカテゴリーである。
(17) iPhoneとiPadの裏面に記載されている"Designed by Apple in California Assembled in China"という表記は，このような戦略的なインプリケーションの表れとしても考えられる。
(18) ブランド論の観点からすると，原産国情報はブランドの二次的な連想に値する（Keller 1998）。
(19) 経済産業省（2007）25頁。
(20) 日本企業の製造業は，東アジアへの直接投資を通じて事業ネットワークを形成し，生産コストの低減や現地市場への参入等を図ってきている。その進出状況を事業機能の観点から比較してみると，中国・ASEANの事業拠点では生産機能を保有している割合の高さが際立っており，NIEsやインド，オーストラリア，ニュージーランドでは販売・サービス機能を保有する割合が高くなっている。
(21) 原産国研究の重要性は，手がかり情報の側面からアプローチされてきた（Bilkey and Nes 1982）。手がかり情報とは，消費者が，製品の品質を判断する際に用いる情報であり，消費者行動研究では，消費者の品質判断を知覚品質として捉え，内的手がかり（intrinsic cue）と外的手がかり（extrinsic cue）に分類している。内的手がかり（intrinsic cue）は，たとえば，車だと車の性能に関する本質的な項目であり，外的手がかり（extrinsic cue）は，価格・ブランド名・店名・パッケージなどである。多くの原産国研究が，調査対象変数として，原産国情報のみならず，価格・ブランド名・店名などを提示し，原産国情報との交互作用も測定している。これは，原産国研究が，知覚品質の主な手がかり情報として機能してきたことの裏付けと思われる。
(22) Zeithaml（1988）は，「知覚品質」を，「客観的または実際の品質とは異なり，ある製

品の特定属性よりも高いレベルの抽象的ないくつかの場合態度に類似している全体的評価であり，一般的に消費者の考慮集合の中で判断される」と，定義している。
(23) 手がかり情報の変化は，あくまでも原産国研究が主な対象としている工業品カテゴリーのグローバル・ブランドに限定される。ブランドが確立されていない製品においては，原産国は，外的手がかりとして，機能していると思われる。
(24) 低開発国と開発途上国からの製品に対する消費者のネガティブな原産国イメージの存在を理由に，低開発国と開発途上国への生産拠点移転のリスクが提示された。
(25) 家電業界とは対照的に自動車業界は比較的にモジュール化が進まなかったと考えられる。
(26) Keller（1998）は，このような原産国イメージ効果を二次的ブランド連想として整理した。
(27) 世界市場は同質化へ向かうという内容のLevitt（1983）論文は，その後世界市場の同質化に対する多くの研究者の批判を浴びることになるが，グローバル・ブランドの側面からみると，近年のアップル社のiPhoneやスターバックス・コーヒーのような世界的に標準化された製品およびサービスが世界中の人気を集めている現況は画一的な商品やサービスが流通する世界市場の登場という予言的内容について評価できる。
(28) ターゲット消費者に誤認されている原産国イメージもブランド・オリジンの観点からは原産国イメージ研究の範囲に含まれる。
(29) 第3節で考察したように製品戦略を中心とした結果であると思われる。
(30) 原産国イメージは製品戦略ではなくコミュニケーション戦略である。
(31) 2007年ヒュンダイはアメリカ市場で，相撲選手を前面に出した広告キャンペーンで議論をまき起こした。
(32) ブランド連想における原産国イメージに関する記述はAaker（1991）とKeller（1998）の内容をもとに引用記述した。
(33) 消費者における原産国イメージも実際の生産国をそのまま反映している場合もあれば，そうではない場合も存在する。
(34) 博報堂 Global HABIT（2010）。
(35) ブランド・レバレッジ戦略に関する詳しい内容については第7章を参照。

第2章　原産国イメージ効果の新展開
――ブランドを中心とした原産国イメージ効果――

1　原産国イメージ効果における「ブランド」

　第1章で考察したように認知的原産国（country of origin）イメージ研究は「輸入品の原産国ラベルに消費者はどのような反応を示すか」を研究起源としている。

　初期の認知的原産国イメージ研究において，原産国情報は，外国製品に対する消費者の品質を判断するための手がかりとして捉えられていた。しかし，原産国イメージ研究が発生した1960年代と現在では，消費者が入手できる情報には量も質もかなりの隔たりが存在するだろう。

　とりわけ，原産国イメージ研究の主な研究対象とされてきた自動車（Johansson and Nebenzahl 1986 ; Han and Terpstra 1988），電機製品（Chao 1989, 1993, 2001 ; Tse and Gorn 1993 ; Tse and Lee 1993 ; Hui and Zhou 2003）などの工業品カテゴリーでは，グローバル・ブランドによる市場の寡占が進んでいる。

　1990年代以降の世界経済のグローバル化に伴う，ブランドの影響力の拡大により，かつて原産国情報が担っていた手がかり情報（information cue）としての機能[1]もブランドが担うようになったのである（朴 2009b）。

　さらに，生産技術の普及・製品のコモディティ化・コストリーダーシップ競争・グローバル・ブランドの成長などの影響によって，消費者の購買行動における手がかり情報としての原産国イメージの役割も大きく変わってきた。

　その結果，手がかり情報という消費者の認知的側面から出発した認知的原産国イメージ研究の流れは1990年代中盤から大きな転換期を迎え，2000年代からはブランド・オリジン，ブランド連想などブランド論を中心とした議論に発展

した。

　このようなブランドを中心とした議論では，原産国イメージ効果をマーケティング戦略の側面から見直す必要がある。従来，原産国イメージ研究は製品戦略あるいは企業のマネジメント戦略として捉えられてきた。しかしながら，もはや原産国イメージ研究はコミュニケーション戦略に他ならない。

　本章では，従来の認知的原産国研究に関する考察をコミュニケーション戦略の観点から再構築するとともに，ブランド・エクイティをふまえた原産国イメージ効果研究の必要性を実証する。

2　先行研究と仮説導出

2.1　先行研究

　製品につけられた「Made in（国）」ラベルは消費者にどのような影響を及ぼすのだろうか。原産国情報と消費者間の関係をより明らかにするために，その典型的な購買プロセスをみてみると，①問題認識，②情報探索，③代替製品の評価，④購買決定，⑤購買後の行動の5つの段階に大別される。

　原産国情報は②情報探索，③代替品の評価というプロセスで消費者の品質評価を手助けすると考えられる。消費者行動研究の領域において，原産国の重要性は手がかり情報としてアプローチされてきたためである（Bilkey and Nes 1982）。

　手がかりとは，何らかの心理的な状態を作り出すためのきっかけとなる刺激のことである。品質評価という心理的過程で，製品のさまざまな特徴が手がかりとして消費者に取得され，消費者は手がかりをきっかけに，より一層の情報探索を企てたり，品質の評価にとりかかったりする（山本 1999）。

　製品を評価する際に用いられる手がかり情報は大きく内的手がかり（intrinsic cue）と外的手がかり（extrinsic cue）の2つに分けられる。内的手がかりとは製品の品質に直接関わる情報を指す。たとえばプリンターにおける印刷速

度や解像度である。外的手がかりは価格やブランド名，原産国，パッケージなど品質を間接的に示す情報を指す。

一般的に，製品に関する知識が乏しい消費者は外的手がかりを用いて製品を評価するとされる。そのため，価格と製品品質の関係に関する研究が最も多く行われた。原産国情報も，外的手がかり情報の一要因としてアプローチされてきたと考えられる。

1980年代以前くらいまで行われた原産国研究の課題は，多くの調査が原産国情報のみを手がかり（single-cue）として提示していた点にあった。価格やブランド名，店名，パッケージ，保証といった他の別の手がかりとの相関関係を考慮しておらず，原産国の影響が強く測定されていたと考えられる（Bilkey and Nes 1982；恩蔵 1997）。

1980年代以後からは，複数の手がかり（multi-cue）を提示した調査が多く行われるようになる。価格（Chao 1989, 1993；Wall et al. 1991），ブランド名（Johansson and Nebenzahl 1986；Han and Terpstra 1988；Chao 1989, 1993, 2001；Tse and Gorn 1993；Tse and Lee 1993；Ahmed and d'Astous 1995；Nebenzahl and Jaffe 1996；Teas and Agarwal 2000；Loeffler 2002；Hui and Zhou 2003；Hamzaoui and Merunka 2006），店名（Chao 1989）などの外的手がかりを提示して調査の妥当性を確保しようと試みた。

一方，1980年代からはプラザ合意を引き金として日本企業は生産コスト削減だけではなく，貿易摩擦の回避を目的とした海外生産を盛んに行うようになる。さらに，新興工業国（韓国・台湾・香港・シンガポールなど）の企業も，世界市場に登場して次々とその企業活動をグローバルに展開するようになった。

1990年代からは，世界経済の大きな流れであったグローバル化とIT革命，生産技術の普及によって，COA，COP，CODなどのように原産国の複雑化が進んだ。結果，原産国の複雑化が消費者行動に及ぼす問題および危険性をグローバル・マーケティングの側面からアプローチする研究も登場する。ただし，複雑化する原産国に関する研究の多くは，手がかり情報を一般消費者の視点ではなく，企業視点からアプローチしてきた（前掲図表1-6参照）。

図表2-1 外的手がかり情報の変化

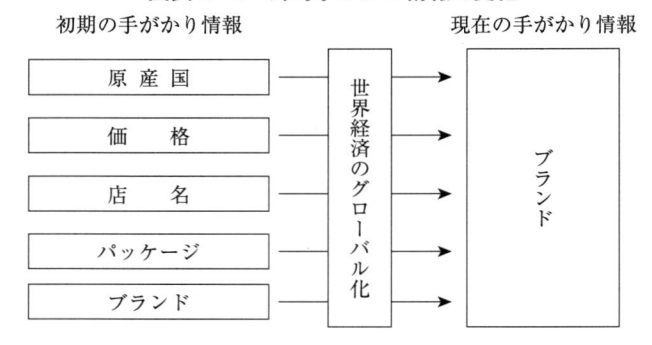

初期の手がかり情報		現在の手がかり情報
原産国		
価格		
店名	世界経済のグローバル化	ブランド
パッケージ		
ブランド		

1990年代以後になると，世界経済のグローバル化に伴う製品のコモディティ化とグローバル・ブランドの成長などの要因によって，価格，原産国，ブランド名，店名，パッケージなどの外的手がかり情報は図表2-1のようにブランドに統合された。初期原産国が担っていた手がかり情報としての機能もブランドが担うようになったと考えられる（朴 2009b）。

2.2 仮説導出

原産国情報は，外国製品に対する消費者の品質判断の手助けをしてきた。しかしながら，原産国研究が発生した1960年代の消費者の手がかり情報と現在の消費者の手がかり情報には大きな隔たりが存在すると思われる。

たとえば，原産国イメージ研究の主な研究対象である自動車（Johansson and Nebenzahl 1986；Han and Terpstra 1988），電機製品（Chao 1989, 1993, 2001；Tse and Gorn 1993；Tse and Lee 1993；Hui and Zhou 2003）などの工業品カテゴリーでは，現在の消費者はブランドという単一の手がかりで，品質評価を行うことが多いと思われる。

特に，自動車と電気製品のような工業品カテゴリーでは，グローバル・ブランドによって市場が寡占されているために，その他の外的手がかり（価格・流通・パッケージなど）はすでに消費者のブランド知識に反映されていると考えられる。

したがって，原産国研究の初期段階である1980年以前までは，知覚品質の外的手がかり（extrinsic cue）である価格・原産国・ブランド名などが，知覚品質に大きな役割を果たした。しかし，1990年代以後のグローバル・ブランドの成長によって，ブランド名が既存の外的手がかりである価格・原産国などと同等の影響力を持っているというのではなく，これらの手がかり情報がすべてブランド・エクイティとして，ブランドに集約されていると考えられる。

Keller（1998）も，同一製品であっても，ブランドがついているか否かによって消費者の意見が異なるのは，ブランドに関する知識がいかなる手段（例：過去の経験や当該ブランドに関するマーケティング活動など）で作られたものであっても，そうした知識が何らかの方法で消費者の製品知覚を変化させる場合があると指摘している[2]。

よって，以下の仮説が立てられる。

H1：消費者の「知覚品質」は，「ブランド」によって異なる。

従来の原産国研究では具体的な価格差を消費者に提示する調査も多かった。しかしながら，実存するブランドの実証研究において，価格という変数を加えることは妥当ではないと思われる。なぜなら，実存するブランドにはすでに価格という概念が消費者のブランド・エクイティとして消費者の意識に存在するためである。図表2-1で確認できるように企業側がマーケティング・コミュニケーションの手段として原産国情報を発信しない際には，消費者の手がかり情報はブランドであり，価格情報も消費者のブランド知識に含まれていると考えられる。

Johansson and Thorelli（1985）は，カントリー・ステレオタイプが存在し，カントリー・ステレオタイプがプラスに作用するときには，当該企業は「価格プレミアム」を得るが，カントリー・ステレオタイプがマイナスに作用する企業は，価格割引が必要になることを示した。Aaker（1996）は，「価格プレミアム」はブランド・ロイヤルティの基本的な指標であり，顧客が同様の利益を

提供する別のブランドとの差を埋めるために支払う額であると示した。

　Keller（1998）もポジティブな顧客ベースのブランド・エクイティを有する「ブランド」は「価格プレミアム」を得ることができるという。このことから，本研究では製品ないしブランドに対する主な手がかり情報とされている「価格」[3]について，非現実的な「価格」を提示しなかった。その代わりに，調査対象ブランドが「価格プレミアム」を得ることができるかどうかに注目し，消費者が，当該ブランドについて「価格プレミアム」を感じているかどうかを測定することにした。

H2：消費者の「知覚品質」と「価格プレミアム」には，正の関連がある。

　1980年代以後，ブランドを調査対象とした原産国研究は多く行われた（Johansson and Nebenzahl 1986；Han and Terpstra 1988；Chao 1989, 1993, 2001；Tse and Gorn 1993；Tse and Lee 1993；Ahmed and d'Astous 1995；Nebenzahl and Jaffe 1996；Teas and Agarwal 2000；Loeffler 2002；Hui and Zhou 2003；Hamzaoui and Merunka 2006）。

　1986年から2000年までの先行研究をみると原産国情報とブランドとの影響が交差していた時期もあった。Johansson and Nebenzahl（1986），Han and Terpstra（1988），Tse and Gorn（1993），Ahmed and d'Astous（1995）などは「ブランドは原産国のネガティブ効果を乗り越えられない」としたが，一方，Tse and Lee（1993）と Nebenzahl and Jaffe（1996）は「ブランドはネガティブな原産国情報を弱体化させる，または緩和できる最も有力な手がかり情報である」と実証した。

　さらに，ブランド・エクイティの観点からブランドを研究対象とした Hui and Zhou（2003）の研究は注目に値する。ブランド・エクイティの高い企業である場合，グローバル・ソーシングは製品に関する信頼とグローバル製品に対する態度にそれほど大きな影響を与えないことを明らかにした。

　調査国は日本とメキシコであり，ブランドとしてはソニーとSANYO（サン

ョー），COM を調査対象とした。結果をみるとブランドと製品の原産国が一致する場合には，ブランドに関する評価には影響は及んでいない。ブランドと原産国が異なる場合，ソニーのように高いブランド・エクイティを持っている企業よりは，それほどブランド・エクイティを持っていないサンヨーのほうが原産国のマイナスの影響が大きいことがわかった。ブランドが生産拠点の変更に影響されない（Thakor and Kohli 1996）ためには，高いブランド・エクイティが必要であることが明確になったのだ。

　ブランドを中心として，原産国情報にアプローチした際に，以下の選択的知覚（selective perception）に注目する必要もあると考えられる。知覚（perception）とは，人や動物が知覚器官を通して，環境や自分の体内の状況を知ることである。さらに，知覚は，形や文字，メロディーや音声を把握するより複雑な感性体験をも指す。また，知覚は，人の注意などにより選択された感覚情報に，その人の過去経験や欲求に基づく意味や感情が付け加えられたものと考えられている[4]。

　選択的知覚とは，さまざまな情報があっても，自分が持っている知識，信念，態度，期待などに一致する情報だけが知覚されることである。選択的注意，選択的記憶，選択的解釈などの過程を含む[5]。

　さらに，選択的知覚は自分が属している環境の中で，他のことを排除して，ある属性に焦点を合わせて知覚することを意味する。選択的知覚が，グローバル・コミュニケーションにおいて重要であるのは，歴史・政治・法律・メディアなどの文化的要因が国ごとに異なるからである。つまり，文化的要因によって，過去の経験や欲求，ニーズなどの価値が異なるため，国ごとに異なる選択的知覚をすると考えられる。

　たとえば，日本の観光客がニューヨークのタイムズ・スクウェアに行くと日本ブランドの屋外広告に注目するが，韓国の観光客が同じ場所（ニューヨークのタイムズ・スクウェア）に行くと，日本の観光客とは異なって，韓国ブランドの屋外広告が目に入る。一方，ニューヨークのタイムズ・スクウェアの近隣で仕事をしているアメリカのビジネスマンにとっては，われわれが東京の中心

地にある屋外広告を気にしないように，ニューヨークのタイムズ・スクウェアに設置されている日本と韓国ブランドの屋外広告に注目しないだろう。

　さらに，マーケティング・コミュニケーションにおける態度変容と説得の有力なモデルである二重情報処理理論（dual processing theory）においても，評価反応には2種類のタイプがあるとしている。二重情報処理モデルに分類される態度形成のモデルとしては，「精緻化見込みモデル」，「ヒューリスティックスモデル）」，「カテゴリー判断モデル」などがある。

　たとえば，精緻化見込みモデルによると，消費者が外部から情報を受け取るときに，いつもその情報を入念に精査して検討するわけではない。どのくらい入念に検討するかは消費者のメッセージ処理に関する「動機づけ」の程度と「処理能力」の程度によると考えられる（Petty and Cacioppo 1986）。

　動機づけと情報処理の能力があるときには，関連情報の精査（elaboration）が起こる可能性が高く，消費者はメッセージを入念に検討して処理する。これに対して，動機づけと情報処理の能力の片方あるいは両方が欠如しているときには，情報精査の可能性が低く，メッセージは付随する判断の手がかりを処理し，メッセージの議論を処理せずに態度を形成してしまう（仁科・田中・丸岡 2007）。

　この理論に照らし合わせてみても，従来の原産国イメージ効果研究では，どの原産国に対しても，消費者の知覚行動と態度変容，説得のプロセスにおける情報処理プロセスが同質視されている。

　Keller (1998) も，消費者の国や地域が異なれば，マーケティング活動に対する態度や意見が異なることもあるので，マーケティング・ミックスに対する消費者の反応に差異が存在すると指摘している。

　したがって，消費者は自国で形成されたブランド知識の程度と価値によって，ブランドの原産国情報を選択的に知覚・情報処理していると考えられる。高いブランド・エクイティを有するブランドから発信された原産国情報に対しては，入念に検討して処理する。

　多くの原産国研究が明確にしてきたように，原産国情報は製品の品質評価に

影響を与える (Bilkey and Nes 1982；Han and Terpstra 1988；Hong and Wyer 1989)。ただし，消費者内に形成されている当該ブランド・エクイティが高く，原産国イメージもポジティブな場合に限られる。一方，ブランド・エクイティの低いブランドから発信された原産国情報については，消費者は認知的倹約 (cognitive miser)[6] により全く興味を示さないと考えられる。よって，次の仮説を立てる。

ブランド・エクイティが高いブランドについては，

H3：原産国情報がポジティブな場合，ネガティブな場合よりも消費者の知覚品質が高い。
H4：原産国情報がポジティブな場合，ネガティブな場合よりも消費者の価格プレミアムが高い。

ブランド・エクイティが低いブランドについては，

H5：原産国情報は知覚品質に影響をしない。
H6：原産国情報は価格プレミアムに影響しない。

3　実証研究

3.1　調査概要

本調査では，調査対象製品として液晶テレビを採用した。液晶テレビが本調査に相応しいのは，戦略的提携を行っている企業が同じ部品を用いながら異なる製品ブランドを展開しているためである。たとえば，ソニーとサムスン，フィリップスとLGがそれぞれ戦略的提携を行っていることである。

ソニーと韓国のサムスンの液晶パネル出資会社であるS-LCD[7]や，オランダのフィリップスとLGの出資会社であるLG-PHILIPS LCDも，戦略的提

携により液晶パネルを生産しており，日本のソニーと韓国のサムスン電子が同じ液晶パネル（液晶パネルは，液晶テレビの根幹部品である）を使って，各々のブランドの液晶テレビを生産している。

同様に，2007年の調査当時には，韓国のLG電子とオランダのフィリップスも同じ液晶パネルを使って，各々のブランドの液晶テレビを生産している。さらに，本研究の調査対象商品になっている液晶テレビの業界で，世界的な技術力とシェアを有しているのは，日本（シャープ，ソニーなど）と韓国（サムスン，LG），オランダ（フィリップス）のメーカーである。液晶テレビの基幹部品である液晶パネルのグローバル・シェアでは，日本と韓国メーカーが競っている。加えて，ブランド評価に対しては，2007年インターブランド社のグローバル・ブランド100と，2006年日経のデジタル製品ブランド求心力ランキングに，かなりの差があることが確認された。

液晶テレビの基幹部品である液晶パネルのグローバル・シェアでは，日本と韓国メーカーが競っているが，本調査における消費者中心のブランド・エクイティ指標の妥当性を確保するために，事前調査[8]で確かめることにした。

調査対象の各ブランドについて，ブランド・エクイティを評価するために，知覚品質の4項目と価格プレミアムの4項目を設けた。その結果，ブランドの影響は，知覚品質に対しては（$F(4,145)=14.321, p<.000$）であり，価格プレミアムに対しては（$F(4,145)=10.322, p<.000$）だったので，有意であった。

ブランド別の差を具体的にみるために，Tukey bを用いた多重比較値を示した。その結果，液晶テレビブランドに対する知覚品質・価格プレミアムでは，シャープ・ソニーの液晶テレビに対する知覚品質・価格プレミアムと，サムスン・フィリップス・LGの液晶テレビに対する知覚品質・価格プレミアムの間に有意差があり，ブランドによって，液晶テレビ製品に対する知覚品質・価格プレミアムが異なることが明らかになった。したがって，本調査における調査対象ブランドのブランド・エクイティは，妥当性が確認できた。

図表2-2　調査対象製品ブランド[9]

本　章	ブランド	使用液晶パネル	ブランド国籍	日本国内のデジタル・ブランド評価（順位）	グローバル・ブランド・ランキング（順位）
日本ブランド1	シャープ	シャープ	日　本	3	対象外
日本ブランド2	ソニー	S-LCD	日　本	37	25
海外ブランド1	サムスン	S-LCD	韓　国	対象外	21
海外ブランド2	フィリップス	LG-PHILIPS LCD	オランダ	対象外	42
海外ブランド3	LG	LG-PHILIPS LCD	韓　国	対象外	97

3.2　実験計画

　ブランドにおける原産国情報に関する課題を解き明かすために，実験1と実験2を行う。まず，実験1では，消費者視点からのブランドの手がかり情報の機能を明らかにするために，同一部品（液晶パネル）が組み込まれている液晶テレビブランドを調査対象とした。すなわち，原産国の複雑化研究で長年調査対象とされてきたCOPと価格について消費者から検証する。

　次に，実験2では，Keller（1998）の顧客ベースのブランド・エクイティ[10]を中心概念として，既存研究の調査対象変数（COA，価格，ブランド）を，一般消費者視点から再構築するために，実存する日本および海外ブランド，独立変数にはCOAとブランドを，従属変数には知覚品質と価格プレミアムを設定した。

　図表2-3の実験計画のように本調査の調査対象者は，30歳から39歳までの日本の一般消費者400名（男性200名，女性200名）を原産国情報により100人ずつ4グループに分けて，インターネットによる調査を実施した。本調査は2007年12月26日～12月27日に行った。

図表2-3 実験計画

	原産国	原産国情報の提示有無	調査対象	研究目的
実験1	COP	提示しない	100人 グループ1	手がかり情報は,ブランドに統合されている。
実験2	COA	無表示 日本 中国 韓国	400人 グループ1 グループ2 グループ3 グループ4	ブランド・エクイティの有無によって,原産国情報の効果は異なる。

3.3 分析

消費者が視認できる手がかり情報[11]として、ブランドを消費者に提示し、調査対象製品である液晶テレビブランドに対する知覚品質と、消費者からは視認できない部品として、液晶パネルに対する知覚品質の関連性を確かめることにした。

まず、製品に対する知覚品質に関する質問4項目（信頼性・デザイン・高解像度／高音質・使い安さ）、価格プレミアムに関する質問4項目（デザイン・価値・長持ち・経験価値）、パネルに対する知覚品質に関する質問3項目（信頼性・高解像度・品質）に対して、下位得点を算出した。

製品に対する知覚品質の因子得点と部品に対する知覚品質の因子得点の相関係数は、0.884（$p<.001$）だった。したがって、液晶テレビブランドに対する知覚品質と、当該ブランドの液晶パネルに対する知覚品質には関連があることが明らかになった。続いて、全く同じ部品が使用されている製品に対する部品の知覚品質がブランドによって異なることを確かめるために、液晶パネルを調査対象とした。

液晶パネルのブランド（日本ブランド2、海外ブランド1）への影響を分析するために、部品（液晶パネル）に対する知覚品質の下位得点を算出した。その平均値は、日本ブランド2（3.30）、海外ブランド1（2.53）であった。この知

覚品質の下位得点を従属変数にし，ブランドを独立変数として，一元配置分散分析を行った。

日本ブランド2と海外ブランド1の液晶パネル合弁会社で生産されている同一の液晶パネルが組み込まれている日本ブランド2と海外ブランド1の液晶パネルに対するブランドの影響は，有意であった（$F(1,198)=40.662, p<.000$）。

液晶パネルのブランド（海外ブランド2・海外ブランド3）への影響を分析するために，部品（液晶パネル）に対する知覚品質の下位得点を算出した。その平均値は，海外ブランド2（2.70）と海外ブランド3（2.51）であった。この知覚品質の下位得点を従属変数にし，ブランドを独立変数として，一元配置分散分析を行った。

海外ブランド2と海外ブランド3の液晶パネル合弁会社で生産されている同一の液晶パネルが組み込まれている海外ブランド2と海外ブランド3の液晶パネルに対するブランドの影響は有意ではなかった（$F(1,198)=3.364, p>.05$）。したがって，H1は一部支持された。

消費者のブランド知識には，価格情報も含まれていることを確かめるために，ブランドを消費者に提示して調査対象製品である液晶テレビブランドに対する知覚品質と，ブランドに対する価格プレミアムの関連性を確かめることにした。製品に対する知覚品質に関する質問4項目（信頼性・デザイン・高解像度・高音質・使い安さ）と価格プレミアムに関する質問4項目（デザイン・価値・長持ち・経験価値）の下位得点，液晶テレビブランドに対する知覚品質と当該ブランドに対する価格プレミアムの下位得点を算出した。

次に，液晶テレビブランドに対する知覚品質と部品（液晶パネル）に対する知覚品質に関連性があるかどうかを確認するために，相関分析を行い，関連性をみることにした。製品に対する知覚品質の因子得点と価格プレミアムの因子得点の相関係数は，0.883（$p<.001$）だった。したがって，液晶テレビブランドに対する知覚品質と，当該ブランドの価格プレミアムには正の関連があることが明らかになった。よってH2は支持された。

調査対象ブランド（日本ブランド1，日本ブランド2，海外ブランド1，海外ブ

ランド2，海外ブランド3）別に原産国情報の影響を確認するために，液晶テレビのブランドへの影響を分析する。各ブランドに対する液晶テレビの知覚品質と価格プレミアムの下位得点を従属変数にし，原産国情報（無表示・日本・中国・韓国）を独立変数として，一元配置分散分析を行った。その結果は以下のとおりである。

日本ブランド2の知覚品質における原産国情報の影響を分析するために分散分析を行った。その結果，原産国情報の効果は有意であった（$F(3,396)=6.540, p<.000$）。Tukey bを用いた多重比較によれば，原産国を無表示と日本にした場合は中国とした場合よりも高い知覚品質を導くことが明らかになった。

日本ブランド2の価格プレミアムにおける原産国情報の影響を分析するために分散分析を行った。その結果，原産国情報の効果は有意であった（$F(3,396)=4.503, p<.05$）。Tukey bを用いた多重比較によれば，原産国を日本にした場合は中国と韓国とした場合よりも高い価格プレミアムが享受できることが明確になった。

日本ブランド1の知覚品質における原産国情報の影響を分析するために分散分析を行った。その結果，原産国情報の効果は有意であった（$F(3,396)=4.369, p<.005$）。Tukey bを用いた多重比較によれば，原産国を無表示と日本にした場合は中国とした場合よりも高い知覚品質を導くことが明らかになった。よって，H3は支持された。

その後，日本ブランド1の価格プレミアムにおける原産国情報の影響を分析するために分散分析を行った。その結果，原産国の効果は有意であった（$F(3,396)=3.321, p<.05$）。Tukey bを用いた多重比較によれば，原産国を日本にした場合は中国とした場合よりも高い価格プレミアムを享受できることが明確になった。以上から，H4は支持された。

海外ブランド1の知覚品質における原産国情報の影響を分析するために分散分析を行った。その結果，原産国情報の効果は有意ではなかった（$F(3,396)=0.344, p>.05$）。したがって，原産国情報は知覚品質に影響しないことがわかった。

海外ブランド1の価格プレミアムにおける原産国の影響を分析するために分散分析を行った。その結果も，原産国の効果は有意ではなかった（$F(3,396)=0.403, p>.751$）。したがって，原産国の効果は価格プレミアムに影響しないことがわかった。

その後，海外ブランド3の知覚品質における原産国の影響を分析するために分散分析を行った。その結果，原産国情報の効果は有意ではなかった（$F(3,396)=0.156, p>.05$）。したがって，原産国の効果は知覚品質に影響しないことがわかった。

海外ブランド3の価格プレミアムにおける原産国の影響を分析するために分散分析を行った。その結果も，原産国の効果は有意ではなかった（$F(3,396)=0.268, p>.848$）。したがって，原産国の効果は価格プレミアムに影響しないことがわかった。

さらに，海外ブランド2の知覚品質における原産国情報の影響を分析するために分散分析を行った。その結果，原産国情報の効果は有意ではなかった（$F(3,396)=0.123, p>.947$）。したがって，原産国効果は知覚品質に影響しないことがわかった。以上から，H5は支持された。

海外ブランド2の価格プレミアムにおける原産国の影響を分析するために分散分析を行った。その結果も，原産国の効果は有意ではなかった（$F(3,396)=0.009, p>.999$）。したがって，原産国の効果は「価格プレミアム」に影響しないことがわかった。以上から，H6は支持された。

4　検　証　結　果

実証研究の結果，次のような知見が得られた。第1に，手がかり情報としてのブランドの機能が明らかに存在した。初期原産国研究の主な理論的背景だった手がかり情報は，本研究のブランドと知覚品質・価格プレミアムの関係から明らかになっているように，ブランドによって担われている。

実験1の結果から確認できるように，原産国情報が提示されないと消費者は

ブランド名から当該製品の評価を決定する。さらに，消費者のブランド知識には価格に関する知識（価格プレミアム）も存在することが確認され，図表2-1のように外的手がかり情報はブランドに統合されていることが明らかになった。

したがって，原産国情報を製品戦略ではなく，マーケティング・コミュニケーション戦略としてアプローチする必要性（朴 2009b）が確認された。

第2に，ブランド・エクイティの有無によって，原産国情報の有効性が左右されることがわかった（Hui and Zhou 2003）。つまり，原産国情報は製品の品質評価に影響を与える（Bilkey and Nes 1982；Han and Terpstra 1988；Hong and Wyer 1989）ものの，ブランド・エクイティによってその有効性が異なることが明らかになった。

本研究の調査対象海外ブランドは国外市場では高いブランド・エクイティを有するが，日本市場においてはさほど評価されていない。こうしたブランドの原産国情報は，消費者の当該ブランド態度変化に全く影響しなかった。

消費者のブランド・エクイティによって，原産国情報の受け止め方は大きく変わっている。したがって，ブランド・エクイティが低い企業には原産国を中心としたマーケティング戦略は相応しくない[12]ことが明らかになった。したがって，ブランド・エクイティが低い場合は，原産国イメージ効果に依存したマーケティング・コミュニケーション戦略の有効性は限定的になる可能性が高いことが示された。

第3に，本調査の結果を全体的にみると，各々のブランドの評価が，知覚品質，価格プレミアム，部品に対する知覚品質など，すべての変数に類似した影響を及ぼすことがわかった。つまり，マーケティング活動の受け手である消費者は，ブランドに対してすでに形成済みのブランド知識を持ち，知覚品質，価格プレミアム，部品に対する知覚品質を評価していることを裏付けている。

したがって，実在するブランドを対象にする原産国イメージ効果研究においては，生産国，部品生産国，デザイン国などの製品にまつわる原産国の複雑な次元に関する情報も，企業側からマーケティング・コミュニケーション手段として原産国情報が発信されない限り，消費者は既存のブランド知識によって当

該製品を判断すると考えられる。

　第4に，ブランドに対する評価は，海外と国内ではかなり異なることが改めて判明した。中でも知覚品質は，客観的な品質評価とは差がある（Zeithmal 1988）と指摘されてきたが，その主な要因が異国の消費者による評価であることは興味深い。

　以上の調査結果から，認知的原産国イメージ効果の理論的背景となった手がかり情報としての原産国の機能は，その他の手がかりと同様にブランドに統合されていることが明らかになった。したがって，原産国情報の活用を製品戦略から，受け手（一般消費者）視点のコミュニケーション戦略へ転換する必要性が示された。

5　ま　と　め

　本章では，第1章の認知的原産国イメージ効果研究の考察に基づいて，日本の一般消費者400名を対象にした実証研究を行った。その結果をふまえて，原産国イメージ効果は受け手を中心とした議論に転換される必要性があることを提示した。また，マーケティング戦略における原産国イメージの意味合いにおいても，製品戦略からコミュニケーション戦略に転換する必要性を言及した。

　本章の研究結果によって，消費者は企業側のマーケティング・コミュニケーションによって原産国情報を認知できない限り，視認できる顕著な手がかり情報である「ブランド」から当該製品の品質を判断して，その判断が購買行動に影響を与えることが実証された。また，原産国情報は製品の品質評価に影響を与える（Bilkey and Nes 1982；Han 1988；Hong and Wyer 1989；Papadopoulos and Heslop 1993）ものの，消費者のブランド・エクイティによってその有効性が異なることも明らかになった。

　原産国情報に対する消費者の情報処理プロセスは，消費者のブランド・エクイティによって異なる。消費者はブランド・エクイティの高いブランドが発信した原産国情報については知覚するものの，ブランド・エクイティが評価でき

ない，または低いブランドの原産国情報については知覚しないことが確認できた。

本章の調査結果から，コミュニケーション戦略を中心[13]とした以下のようなインプリケーションを提示する。

第1に，高いブランド・エクイティを有するブランドにとっては，原産国情報は有効なマーケティング・コミュニケーションの手段になりうることがわかった。高いブランド・エクイティを有する企業にとって，原産国情報を活用したマーケティング・コミュニケーションは，消費者のブランド知識における製品差別化を可能にすると考えられる。

第2に，消費者視点の重要性である。現代のマーケティングは消費者を中心として成立している。常に消費者の視点からすべてのことを見直さなければならず，ブランドの海外事業の展開においては，進出国における自社のブランドに対する評価に注意を払うべきであろう。つまり，現地国の消費者のブランド・エクイティに基づいて，マーケティング戦略を立てる必要がある。

進出先の国の消費者視点[14]からの，自社のブランド評価を真摯に受けとめる必要性が浮上した。現地の消費者視点から自社ブランドを認識しないと，効果的なマーケティング・コミュニケーション戦略は打ち出せないと考えられる。

第3に，国内外のブランドを構築ないし管理するための，ブランド・ポートフォリオ戦略の必要性も確認された。本研究の調査結果から，各国の消費者は同一ブランドに対して，異なるブランド知識を持ち，異なるイメージを連想することが示された。マーケターは，このような本国とは異なる現地の消費者のブランド・イメージに基づき，ブランド・コミュニケーション戦略を構築ないし展開する必要があるだろう。したがって，世界各地の消費者の視点からブランド・マップを作成し，体系的にブランドを管理すべきである。

（1）初期原産国研究が行われた1980年代以前には，グローバル・ブランドの存在と数が非常に少なく，知覚品質の外的手がかり（extrinsic cue）である価格・原産国・ブランド名・店名・パッケージなどが，製品の品質判断に大きな役割を果たした。
（2）Keller（1998）邦訳，81頁。

(3) Olson（1977）"Price as an Information Cue : Effects on Product Evaluation," Consumer and Industirial Buying Behavior Wodside, Shth and Bebett, Northholland, pp. 267-28.
(4) 大山・藤永・吉田編（1978）『心理学小辞典』。
(5) 古川編（1994）『社会心理学小辞典』。
(6) ステレオタイプを心理的メカニズムの一つとして解釈したもの。社会的現実の複雑さが認知的許容量を圧倒するのを防ぐため，単純化して情報処理にかかる時間や努力を節約するのがステレオタイプだとする，藤永・仲編『心理学辞典』（2004）。
(7) 調査当時，ソニーとサムスン電子の合弁会社である S-LCD は，シャープの第 6 世代工場に対抗し，第 7 世代のパネルを2005年から生産している。
(8) 事前調査は，早稲田大学商学部に在籍する20歳以上の学部生30名（男性18名，女性12名）を対象として行った。調査日程は，2007年10月12日である。
(9) 調査当時，S-LCD は，ソニーとサムスン電子の合弁会社であった。同様に調査当時，LG-PHILIPS LCD は，LG とフィリップスの合弁会社であった。
(10) Keller（1998）は，顧客ベースのブランド・エクイティを，あるブランドのマーケティングに対応する消費者の反応に，ブランド知識が及ぼす効果の違い，と定義している。
(11) 第 1 章で示したように，消費者が実際，視認できる手がかり情報は，ブランドと価格に限られる。
(12) Hui and Zhou（2003）は，ソニー（高いブランド・エクイティ）とサンヨー（低いブランド・エクイティ）を調査対象ブランドとして，COA との関係性を明らかにした。その結果，ソニーのような高いブランド・エクイティを有する企業は，ネガティブな COA 情報が，低いブランド・エクイティを有する企業に比べてその影響は大きくないという。しかし，本研究の調査結果から照らしてみると，高いブランド・エクイティを有するブランドに対しては，無表示と日本というグループ間の有意差はないことが明らかになったが，日本と中国・韓国には COA の 有意差が存在することが確認された。これらの調査結果を総合的にみると，むしろ COA はブランド・エクイティが高い企業にとって，有効なマーケティング・コミュニケーションの手段になり得ることが実証されたと考えられる。
(13) 原産国先行研究の実践的なインプリケーションは，テレビ CM を中心としたマス広告の現地化の必要性を提示したものがほとんどであったものの，マーケティング・コミュニケーションにおける CM の役割はマーケティング・コミュニケーション活動全体の一部分に過ぎない。たとえば，ネガティブな原産国イメージを緩和または払拭するためには，テレビ CM の現地化だけではなく，ポジティブなブランド連想を促進するマーケティング・コミュニケーション全般に視野を広げ，ブランド・コミュニケーション戦略の開発・展開ができる原産国に関する議論が必要であろう。
(14) Percy and Rossiter（1997）は，広告のベネフィット主張の受容には，それらを目的とする態度に対して過剰な主張や過少な主張をすることなく，ターゲット・オーディエンスの「事前態度」に基づいて主張を設計することが必要であるとしている。

第 II 部

規範的原産国イメージ

第3章　消費者エスノセントリズム研究の理論

1　規範的原産国イメージ効果

　本章で取り上げる「消費者エスノセントリズム（consumer ethnocentrism）」は Shimp and Sharma（1987）による CETSCALE（consumer ethnocentrism scale）研究から本格的な研究が行われ，今日に至るまで盛んに研究されてきた。これは「自国のためには外国の製品を買うべきではない」という規範に基づく消費者行動として位置づけられる（Obermiler and Spangenberg 1989；Verlegh and Steenkamp 1999）。

　また，1980年代半ばまでの原産国研究の主流であった認知的要因（手がかり情報としての原産国）から感情的要因に転換を果たした原産国研究という解釈もできる。その後，敵対心研究の理論的なベースになるなど，原産国イメージ研究における消費者エスノセントリズム研究の意義は大きい。原産国イメージに対する好き・嫌いを軸とした消費者の感情的反応にまつわる研究は「消費者エスノセントリズム」研究から本格的にスタートしたといっても過言ではない。

　本章では，消費者エスノセントリズム効果の代表的な測定尺度である CETSCALE を中心として過去に蓄積されてきた研究をレビューするとともに，世界25ヵ国の消費者を対象に行われた先行研究の結果から，消費者エスノセントリズム研究の成果と今後の研究課題について考察することを目的とする。

　第2節では，消費者エスノセントリズム研究の登場背景を概観する。そして，第3節では世界25ヵ国で調査された消費者エスノセントリズムの研究成果を考察する。第4節では，消費者エスノセントリズムの成果をレビューした結果に基づき，インプリケーションと今後の研究課題について論じる。

2 消費者エスノセントリズム研究

2.1 消費者エスノセントリズム研究の背景

　初期の原産国イメージ研究は，手がかり情報という消費者の認知的観点からアプローチされ，世界経済のグローバル化に伴い1980年代からは原産国の複雑化に関する研究が多く行われた。ところが，原産国の複雑化は，グローバル・ブランドの登場によって，その研究自体が衰退し，現在は海外の主要ジャーナルでは，ブランドを中心とした研究に変わっている。

　原産国イメージに対する好きや嫌いという消費者の感情的反応は，ステレオタイプ（stereotype）・偏見（bias）という観点から初期の原産国研究でも扱われたとはいえ，本格的な感情的観点からの研究としては，消費者エスノセントリズム研究から始まったと考えられる。消費者エスノセントリズムの研究は，アメリカ発祥の研究である。その登場背景をみると，大きくアメリカ製造業の低迷に伴う外国産製品に対するアメリカの消費者のネガティブな態度というマクロ経済的な要因と，刺激―反応型の情報処理理論からの脱皮，という消費者行動研究の精緻化の流れに沿った研究成果などが挙げられる。

2.1.1 消費者行動研究の精緻化

　1980年代以前の消費者行動研究理論では，常に認知が感情に先行すると考えた情報処理理論が主流であった。ところが，ザイアンスなどを始めとする研究者らが，認知と感情とは別個の独立したシステムであり，しばしば感情のほうが支配的でさえあると主張し始めた。

　その結果，1980年代以後の消費者行動研究では従来の認知に重きを置いた情報処理理論に対して，感情（affect）や情動（emotion）の役割を強調する非認知的（non-cognitive）モデルの台頭，あるいは消費者の経験的側面を強調する消費経験論が登場した。さらに，1980年代以後からは共分散構造分析などの統

計的な分析手法が開発され，直接的な測定が不能な構成概念を潜在変数として扱いつつ，潜在変数間の因果関係を構造方程式で分析することが可能になった。これにより，消費者行動の実証研究では，測定誤差の存在を前提にして，構成概念を測定する際に，信頼性や妥当性を確認する研究スタイルが定着していく（青木 2010）。

2.1.2 アメリカ経済の低迷（対外貿易収支赤字の拡大と失業率の増加）

1980年代以後のアメリカ経済は，図表3-1からみられるように莫大な貿易収支赤字と経常収支赤字が顕著になった。貿易収支赤字と経常収支赤字の持続的増加は，海外からの輸入品増加を意味する。海外からの輸入品増加は，1980年代アメリカの産業構造変革を引き起こし，アメリカ産業における製造業の衰退をもたらした。1982年の製造業就業人口は21.2％だったが，徐々に製造業就業人口は減少し，2007年には11.2％になっている。

アメリカ国内製造業の衰退は，製造業部門における失業問題にまでつながっ

図表3-1 アメリカの貿易・経常収支と失業率

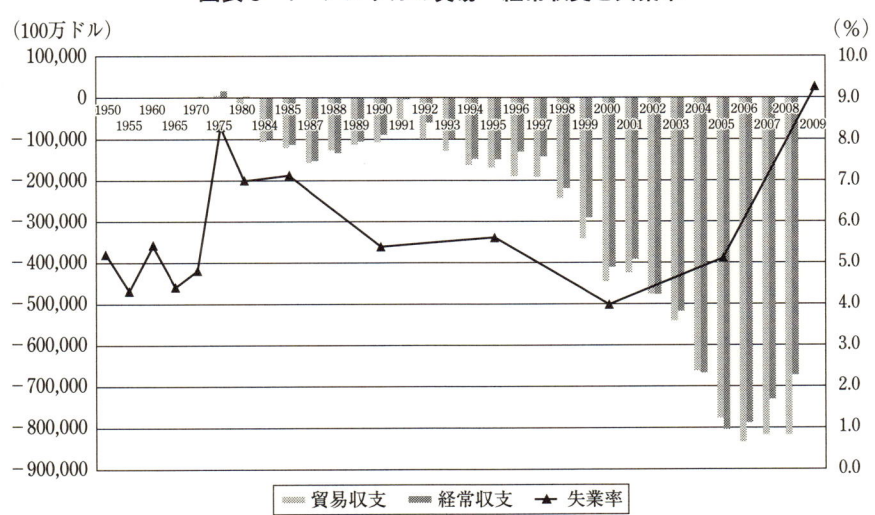

(出典)『世界国勢図会 1985年版～2011年版』,『世界国勢図会 1985年版～2011年版』の内容を基に筆者作成。

た。戦後アメリカの失業率は1980年代に急激に悪化し，2000年代に大きく改善された。しかし，世界金融危機によって2009年度に再び悪化した（図表3-1参照）。

以上のアメリカ経済のマクロ的要因によって，一般消費者の間でも外国産製品に対するネガティブな感情が顕著になったと考えられる。

一方，日本の場合は1960年以後，対外収支の黒字の幅が年々拡大してきた。貿易黒字により，日本国内市場における一般消費者の外国産製品に対する反感はあまり発生しなかったと考えられる。消費者エスノセントリズムに関する研究は，以上のような1980年代のアメリカの経済状況下の消費者行動を反映した研究成果とも評価できる。

このように消費者エスノセントリズムに関する研究は，1980年代以後のアメリカのマクロ経済状況下で生まれたとも評価できる。

2.2　エスノセントリズムに関する理論的考察

消費者エスノセントリズムに関する考察に先立って，エスノセントリズムに対する理論的考察をしてみよう。エスノセントリズムとは，自分が属する文化しか知らず，その文化が世界の中心に位置すると考えている人間の属性である。古代ギリシャ人が，世界の中心にギリシャが位置すると考えたことや，中国（中華人民共和国）という国名が世界の中心にある国という意味から由来したことからもわかるように，エスノセントリズムはわれわれ人間の本能的な傾向である（Triandis 2007）。

古来中国人では日本と韓国などの国の人々は世界の中心である中国の東に位置していることから「東夷族」と呼ばれていたことも中国のエスノセントリズムを反映している。

消費者エスノセントリズムの効果に関する理論的なベースとなった「エスノセントリズム」という概念は，社会学の分野で著名なSumner（1906）の『フォークウェイズ』によって定義付けられた。その後，Adornoら（1950）によって，権威主義的人格を指す定義へと社会学の観点から実証的な研究に発展した。

第3章 消費者エスノセントリズム研究の理論 93

　Sumner (1906) はエスノセントリズムを「われわれ集団があらゆるものの中心であり，他のすべてのことは，それとの関係で計られ，評価されるといったものの見方である」と定義した。各集団は，自己のフォークウェイズ（Folkway）[1]を唯一の正しいものと思い，そして，もし，他の集団が他のフォークウェイズ（Folkway）を持っていることに気付いたときには，それはさげすみの感情を起こさせるのである。「豚を食う連中」「牛をくらう奴ら」「異教徒」「おしゃべり」などは，軽蔑や憎悪のあだ名であるという (Sumner 1906)。

　社会心理学の側面からもエスノセントリズム傾向を説明できる。一般に自分が所属している集団（内集団）への帰属意識が強くなるほど，自己と集団とを同一視し，愛着や忠誠心が高まる。また，内集団の構成員をひいきしたり，内集団の規範によってすべての物事を判断するといった行動がみられ，逆に自分が所属していない集団（外集団）に対して偏見，ステレオタイプ的認知，差別的行動などが多くみられるようになる。つまり，内・外集団間の境界の認知（集団間カテゴリー化）は，種々の集団間行動の心理的基礎をなすと考えられる[2]。

　さらに，エスノセントリズムと類似した概念としては，自己集団準拠基準 (self reference criterion: 以下 SRC) がある。SRC とは，人間は無意識のうちに意思決定を自分の文化的価値に準拠している。自分が育てられた文化だけではなく，それ以外の文化圏に対する評価も，既存の蓄積された知識に基づいてモノ・コトを判断する傾向がある (Lee 1966)。たとえば，海外の駐在員が本国の業務プロセスに反映されている文化的価値のみに依存する場合，現地社員とのコンフリクトが発生しやすいと指摘されている[3]。

　これらのエスノセントリズムと類似した諸概念が，消費者エスノセントリズムと大きく異なる点は，消費行動プロセスに影響するかどうかであろう。さらに，個人の消費者行動に与える社会規範[4]的圧力の強さである。たとえば，アメリカの一部消費者は外国産自動車のほうがアメリカ自動車よりも良いと思いながらも，「Buy American」という広告キャンペーンによって国産車を購入しなくてならないという社会的規範が想起され，アメリカ車を購入してしまう (Obermiler and Spangenberg 1989)。では，以下では，消費者エスノセント

リズムに関連した先行研究をレビューしてみよう。

3　消費者エスノセントリズムの研究成果

3.1　初期の消費者エスノセントリズム研究

　消費者エスノセントリズムに関する初期の論文は1980年代まで遡る。1980年代のアメリカ経済は，日本を中心とした多くの輸入品で溢れかえっていた。輸入品の増加に伴い，自動車・家電などの自国産業の衰退が始まり，製造業の業績不振が続く。結果，従業員の削減が本格化した時期でもあった。

　Shimp (1984)[5]はアメリカの消費者863名を対象に外国車を調査対象製品として分析した結果，エスノセントリズム的傾向が強い消費者は，教育水準が低く，収入と社会階級も低いことを確認した。しかしながら，消費者エスノセントリズムによる人種とライフサイクルへの影響はなかった。

　Shimp (1984) によると，消費者エスノセントリズムは人の社会化経験 (socialization experiences) から大部分が形成され，外国産製品に対する消費者の認知的・感情的・規範的志向に関する複雑かつ多面的な概念であるという。

　Shimp (1984) の消費者エスノセントリズムに対する概念導入と予備的検証以後，Shimp and Sharma (1987) は，消費者エスノセントリズムの傾向を測定する尺度であるCETSCALEを提示した。彼らは，Adornoら (1950) のEスケール[6]が消費者行動の研究に直接的に関連していないことから，消費者行動における新たな尺度を開発した。

　尺度開発の質問紙調査は，117項目にわたり，850世帯を対象にアンケート調査を行った結果，407名の有効回答を得た。その結果を因子分析して，54項目を再度，デトロイト，デンバー，ロサンゼルスの3つの大都市と，サウスカロライナ州地域の世帯を対象にアンケート調査を行った。この4つの地域消費者を対象にした調査結果から，17項目をCETSCALEとして決定した。この17項目は以下の図表3-2である。

第 3 章 消費者エスノセントリズム研究の理論　95

図表 3-2　17項目 CETSCALE

1	アメリカ人は，輸入品の代わりにいつもアメリカ産の製品を買うべきだ。
2	アメリカで生産されない製品だけを輸入すべきだ。
3	アメリカ産の製品を買うとアメリカは発展する。
4	アメリカ製品が最高だ。
5	外国産の製品を買うことは反アメリカ的だ。
6	外国製品を買うとアメリカ労働者が職場をなくすので，外国製品を買うことはよくない。
7	真のアメリカ人だったら，いつもアメリカ製品だけを買うべきだ。
8	他の国より豊かになるためにはアメリカ製品を買うべきだ。
9	アメリカ製品を買うことはいつも最善だ。
10	やむを得ない場合を除いては，外国製品を買ったり，外国と交易をしてはいけない。
11	アメリカ企業に弊害を与え，失業を生み出すのでアメリカ人は外国製品を買ってはいけない。
12	すべての輸入品は制限すべきだ。
13	長期的にコストがかかるが，私はアメリカ製品を支持するほうだ。
14	我々の市場に外国人の製品を許してはいけない。
15	外国製品がアメリカに参入することを防ぐために，重い税金を課すべきだ。
16	我が国で生産できないものだけを外国から輸入すべきだ。
17	外国製品を買う消費者は，アメリカ労働者の失業増加に責任がある。

(出典) Shimp and Sharma (1987), p. 282の内容を基に引用作成。

　図表 3-2 の CETSCALE の内容からも確認できるように，輸入製品を買うことは，外国企業の利益につながり，競合関係にある国内企業の収益性を悪化させることになる。さらに，当該企業の収益悪化は働いていた労働者の失業につながり，この失業によって仕事を失った消費者は，購買力が低下するといった，負のスパイラルに陥る恐れがある。

　消費者エスノセントリズムの発生がアメリカの経済的状況だとはいえ，諸外国の消費者に当てはまらないわけではない。Netemeyer, Durvasula and Lichtenstein (1991) は，CETSCALE の信頼性と妥当性をアメリカ・フランス・

日本・西ドイツの4ヵ国の消費者を対象として検証した。この研究領域における初めての国際比較研究である。

　国際比較研究の観点からすると，まず，海外の消費者の信念と態度を測定するためには，信頼性のある有効な測定尺度が必須である。また，国際的消費者調査の範囲も課題である。マーケティングおよび消費者行動研究の本拠地がアメリカだったためにアメリカの消費者を調査対象にした研究が多く，その結果，アメリカの消費者視点から消費者行動のメカニズムを究明する研究がほとんどであった。

　したがって，アメリカだけではなく，フランス・日本・(旧)西ドイツの消費者を調査対象にしたことによって，CETSCALE という消費者エスノセントリズムの信頼性と妥当性を一般化することができた。

　国際比較研究の多くはが2ヵ国比較にとどまっていることから脱却するため，Netemeyer et al. (1991) はアメリカの学生71名，フランスの学生70名，日本の学生76名，西ドイツの学生73名を対象にし，CETSCALE のサイコメトリックスを検証した。当時の世界最大経済大国の消費者を調査するために，この4ヵ国を対象とし，4ヵ国学生を対象に CETSCALE の信頼性 (reliability)，弁別妥当性 (discriminant validity)，法則妥当性 (nomological validity) などを検証した。

　その結果，CETSCALE はアメリカだけではなく，その他の国 (フランス・日本・旧西ドイツ) においても有効な測定尺度であることが明らかになった。

　消費者エスノセントリズムは，消費者の購買を予測できる先行要因でもある。Herche (1992) は，アメリカの消費者520名を対象に CETSCALE (Shimp and Sharma 1987) の妥当性を人口統計的要因との関連性を中心に検証し，自動車の購買者320名とコンピューターの購買者200名を調査対象者とした。

　その結果，年齢，性別，労働組合，教育水準，収入はコンピューター購買者と自動車の購買者に影響しないことがわかった。しかしながら，CETSCALE ではコンピューターの購買者と自動車の購買者に影響していることが示され，CETSCALE は人口統計的変数よりも重要な購買行動の予測指標になることが

明らかになった。

3.2 研究の多様化

1980年代に発生した消費者エスノセントリズムに関連した研究は，Shimp and Sharma (1987) のCETSCALEという測定尺度の信頼性と妥当性を中心とした研究が多かった。1990年代からは，測定尺度を中心とした研究から人口統計的要因・政治的要因・社会経済的要因などの先行要因との関連性から外国製品と国内製品に対する消費者エスノセントリズムの影響など，網羅的な研究に発展した。

Shimp (1984) 以後，CETSCALEを用いた人口統計的要因と消費者エスノセントリズムとの関連性に関する研究としては，Good and Huddleston (1995) の研究が挙げられる。Shimp and Sharma (1987) の研究を始め，従来のほとんどの消費者エスノセントリズム研究がアメリカを中心としていたのに対して，Good and Huddleston (1995) は，共産主義崩壊後の共産主義国家を調査対象とする消費者エスノセントリズムに関連した研究を行った。調査対象はポーランドとロシアの消費者であり，消費者エスノセントリズムと年齢・性別・教育水準・収入・お店のタイプの関連性を調査した。その結果，ポーランドの消費者 (4.07) のほうがロシアの消費者 (3.07) よりも消費者エスノセントリズム的傾向が強いことがわかった。人口統計的要因をみると，年齢面ではポーランドの消費者は年齢が高いほど消費者エスノセントリズム的傾向が強いことがわかった。しかし，ロシア消費者における年齢差と消費者エスノセントリズム的傾向の関連性は確認できなかった。性別としては，ポーランド消費者のほうは女性のほうが男性よりも消費者エスノセントリズム的傾向が強いことが確認できたが，ロシア消費者における性別間での消費者エスノセントリズムの差は確認できなかった。教育水準における消費者エスノセントリズムは，ポーランドとロシアの消費者は教育水準が高い消費者のほうが低い消費者よりも消費者エスノセントリズム的傾向が強いことが確認された。収入における消費者エスノセントリズムは，ポーランドの消費者の場合，収入が高いほうが低い消

費者よりも消費者エスノセントリズム的傾向が強いが，ロシアの消費者における収入差と消費者エスノセントリズムの関連性は確認できなかった。また，ポーランドとロシアでは，お店のタイプとしては公営店[7]のほうが民営店よりも，消費者の消費者エスノセントリズム的傾向が強いことがわかった。

この研究のさらなる意義として評価できるのは，ロシアの一般消費者を対象にした初めての研究[8]だという点である。

Sharma, Shimp and Shin（1995）は，消費者エスノセントリズムの理論的な先行要因を確認して，消費者エスノセントリズムが輸入品の評価に与える影響を実証した。さらに，消費者エスノセントリズム的傾向の媒介要因と調整要因などを総合的にモデル化した。

韓国の消費者667名を調査した結果，消費者エスノセントリズムの先行要因（外国文化への開放度，愛国心，保守主義，集団主義），人口統計的要因（年齢，性別，教育，収入），加減要因（商品の必要性，経済的脅威）とエスノセントリズムとの関係を明らかにした。

いくつかの具体的な調査結果をみると，第1に，韓国の消費者におけるCETSCALEのスコアは85.07であり，Shimp and Sharma（1987）の結果（デトロイト：68.58，ロサンゼルス：56.62）よりかなり高いことが確認された。

第2に，文化的開放性（cultural openness）は消費者エスノセントリズムにネガティブな影響を及ぼしていることが確認された。さらに，愛国心，保守主義，集団主義などとの関連性も確認された。

第3に，人口統計的要因としては，性別，教育，収入の有意差が確認できた。これらの人口統計的要因は，先行研究と同様に，女性の消費者エスノセントリズム的傾向が強く，教育水準が低いほど消費者エスノセントリズム的傾向が強いこともわかった。さらに，教育水準が高いほど消費者エスノセントリズム的傾向が弱いことも確認できた。

第4に，加減要因としては，知覚製品必要性（perceived product necessity）と経済的脅威（個人経済的脅威，国内経済的脅威）は，必要ではないと知覚される輸入品の場合は消費者エスノセントリズム的傾向が強いことがわかった。さ

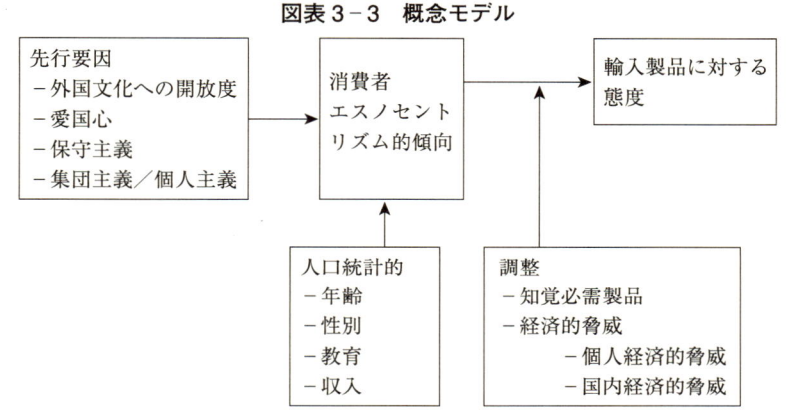

第3章　消費者エスノセントリズム研究の理論　99

図表3-3　概念モデル

```
先行要因
－外国文化への開放度
－愛国心                →  消費者              →  輸入製品に対する
－保守主義                  エスノセント           態度
－集団主義／個人主義        リズム的傾向
                            ↑    ↑
                    人口統計的      調整
                    －年齢          －知覚必需製品
                    －性別          －経済的脅威
                    －教育              －個人経済的脅威
                    －収入              －国内経済的脅威
```

（出典）Sharma et al. (1995), p. 28の内容を基に筆者作成。

らに，個人経済的にも国内経済的にも脅威とならない場合は，海外からの輸入をいとわないことも明らかになったことで，消費者エスノセントリズム的傾向の加減要因が識別できたという（図表3-3参照）。

　1990年代半ばからは消費者エスノセントリズムに加えて，原産国イメージとの関連性を同時に取り上げた多次元的な研究も本格化する。

　Lantz and Loeb（1996）は，原産国イメージと消費者エスノセントリズムの関係をカナダとアメリカの学生を対象に調査した。原産国は，カナダ・アメリカ・メキシコとし，調査対象製品は，原産国イメージを最小限にするために，コンピューター・マウスパッドとした。社会アイデンティティ理論（social identity theory）を理論的な背景として，コンジョイント分析によって原産国と消費者エスノセントリズムの関係を分析した。

　その結果，消費者エスノセントリズム的傾向が強い消費者は，消費者エスノセントリズム的傾向が弱い消費者より，自国と文化的に類似している国からの製品を選好することが確認された。

　原産国と消費者は偽造品（counterfeits）に対してどのような態度を示すだろうか。Chakraborty, Allred and Bristol（1996）は，消費者の偽造品（counterfeits）評価に対する原産国と消費者エスノセントリズムの効果をアメリカの大

学生130名を対象に調査した。自動車部品を調査対象にした調査の結果，オリジナルの原産国（調査対象国：ドイツ・アメリカ）は偽造品の品質評価に影響を与えないことが確認できた。しかしながら，消費者エスノセントリズム的傾向が強い消費者は，オリジナル製品がアメリカ産の場合，偽造品の品質を低く評価しているが，消費者エスノセントリズム的傾向が弱い消費者は，偽造品の原産国に対する品質差はないと評価していることが明らかになった。この研究は，消費者エスノセントリズム研究を偽造品の面から考察したと評価できる。

アメリカとロシアという冷戦時代の両大国消費者を比較した研究もある。Durvasula, Craig and Netemeyer（1997）は，アメリカの学生144名とロシアの学生60名を対象にサイコメトリックスを比較調査した。その結果，アメリカとロシアの消費者における CETSCALE の信頼性，弁別妥当性，法則妥当性が確認された。

そして，アメリカの消費者のほうがロシアの消費者よりも消費者エスノセントリズム的傾向が強いことが明らかになった。つまりロシアの消費者はアメリカの消費者よりも外国製品に対する信念と態度がより好意的であることが確認された。

消費者エスノセントリズムの効果は製品だけではなく，サービス業にも影響を与える。Bruning（1997）は，カナダ消費者427名をインタビューして，航空サービスに関する消費者エスノセントリズム効果を実証した。本研究では，消費者エスノセントリズムをナショナル・ロイヤルティと名づけて，航空産業サービスとの関係性を調査した。その結果，女性のほうはナショナル・ロイヤルティが高いこと，収入が高くなるほどナショナル・ロイヤルティは下がること，搭乗回数が少ない層が高いナショナル・ロイヤルティを示していること，職業では専門職のほうが低いナショナル・ロイヤルティを示していることなどが確認された。

1990年後半からは新興国消費者の行動を研究する動きも出てくる。つまり，少子高齢化などによって経済が低迷しているアメリカなど先進諸国の消費者エスノセントリズム（Netemeyer et al. 1991）だけではなく，高い成長率を示し

ている新興市場の消費者を対象にした研究が現れる。新興国消費者間におけるCETSCALEを調査したのがWitkowski (1998) である。

Witkowski (1998) は新興市場であるメキシコとハンガリーの消費者400名を対象に調査した。消費者エスノセントリズムと人口統計的要因との関連性をみると，ハンガリーの消費者では，年齢における有意差は現れたが，教育・収入・外国語能力・3年以内の外国訪問に関しての有意差は存在しなかった。一方，メキシコの消費者では，年齢・教育・外国語能力に関する有意差は存在したが，収入と3年以内の外国訪問に関する有意差は存在しなかった。

さらに，CETSCALEと外国製品購買との相関関係をみると，ハンガリーの消費者の場合は自動車・テレビ・ビデオレコーダー，洗濯機との負の相関関係が確認できた。しかしながら，メキシコの消費者は，いずれも有意な関連性は確認できなかった。

最後に，メキシコの消費者 (76.5) がハンガリーの消費者 (50.7) よりもCETSCALEスコアが高いことが確認できた。以上のことから，CETSCALEと外国製品購入の相関関係は，製品カテゴリーと国によって異なることが明らかになった。1990年代後半のアメリカの消費者における消費者エスノセントリズム的傾向を確認したのが，敵対心 (animosity) 研究で有名なKlein and Ettenson (1999) である。

Klein and Ettenson (1999) は，2,225名の二次的なデータ (1992年国家選挙研究) を用いて，ロジット回帰分析を行った。その結果，消費者エスノセントリズム傾向は，女性で教育水準が低く，労働組合のメンバーであるほうが高いことがわかった。ところが消費者敵対心の場合は，年齢的には年配者，人種は白人のほうが高いことが明らかになった。さらに，消費者エスノセントリズムと敵対心との関連性については，消費者エスノセントリズムは一般的な外国製品全体に関連するのに対して，消費者敵対心 (consumer animosity) は特定国からの製品に対する態度であることから概念的に異なるという。

消費者エスノセントリズムを消費者のライフスタイルの側面から考察した研究もある。Kucukemiroglu (1999) は，トルコの消費者532名を対象にして消

費者ライフスタイルと消費者エスノセントリズムの関連性を探った。その結果，トルコの消費者のライフスタイルと消費者エスノセントリズム間の相関関係が現れた。

　消費者エスノセントリズム的傾向が弱い消費者は，よりファッション意識が強くリーダーシップ志向である。一方，消費者エスノセントリズム的傾向が強い消費者は，家族およびコミュニティ志向で，国産品を購入する傾向があるという。以上のことから，消費者エスノセントリズムを用いてライフスタイルを分析することの市場セグメンテーションの方法としての可能性を確認できたといえる。

　国内消費者のみを対象としているマーケティングとは異なって，海外の消費者を視野に入れたマーケティングを展開する場合，企業は世界各国の固有の環境（競争環境・法的環境・制度的環境・経済的環境・文化的環境など）に直面する。世界経済のグローバル化に伴い，競争・法的・制度的・経済的環境に対するハードルは緩和されているのにもかかわらず，文化的環境の差は依然として大きい。文化的要因も消費者エスノセントリズムの先行要因として影響を与えている。

　文化的類似性の関連性を考察したWatson and Wright（1999）は，ニュージーランドの消費者421名を対象に，外国製品で代替可能な国内製品のカテゴリーへの消費者エスノセントリズムと原産国に対する消費態度の関係を調査した。調査対象国は，アメリカ・ドイツ・シンガポール・イタリアである。この4ヵ国が調査対象となったのは，文化的類似性との関連性を探るためである。アメリカとドイツはニュージーランドと文化的に類似性が高い国として分類されたが，イタリアとシンガポールは，ニュージーランドとは文化的に相違する国として分類し，調査対象とした。

　調査では，冷蔵庫・テレビ・カメラを対象製品とした。冷蔵庫はニュージーランドに国内メーカーがあることで，選択肢を備えた製品カテゴリーに選ばれ，テレビとカメラは，国内に生産するメーカーがないことから選択肢のない製品カテゴリーに選ばれた。調査の結果，消費者エスノセントリズム的傾向が強い

消費者は，文化的に相違する国々からの製品より文化的に類似した国々からの製品に対して好意的態度と購買意図を持っていることが示された。

3.3 グローバル化と精緻化

2000年代からは，消費者エスノセントリズムに関連した研究は，先進諸国の消費者を主要な対象にした調査から新興国も取り入れた世界各地の消費者を対象にした調査に大きく転換した。

Luque-Marinez, Ibanez-Zapata and Barrio-Garcia (2000) は，スペインのグラナダ州の消費者476名を対象に消費者エスノセントリズムの代表的尺度であるCETSCALEの妥当性と信頼性を検証し，CETSCALEはスペインの消費者を対象にしても信頼性のある有効な測定尺度であることが確認された。さらに，一因子モデルと二因子モデルの比較分析を行い，一次元モデルの測定誤差が許容範囲内であることも実証した。

消費者エスノセントリズムは，社会心理的要因によっても影響される。人口統計的先行要因と社会心理的先行要因を確認できたのが，Balabanis, Diamantopoulos, Mueller and Melewar (2001) の研究成果である。

Balabanis et al. (2001) は，チェコの消費者303名とトルコの消費者480名を対象に年齢・性別・教育・収入・ナショナリズム・愛国心 (patriotism)・国際主義 (internationalism) が消費者エスノセントリズムに及ぼす影響を調査した。

調査の結果，トルコの消費者は，性別では女性のほうが男性よりも消費者エスノセントリズム的傾向が強いこと，年配者のほうが若い人よりも消費者エスノセントリズム的傾向が強いこと，収入が低いほうが消費者エスノセントリズム的傾向が強いことを確認した。

一方，チェコの消費者の場合は，仮説とは相反して収入が高いほうがより消費者エスノセントリズム的傾向が強いことが確認された。

集団と文化的要因として調査対象にしたナショナリズム・愛国心・国際主義は，チェコの消費者の場合，愛国心が消費者エスノセントリズムに影響を及ぼしていることが明らかになった。一方，トルコの消費者はナショナリズムに影

響されていることが確認された。国際主義は，チェコとトルコ双方の消費者エスノセントリズムにも影響を与えないことがわかった。

以上のことから，チェコの消費者とトルコの消費者間の消費者エスノセントリズム構造が異なることが明らかになった。たとえば，トルコの消費者エスノセントリズムは人口統計的要因に影響されるが，チェコの場合は影響されないこと，トルコの消費者は愛国心に影響されるが，チェコの消費者はナショナリズムに影響されることが確認された。

Huddleston, Good and Stoel（2001）は，622名のポーランドの消費者を対象に消費者エスノセントリズムと原産国，製品の必要性との関連性を調査した。調査対象の原産国は中国・ドイツ・ポーランド・アメリカとした。製品は必需品として肉の缶詰・シリアル・果物の缶詰・シューズを，必需品ではない商品としては車・ラジオ・テレビなどを対象にした。調査の結果，消費者エスノセントリズム・原産国・製品の必要性は，ポーランドの消費者の製品品質評価に影響を及ぼしていることが明らかになった。

コミュニケーション戦略の観点からも消費者エスノセントリズムを活用することができる。Moon（1996）は，広告効果モデルに与える消費者エスノセントリズムを取り入れた理論的効果モデルを提示した。このモデルは，広告における消費者エスノセントリズム効果の可能性を提示したと考えられる。このモデルを発展させた実証研究としては，Moon and Jain（2001）が挙げられる。

Moon and Jain（2001）は，国際広告における原産国と消費者エスノセントリズムの関係をSEMモデル化して韓国の大手企業社員239名を対象に実証研究を行った。

その結果，消費者エスノセントリズムは，「国際広告に対するクリエイティブ・プレゼンテーション」に対してネガティブな影響を与えているが，国際広告の購買提案に対する原産国知覚に対してはプラスの効果があることが確認された。この研究により，国際広告研究領域における消費者エスノセントリズムの可能性を提示したモデルが図表3-4である。

Yagci（2001）は，アメリカの学生223名を対象にブランド・イメージと消費

第3章 消費者エスノセントリズム研究の理論 105

図表3－4 標準化と現地化戦略グリッド

	低　　い 消費者エスノセントリズム	高　　い 消費者エスノセントリズム
良い原産国イメージ	完全標準化戦略	部分現地化戦略
悪い原産国イメージ	部分現地化戦略	完全現地化戦略

（出典）Moon and Jain（2001），p. 105の内容を基に筆者作成。

者エスノセントリズム，原産国の関連性を調査した。調査対象に高いブランド・イメージの車としてBMWを，原産国はドイツ（母国），アメリカ（先進国），韓国（低開発国）を調査対象国にした。CETSCALEは10項目のCETSCALE（Shimp and Sharma 1987）を採用した。調査の結果，ブランド・イメージは消費者エスノセントリズムよりも大きな影響を及ぼしていることが確認された。消費者エスノセントリズムは，好ましくない原産国の際に影響していることがわかった。

これらの実証結果は，ブランド・イメージが消費者エスノセントリズムよりも，消費者の知覚と態度を予測するのに重要な変数であることを明らかにした。

Pereira, Hsu and Kundu（2002）は，中国・台湾・インドの消費者を対象にした国際比較研究を行った。中国の学生109名，台湾の学生100名，インドの学生109名を調査対象にした結果，CETSCALEは一次元的で信頼性があることが確認された。さらに，中国の消費者はインドと台湾の消費者よりも消費者エスノセントリズム的傾向が強いことが確認された。

政治的体制変化を取り上げた消費者エスノセントリズム研究としては，Yu and Albaum（2002）がある。この研究は，香港の政治体制の変化（イギリス領から中国への返還期；1997年）時期における香港の消費者の消費者エスノセントリズム傾向を検証した。

香港の返還前（225名）と返還後（813名）に調査を行った結果，CETSCALEスコアは，返還前（30.93）よりも返還後（34.19）のほうが有意に高いことが示された。香港産と香港産ではない製品を比較した結果として，女性スーツ・男性スーツ・パソコン・玩具において，返還後の選好度が高いことから，返還後

の消費者エスノセントリズム傾向を確認できる。これらのことから，返還後の香港の消費者はより消費者エスノセントリズム的傾向が強くなっていることが明らかになった。

世界的に愛国心が高いといわれているイスラエル国民は，どのような消費者エスノセントリズム傾向を示すのか。Shoham and Brencic (2003) は，イスラエルの消費者141名を対象に国内製品の購買に対する先行要因として，消費者エスノセントリズム・国内製品態度・収入の影響を調査した。調査対象製品は，ビール・シリアル・小さなキッチン器具・アイスクリーム・靴・衣服・シャンプー・芳香・アフターシェイブローション・チョコレート・ワインである。

調査の結果，消費者エスノセントリズムから国内製品購買に有意的な影響を与えた製品は，シリアル・靴・衣服・シャンプーなどであった。国内製品態度から国内製品購買に有意な影響を与えた製品は，ビール・アイスクリーム・衣服・チョコレートであった。しかしながら，収入は国内製品購買に影響を与えないことが示された。

以上の結果から，製品カテゴリーによって消費者エスノセントリズムの影響も異なることが確認された。

原産国と消費者エスノセントリズムとの関連性を実証した研究も増えてきた。

Balabanis and Diamantopoulos (2004) は，イギリスの消費者465名を対象にイギリス・アメリカ・フランス・日本・イタリアの6ヵ国を原産国として，車・食品・テレビ・トイレタリー・ファッション・玩具・家具などの製品を対象にして各商品カテゴリー別に原産国と消費者エスノセントリズムの関連性についてロジット分析を用いて実証した。原産国を先進国に限定したのは，原産国効果を抑える狙いがあった。その結果，消費者エスノセントリズムとの関連性が明らかになった。さらに，特定の原産国と製品カテゴリー効果も確認された。

コミュニケーション分野における新たな研究とされるReardon, Miller, Vida and Kim (2005) は，アメリカ (128名)，スロベニア (132名) カザフスタン

（97名）の消費者を対象に消費者エスノセントリズムが広告態度とブランド態度に与える影響を調査した。その調査では4項目のCETSCALE（4, 7, 11, 17）を用いた。

その結果，消費者エスノセントリズムは，カザフスタンの消費者の広告態度（Aad）にネガティブな影響を及ぼしているが，スロベニアの消費者には影響を与えないことが明らかになった。消費者エスノセントリズムの影響は，新たな市場経済へ移行している国（カザフスタン）のほうが強いと考えられる。先行研究とは異なり，消費者エスノセントリズムはブランド態度の形成には直接影響することはなく，広告態度を通じて間接的に影響することが明らかになった。

グローバル文化研究における Hofstede（1991）の研究は，国際比較研究に多く引用されている。Hofstede（1991）は，世界50ヵ国を超える国や地域で働くIBM社員を対象として，32項目からなる仕事観の調査を行った。その結果，5つの文化的価値の次元を抽出した。

Hofstede（1991）の5つの文化的次元を先行要因とした消費者エスノセントリズム研究もある。Yoo and Donthu（2005）は，アメリカの消費者213名を対象に文化的志向（cultural orientations）と消費者エスノセントリズムとの関係を検証した。文化的志向は，Hofstede（1991）の5つ文化尺度（個人主義・集団主義・権力格差・不確実性回避・男性らしさ・女性らしさ・長期志向）を用いた。この研究結果をモデル化したのが図表3-5である。

調査の結果，集団主義，男性らしさ，不確実性回避は消費者エスノセントリズムにポジティブな影響を及ぼしているが，長期志向は消費者エスノセントリズムにネガティブな影響を及ぼしていることが明らかになった。また，アメリカの消費者の消費者エスノセントリズムは，日本製品の購買意図と知覚品質にネガティブな影響を与えていることが明らかになった。加えて，日本製品の知覚品質は日本製品の購買意図にポジティブな影響を及ぼし，日本製品の購買意図は日本製品の所有にポジティブな影響を及ぼしていることがわかった。

この研究は，消費者エスノセントリズム研究に Hofstede（1991）の文化的

図表3-5 仮説モデルと検証結果

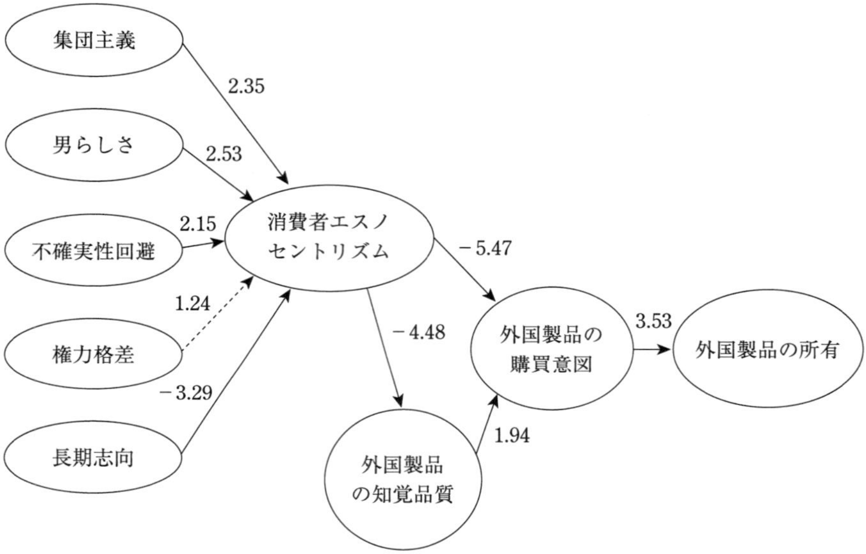

```
集団主義 ──2.35──┐
男らしさ ──2.53──┤
不確実性回避 ──2.15──→ 消費者エスノ ──-5.47──→ 外国製品の ──3.53──→ 外国製品の所有
権力格差 ┄┄1.24┄┄→   セントリズム              購買意図
長期志向 ──-3.29──┘        │                        ↑
                          -4.48                    1.94
                           ↓                        │
                        外国製品の知覚品質 ──────────┘
```

（出典）Yoo and Donthu (2005), p.13の内容を基に筆者作成。

尺度を用いて，消費者行動の集団的な影響と消費者エスノセントリズムとの関係性を探った点において興味深い研究である。

消費者エスノセントリズムのCETSCALEは，グローバル消費者行動研究においても多く用いられるようなり，グローバル・ブランドとの関連性を試みた研究も現れている。

グローバル・ブランド研究において著名なAlden, Steenkamp and Batra（2006）はグローバル消費志向モデルに関する研究を行った。Alden et al. （2006）は，韓国の女性370名を対象にしてグローバル市場における消費者態度をグローバル消費志向（global consumption orientation）モデルを中心として分析した。

このグローバル消費志向モデルにおいて，グローバル消費志向と消費者エスノセントリズム，グローバル・ブランド態度の関係性を検証した。その結果，グローバル消費志向は消費者エスノセントリズムにネガティブな影響を与えて

図表3-6　CETSCALEの平均

著　者	調査国	被験者	Mean	SD
Shimp and Sharma (1987)	アメリカ	学　生	51.92	16.37
	デトロイト	一般人	68.58	25.96
	カロライナス	一般人	61.28	24.41
	デンバー	一般人	57.84	26.10
	ロサンゼルス	一般人	56.62	26.37
Durvasula et al. (1997)	アメリカ	学　生	50.24	22.85
	ロシア	学　生	32.02	12.47
Watson and Wright (1999)	ニュージーランド	一般人	62.21	25.79
Good and Huddleston (1995)	ポーランド	一般人	69.19	
	ロシア	一般人	51.68	
Sharma, Shimp and Shin (1995)	韓　国	一般人	85.07	
Caruana (1996)	マルタ	一般人	56.80	18.20
Hult et al. (1999)	アメリカ	学　生	61.50	19.30
	日　本	一般人	40.10	17.30
	スウェーデン	一般人と学生	38.40	18.50
Steenkamp and Baumgartner (1998)	ベルギー	一般人	28.70	9.21
	イギリス	一般人	30.29	9.47
	ギリシャ	一般人	37.84	7.39
Brodowsky (1998)	アメリカ	一般人	61.68	
Acharya (1998)	オーストラリア	学　生	56.40	

（出典）Hamin and Elliott (2006), p. 82の内容を基に筆者作成。

いること，さらに消費者エスノセントリズムはグローバル・ブランド態度にネガティブな影響を及ぼしていることが明らかになった。

　低開発国の消費者は外国製品に対して必ずしも好意的ではないという研究成果もある。Hamin and Elliott (2006) は，低開発国の消費者を対象に消費者エスノセントリズムと原産国効果を研究した。インドネシアの消費者547名を対象にインタビュー調査した結果をコンジョイント分析した。調査項目は，製品

ブランド（Polytron，ソニー，フィリップス），価格（Rp 5,000,000，Rp 6,000,000，Rp 7,500,000），COA（マレーシア，インドネシア，韓国），COD（日本，オランダ，インドネシア）を設定して調査を行った。その結果，インドネシアの消費者エスノセントリズムは，従来の先行研究結果（図表3-6）と比較すると非常に高いことがわかった。

　この調査結果から，インドネシアの消費者を対象にした国産品の購入キャンペーンが有効であることが明らかになった。さらに，有形財におけるブランドとCOAとCODの関係については，消費者が有形財を購入する際には，ブランドのほうがCOAとCODの影響を圧倒していることも確認された。この調査結果から，消費者エスノセントリズム的傾向が強い消費者にも，強いブランドと現地産の製品が魅力的であることが提示された。

　Klein, Ettenson and Krishnan（2006）は，共産主義国家の代表であった中国とロシアの消費者を対象にし，消費者エスノセントリズムについて調査した。調査対象は，ロシアはモスクワ州立大学（Moscow State University）学生100名と一般消費者100名，中国は南京大学（Nanjing University）学生115名と一般消費者116名とした。調査の結果，CETSCALEはロシアと中国の消費者においても，尺度の信頼性と妥当性が検証され，有効な測定尺度であることが明らかになった。

　CETSCALEのスコアは，ロシアの消費者のほうが中国の消費者よりも低いことがわかった。Durvasula et al.（1997）の調査結果と同様に，ロシアの消費者は消費者エスノセントリズム的傾向が比較的弱く，外国製品に対して好意的であることが再確認されたと考えられる。

　以前に有効であった尺度項目から項目を減らすことには，常に慎重になるべきである（Nijssen and Douglas 2004）。ところが17項目のCETSCALEは測定尺度を減らす必要性があるという。CETSCALEは外国製品を購入することが悪いという信念を測定する一次元の測定尺度であるにもかかわらず，17項目という多数の測定項目として構成されている。さらに質問項目をみても，内容的に重複している類似した質問項目が多いと考えらえる。このような必要性のな

い測定尺度の過剰は，一般的に被験者の疲労を引き起こす恐れがある。さらに，国際比較研究における測定尺度の過剰は，翻訳と測定誤差の危険を増加させると考えられる（Klein et al. 2006）。

以上のことから，この研究ではCETSCALEの10項目（17項目のCETSCALE番号付けして2, 4, 5, 6, 7, 8, 11, 13, 16, 17）と6項目（2, 4, 7, 11, 13, 17）の信頼性と妥当性を比較分析した。その結果，CETSCALEの6項目バージョンが10項目バージョンより同様あるいはより良いことが示された。ロシアの消費者と中国の消費者におけるこの調査では，一次元的構造であり妥当性があることが確認できた。これらの結果から，6項目CETSCALEは国際的な適用可能性があると考えられる。

さらに，この研究の特質として，学生と一般消費者を被験者として調査した点が挙げられる。アメリカ・フランス・日本・（旧）西ドイツの学生を対象にしたNetemeyer et al. (1991) の研究からも確認できるように，消費者エスノセントリズムに関する最初の国際比較研究も学生サンプルに依存した。学術的なマーケティング研究において理論的検証に重点を置くのは，一般的かつ適切であるとはいえ，CETSCALEのような測定尺度で学生だけを調査対象とするのは，今日のグローバル市場環境で有効な意思決定をしなくてはならないグローバル・マーケターにとっては問題が多い（Klein et al. 2006）。

消費者エスノセントリズムに関する先行研究をレビューしたShankarmahesh (2006) は，消費者エスノセントリズムの先行要因，媒介要因，結果を整理した。

消費者エスノセントリズムの先行要因としては，社会心理的先行要因（文化的開放度，世界関心，愛国心，保守主義，集団主義，敵対心，価値，顕著，独断主義），経済的環境（資本主義，経済発展の段階），政治的環境（プロパガンダ，圧政の歴史，外集団の規模・接近，リーダーの操作），人口統計的先行要因（年齢・性別・教育・収入・社会的階層）があり，これらの先行要因が消費者エスノセントリズムに影響を与えるという。

消費者エスノセントリズムは外国製品への態度，購買意図に直接影響を与え

るのではなく，調整要因（知覚コスト，知覚エクイティ，原産国，製品評価など）を媒介して外国製品への購買に影響を及ぼしている。また，必需製品かどうか，経済的脅威，文化的類似性などのモデレータ要因の影響によって外国製品または国内製品の購買意図に影響を与えていると指摘した。

消費者エスノセントリズムの結果としては，消費者エスノセントリズムは国内製品の購買意図へのポジティブな影響を与えているが，海外製品に対してはネガティブな影響を与えていることが確認できた。

Altintas and Tokol（2007）は，トルコの消費者を対象にして，外国人嫌い（xenophobia），外国人旅行客とFDI（foreign direct investment）に対するネガティブな態度，保守主義価値（conservative values）が消費者エスノセントリズムに与える影響を調査した。

調査では，7,400人の対象者にe-mailを送り，600人の回答者から540人の有効サンプルを得た。消費者エスノセントリズムの測定尺度としては，17項目中6項目を採用した。調査は確認的因子分析を経た結果を構造方程式モデルによって分析した。

その結果，外国人嫌いと保守主義価値は消費者エスノセントリズムに影響を与えていることが明らかになった。この調査結果から，トルコの消費者における消費者エスノセントリズムは，外国人嫌いの影響が最も強く（$\beta=0.366$），その次に保守主義価値（$\beta=0.147$）によって影響されることが確認された。

原産国との関連性を取り上げた研究もある。商品における消費者エスノセントリズムと原産国の影響を確認した研究としては，Chryssochoidis, Krystallis and Perreas（2007）の研究が挙げられる。

ギリシャの消費者274名を対象に原産国（ドイツ・イタリア・ギリシャ）と消費者エスノセントリズムの関係を考察した。分析方法としては，探索的・確認的因子分析を行った後クラスター分析を行った。クラスター分析により，まずエスノセントリック（ethnocentric）消費者164名と，非エスノセントリック（non-ethnocentric）消費者110名に区分した。そして，その結果をt検定して消費者エスノセントリズムの程度による2つのグループ間の差を検定した。

第3章 消費者エスノセントリズム研究の理論 113

対象食品は，ビール・デリカテッセン（手軽に食卓に出せる調理済みの肉・チーズ・サラダ・缶詰など）・黄色チーズを調査した。その結果，35歳以上のほうがより消費者エスノセントリズム的傾向が強いこと，既婚家庭は未婚家庭よりも消費者エスノセントリズム的傾向が強いこと，高学歴（大卒以上）のほうが消費者エスノセントリズム的傾向が弱いこと，家族規模も消費者エスノセントリズムに影響を与えることが確認できた。しかしながら，性別と収入の消費者エスノセントリズムへの効果は表れなかった。

映画産業における消費者エスノセントリズムとグローバル開放性（global openness）の関係を明らかにした論文もある。Russell（2007）はアメリカの消費者405名を対象に調査し，ロジスティック回帰分析を行った結果，消費者エスノセントリズム傾向が弱い場合，グローバル開放性が主効果であることがわかった。このことから，アメリカの消費者の映画選択（アメリカ映画，海外映画）は，グローバル開放性によって影響されるという。

ドイツ市場における消費者エスノセントリズムを調査したEvanschitzky, Wangenheim, Woisetschläger and Blut（2008）の研究がある。調査では留置（drop off and collect）法により，674名の回答を得た。車，食品，テレビ，トイレタリー，ファッション，玩具，家具，家電など，14の製品カテゴリーを対象とした。調査対象原産国はアメリカ，イギリス，フランス，日本，イタリアとした。調査の結果，消費者エスノセントリズムの影響との関連性は人口統計的要因と原産国効果の組み合わせによって異なることが明らかになった。

内集団と外集団の観点からすると，自国民は内集団であり外国人は外集団である。このような外集団の人に対する態度と消費者エスノセントリズムとの関係性を究明した研究も現れた。

Vida, Dmitrovic and Obadia（2008）は，ボスニアとヘルツェゴビナの消費者580名を対象に，ナショナル・アイデンティティ，ナショナリズム，文化的開放性を消費者エスセントリズムの先行要因として，国産品購買バイアス（domestic purchase bias）を結果としたモデルを検証した。

その結果，ナショナル・アイデンティティとナショナリズムは消費者エスノ

セントリズムの先行要因であることが示された。さらに，人種合併（ethnic affiliation）は消費者エスノセントリズムと国産品購買に影響を及ぼしていることが確認された。また，消費者エスノセントリズムは国産品購買の主要な先行要因であることが明らかになった。

4 先行研究の考察

4.1 消費者エスノセントリズム研究の成果

消費者エスノセントリズムに関する先行研究は以下の6点に整理することができる。

第1に，1980年代の消費者エスノセントリズムと愛国心に関連した研究は，消費者エスノセントリズム研究の原型ともいえる Shimp（1984）に始まり，Shimp and Sharma（1987）の CETSCALE，消費者愛国心（consumer patriotism）の影響を測定した Han（1988）の消費者愛国心の研究がある。この中で，Shimp and Sharma（1987）の消費者エスノセントリズムに関する測定尺度である CETSCALE は，その後標準的な消費者エスノセントリズムの測定尺度として定着し，今日に至っている。

第2に，CETSCALE は，アメリカ（Shimp 1984 ; Shimp and Sharma 1987 ; Netemeyer et al. 1991 ; Herhce 1992 ; Lantz and Loeb 1996 ; Klein and Ettenson 1999 ; Yagci 2001 ; Reardon et al. 2005 ; Russel 2007）だけではなく，日本（Netemeyer et al. 1991），ドイツ（Netemeyer et al. 1991），ロシア（Durvalsula et al. 1997 ; Klein et al. 2006），中国（Pereira et al. 2002 ; Klein et al. 2006），韓国（Sharma et al. 1995），台湾（Pereira et al. 2002），トルコ（Kucukemiroglu 1999 ; Balabanis et al. 2001 ; Altintas and Tokol 2007），チェコ（Balabanis et al. 2001），ギリシャ（Chryssochoidis et al. 2007），イギリス（Balabanis and Diamantopoulos 2004 ; Evanschitzky, et al. 2008），カナダ（Lantz and Loeb 1996 ; Bruning 1997），ポーランド（Good and Huddleston 1995 ; Huddleston et al. 2001), インドネシア (Hamin and Elliott 2006), スペイン (Luque-Marinez et al. 2000), インド (Pereira et al. 2002), カザフスタン (Reardon et al. 2005), スロベニア (Reardon et al. 2005), イスラエル (Shoham and Brencic 2003), ボスニア (Vida et al. 2008), ヘルツェゴビナ (Vida et al. 2008), ニュージーランド (Watson and Wright 1999), メキシコ (Witkowski 1998), ハンガリー (Witkowski 1998), 香港 (Yu and Albaum 2002) など世界25ヵ国の消費者を対象にその信頼性と妥当性が検証された。

　以上のように多くの国におけるCETSCALEの信頼性と妥当性が検証され，グローバル・スタンダードな測定尺度と認められたことによって，国際比較研究も活発に行われた。アメリカ・フランス・日本・(旧) 西ドイツの消費者を対象に研究したNetemeyer et al. (1991) の他，トルコとチェコの消費者 (Balabanis et al. 2001), アメリカとロシアの消費者 (Durvalsula et al. 1997), ポーランドとロシアの消費者 (Good and Huddleston 1995), 中国とロシアの消費者 (Klein et al. 2006), カナダとアメリカの消費者 (Lantz and Loeb 1996), 中国とインド，台湾の消費者 (Pereira et al. 2002), アメリカ，カザフスタン，スロベニアの消費者 (Reardon et al. 2005), ボスニアとヘルツェゴビナの消費者 (Vida et al. 2008), メキシコとハンガリーの消費者 (Witkowski 1998) など，CETSCALEを用いて数々の国際比較研究がなされた。

　第3に，CETSCALEの測定項目に関しては，Shimp and Sharma (1987) は当初17項目の測定尺度をCETSCALEとして設けたが，一次元性のCETSCALEに対する質問項目の多さから，17項目のCETSCALEから抜粋された10項目 (Shimp and Sharma 1987; Yagci 2001), 6項目 (Klein et al. 2006), 4項目 (Vida et al. 2008) の測定尺度が実際の調査に用いられた。

　第4に，調査対象者としては，多くの消費者行動研究と同様に学生を調査対象にした研究 (Netemeyer et al. 1991; Chakraborty et al. 1996; Lantz and Loeb 1996; Durvalsula et al. 1997; Yagci 2001) に加え，一般消費者を対象にした研究 (Shimp 1984; Shimp and Sharma 1987; Han 1988; Good and Huddleston 1995; Sharma et al. 1995; Bruning 1997; Witkowski 1998; Klein and Ettenson

1999 ; Kucukemiroglu 1999 ; Watson and Wright 1999 ; Luque-Marinez et al. 2000 ; Balabanis et al. 2001 ; Huddleston et al. 2001 ; Moon and Jain 2001 ; Shoham and Brencic 2003 ; Balabanis and Diamantopoulos 2004 ; Yoo and Donthu 2005 ; Altintas and Tokol 2007) がある。

このように今までの消費者行動研究とは異なって，多くの研究が学生ではなく一般消費者を調査対象にしていることが確認できる。学生と一般人グループを両方調査したKlein et al. (2006) は，学術的なマーケティング研究において理論的検証に重点を置くのは一般的ではあるが，CETSCALEのようなグローバル・マーケターの意思決定に直結する研究で学生だけを調査対象とするのは問題が多いと指摘している。

第5に，消費者エスノセントリズムは性別・年齢・家族構成規模などの人口統計的要因と収入・教育水準などの社会経済的，社会階級的要因，共産主義の崩壊・政治体制の変化・圧政の歴史などの政治的要因，国家経済の発展段階・貿易収支などのマクロ経済的要因，愛国心・グローバル消費者志向・ナショナリズム・保守主義・外国人嫌いなどの社会心理的要因，文化的類似性・集団主義・不確実性回避・長期志向などの文化的要因などに影響されることが明らかになった。

第6に，消費者エスノセントリズム的傾向は，国内商品の購買 (Shoham and Brencic 2003 ; Vida et al. 2008)，外国商品の購買 (Witkowski 1998 ; Yoo and Donthu 2005)，グローバル・ブランド態度 (Alden et al. 2006)，知覚リスク (Chakraborty et al. 1996)，広告態度 (Reardon et al. 2005)，ブランド態度 (Reardon et al. 2005) などに影響を与えていることが示された。

4.2 消費者エスノセントリズム研究の課題

以上のように，Shimp and Sharma (1987) の研究成果を概観すると以下のような4つの課題が提示できる。第1に，本来の自民族中心主義は，民族 (ethnic) を内集団と外集団を区別する基準としているが，消費者自民族中心主義では，内集団と外集団の基準となるのは国家になっている。したがって，日

本・韓国などのような1つの民族からの単一民族国家（nation state）の場合は，内集団と外集団を分ける基準が同一であるものの，アメリカ，中国のような多数の民族から構成された多民族国家では，エスノセントリズムではなく，ナショナルセントリズム的傾向に近いと推測される。したがって，単一民族国家と多民族国家におけるエスノセントリズム・ナショナリズムと消費者エスノセントリズムとの関連性を調査する必要性が浮上した。

第2に，本研究が行われた1980年代までは，製品生産における仕入から生産に至るプロセスを一国で行うことが一般的であったために，本研究も外国で生産された製品を外国産製品として調査を行った。その後，1990年代以後，世界経済のグローバル化に伴い，企業の生産拠点とブランドのグローバル化が激増して，生産だけではなく部品・デザイン・流通・広告などある製品の生産から消費に至るまでに数多くの国が関わるようになった。

したがって，外国で生産された製品だけを対象にしたShimp and Sharma (1987) の研究は，第1章と第2章で考察したように，狭義の原産国イメージ概念から脱却してブランド連想における国というブランド・オリジンの概念を取り入れた企業ブランド及び製品ブランドを対象にした研究に転換する必要があると考えられる。

第3に，CETSCALEという測定尺度自体に関する課題がある。上述したようにCETSCALEは1980年代の厳しいアメリカ経済状況下で生まれた消費者エスノセントリズム的傾向を測定する尺度である。そのため，①今日の自由貿易体制下では輸入品に対する態度は，1980年代の態度とは異なる可能性がある，②アメリカのような対外貿易収支赤字国で開発されたCETSCALEは日本，中国のような貿易収支黒字国の環境とは程遠い恐れがある，③文化人類学におけるエスノセントリズムの本来的意義とは多少異なる可能性がある，という3点からCETSCALEの修正，または再構築の必要性が考えられる。

したがって，輸入品購入による国内経済の弊害という閉鎖的な国際貿易に対するネガティブな姿勢ではなく，本来のエスノセントリズム的尺度開発の必要性がある。さらに，CETSCALEのようなグローバル・スタンダード尺度のみ

図表3-7 消費者エスノセントリズムの研究

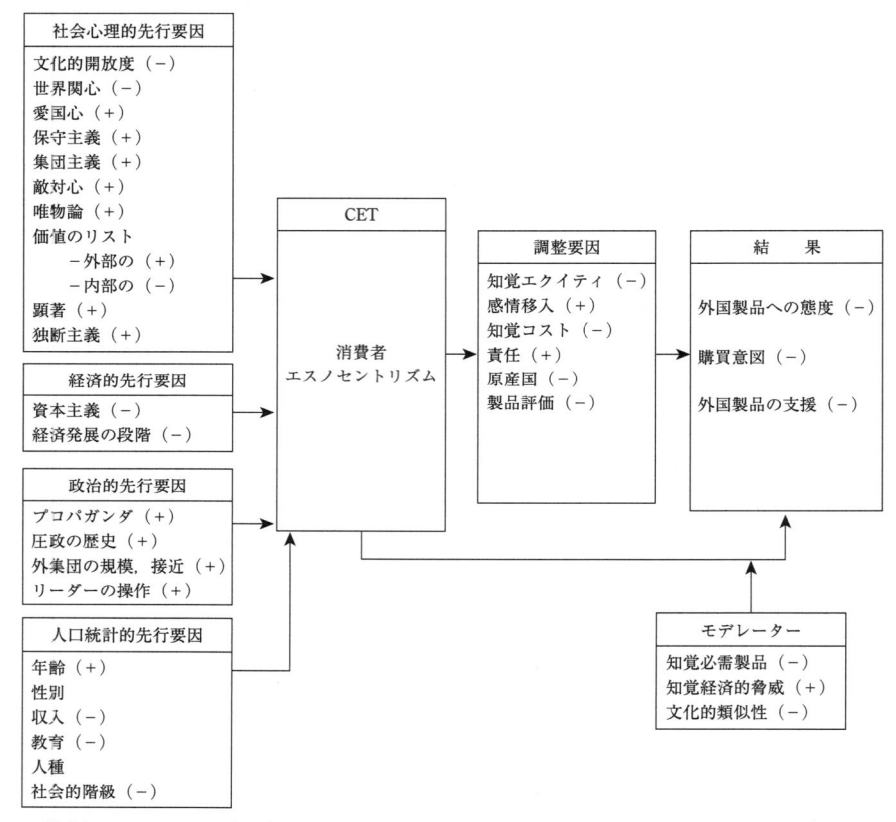

社会心理的先行要因
- 文化的開放度（－）
- 世界関心（－）
- 愛国心（＋）
- 保守主義（＋）
- 集団主義（＋）
- 敵対心（＋）
- 唯物論（＋）
- 価値のリスト
  - －外部の（＋）
  - －内部の（－）
- 顕著（＋）
- 独断主義（＋）

経済的先行要因
- 資本主義（－）
- 経済発展の段階（－）

政治的先行要因
- プロパガンダ（＋）
- 圧政の歴史（＋）
- 外集団の規模，接近（＋）
- リーダーの操作（＋）

人口統計的先行要因
- 年齢（＋）
- 性別
- 収入（－）
- 教育（－）
- 人種
- 社会的階級（－）

CET
- 消費者エスノセントリズム

調整要因
- 知覚エクイティ（－）
- 感情移入（＋）
- 知覚コスト（－）
- 責任（＋）
- 原産国（－）
- 製品評価（－）

結果
- 外国製品への態度（－）
- 購買意図（－）
- 外国製品の支援（－）

モデレーター
- 知覚必需製品（－）
- 知覚経済的脅威（＋）
- 文化的類似性（－）

（出典）Shankarmahesh（2006），p. 161の内容を基に筆者作成。

ならず，特定の国の消費者に適応できる尺度開発の必要性もあると考えられる。たとえば，中国人の中華思想をベースとした中国の消費者特有のエスノセントリズム尺度開発などが可能であろう。

第4に，消費者エスノセントリズムに関連した研究は，尺度とその先行要因に関連した研究が多く，消費者エスノセントリズムの効果とその他の要因を総合的に考察した結果に関する研究成果は限られている。グローバル・マーケティングを実行する実務的な視点からグローバル・ブランド態度，敵対心，グロ

第3章 消費者エスノセントリズム研究の理論　119

ーバル広告態度，態度変容などより精緻化した研究の必要性があると思われる。

　以上のような消費者エスノセントリズムに関する先行要因をまとめたのが図表3-7である。

5　ま と め

　本章では，規範的原産国イメージ効果として，消費者エスノセントリズムの概念と関連した既存研究について論じた。消費者エスノセントリズムの研究は，アメリカで生まれ，盛んに議論された。その背景には，貿易収支赤字と経常収支赤字の顕在化に伴うアメリカ製造業の大きな低迷というマクロ経済的要因と，1980年代以降の感情や情動の役割を強調する非認知的モデルの台頭という消費者行動研究の理論的背景に基づいた研究成果などが挙げられる。

　Shimp and Sharma（1987）は「エスノセントリズム」（自国民中心主義）という社会学的な概念を消費者行動研究に初めて導入し，消費者エスノセントリズムを測定する尺度として17項目のCETSCALEを開発した。CETSCALEは，アメリカだけではなく，日本・ドイツ・ロシア・中国・韓国・台湾・香港など世界25ヵ国の消費者を対象に，その信頼性と妥当性が検証され，消費者エスノセントリズムの代表的な測定尺度として位置付けられて現在に至る。

　消費者エノセントリズムの研究が盛んに行われた1980年代と現在では生産から消費に至るプロセスも大きく異なり，CETSCALEという測定尺度自体に関しても日米間の輸入品に対する意識の違いなど，いくつかの課題が浮上した。

　しかしながら，グローバル・スタンダード的な尺度を用いた国際比較研究を活発化させたという意味では，CETSCALEの果たした役割は大きいといえるだろう。

（1）同一社会集団の全員に共通な生活・思考・行動の様式を意味する。
（2）中島義明編（2005）『心理学辞典』。
（3）多国籍企業におけるエスノセントリズムの課題は，太田正孝（2008）『多国籍企業と異文化マネジメント』147-148頁参照。

（4）社会規範（social norm）とは，社会的状況において成員の行動が同調を要求される一定の標準または理想（当為命題）のことをいう。そこには，(1)成員の行為において追及されるべき望ましい価値の基準，および，(2)その追及のさいにとられるべき妥当様式に関する指示がふくまれ，さらに，(3)それらへの同調を高め，保障するための明示的ないし黙示的なサンクション（sanction；賞罰）ともなっている（宮島 1984）。
（5）Shimp (1984) の "Consumer Ethnocentrism : The Concept and a Preliminary Empirical Teset" が消費者エスノセントリズムの最初の研究成果である。
（6）自民族（国）中心主義尺度のこと。アドルノら（Adorno, T. W. et al. 1950）が権威主義的人格研究で反「ニグロ」，一般少数集団への偏見，愛国主義などを内容とする態度を測定するために反ユダヤ主義尺度（A-S スケール）を継承・発展・一般化して作成した質問紙尺度。権威主義的人格を測定するファシズム尺度（F スケール）との相関も高い。E スケールの得点が高い個人はそうでない個人よりも楽しいことを好み自信があることを示す研究もある（中島義明編（2005）『心理学辞典』）。
（7）共産主義国家に存在した国営店舗を指す。
（8）東西冷戦時代における共産主義国家での消費者調査は実現できなかったために，共産主義崩壊後であっても共産主義的な国家における消費者調査結果であるため，貴重な調査だといえる。

第4章　消費者エスノセントリズムの比較分析
——アメリカ・中国・韓国・台湾——

1　消費者エスノセントリズムの課題

　本章では，前章に引き続き消費者エスノセントリズム（consumer ethnocentrism；消費者自民族中心主義）について考察を行う。

　消費者エスノセントリズムとは，消費者行動にエスノセントリズム（Sumner 1906）という文化人類学的成果を取り入れた概念である。消費者エスノセントリズムの起源は，「アメリカの消費者が抱えていた外国産製品購買の適切さ（appropriateness）と道徳性（morality）」である（Shimp and Sharma 1987）。

　第3章で考察したように，消費者エスノセントリズム研究の歴史を振り返ってみると，当初は「人々はなぜ品質が良いのにもかかわらず，外国産製品よりも国産製品を購買するのか」という「自国産業保護」と「雇用確保」という規範的購買行動に焦点が当てられていたことがわかる。こうした流れを受けて，本章では消費者エスノセントリズムを，「自国経済のために消費者が抱いている外国製品およびブランドに対するネガティブな反応」と定義付ける。

　消費者エスノセントリズムの観点からすると，外国産製品を購入することは，国内経済に害を与え失業を引き起こす恐れがあるために望ましくない。さらに，外国からの輸入品を購入することは，愛国心がないことにもつながる（Shimp and Sharma 1987）。

　このような消費者エスノセントリズムの研究は，サウスカロライナ大学のShimp and Sharma（1987）によって，CETSCALEという17項目の測定尺度が開発されて以来，世界各国の消費者を対象に多く行われてきた。

　第3章で示したように，世界25ヵ国消費者を対象とした先行研究の結果，消

費者エスノセントリズムの標準的な測定尺度である CETSCALE の信頼性と妥当性が検証されてきた。さらに，CETSCALE は消費者エスノセントリズムの代表的かつ標準的な測定尺度として位置付けられたことから，多数の国際比較研究が行われた。

しかしながら，第3章でも指摘したように，消費者エスノセントリズムの尺度は1980年代後半のアメリカのマクロ経済状況を反映した尺度である。マクロ経済状況の差，グローバル経済の進化による競争および企業環境変化，欧米とアジアにおける文化的価値の差などを考慮すると，消費者エスノセントリズム尺度の修正あるいは再構築の必要も考えられる。

そこで本章では，日本の輸出上位4ヵ国であるアメリカ・中国・韓国・台湾の消費者を対象に，各国消費者の CETSCALE を比較分析し，CETSCALE の信頼性と妥当性を検証する。さらに各国の人口統計的要因および経済的要因と消費者エスノセントリズムの関連性を確認し，各国の消費者行動のメカニズムの類似性と異質性を明らかにしたい。

2　消費者エスノセントリズムの主要な先行要因

2.1　消費者エスノセントリズムの先行要因

消費者エスノセントリズムの代表的尺度である CETSCALE の検証に先立ち，先行要因を整理してみよう。これまでの先行研究によって，消費者エスノセントリズムは主に，人口統計的要因（性別，年齢，家族構成規模など）・社会階級的要因（収入，教育水準）・政治的要因（共産主義の崩壊，政治体制の変化，圧政の歴史など）・経済的要因（国家経済の発展段階など）・社会心理的要因（愛国心，グローバル消費者志向，ナショナリズム，保守主義，外国人嫌いなど）・文化的要因（文化的類似性，集団主義，不確実性回避，長期志向など）という6つに影響を受けていることが明らかにされた。

消費者行動研究のアプローチから分類すると，大きく個別消費者要因と集団

および文化的要因の2つに大別できる。近年では経済的要因も大きな要因として考えられる。

マーケティング戦略の策定は，市場をいくつかのセグメントに特定する市場細分化から始まる。マーケターの仕事は，セグメントは作り出すことではなく，セグメントを決定し，どのセグメントをターゲットにするかを決定することである。

市場細分化では，地理的・人口統計的・サイコグラフィックスなどの要因によって，セグメントを特定する。地理的細分化では，市場を国・州・地域・郡・都市・地元エリアといった多様な地理的単位に細分化することが必要になる。

サイコグラフィックスとは，心理学と人口統計的特性を利用して，消費者をよりよく理解しようとする科学のことである。サイコグラフィックスによる細分化では，心理面や性格の特徴，ライフスタイル，価値観に基づいて購買者をグループ分けする。同一の人口統計的グループに属する人々でも，全く異なるサイコグラフィックス特性を示すことがある。

市場細分化の特性の中で，最も長い歴史があるのは人口統計的特性（demographic charateristics）である。人口統計的特性とは，年齢，世帯規模，家族のライフスタイル，性別，所得，職業，教育水準，宗教，世代，国籍，社会階級，などである（Kotler and Keller 2006）。このような人口統計的特性は，消費者1人1人を表している客観的な指標である。たとえば，ある消費者の年齢と収入は自動車から香水に至るまで，すべての購買行動に影響を与える。さらに教育水準・収入・職業などによってその人の社会的地位が決定される。

人口統計的特性は，従来からマーケティングのSTP（セグメンテーション，ターゲティング，ポジショニング）戦略に用いられてきた。1970年代以前のマス市場時代のマーケターの多くは人口統計的集団特性に基づいて市場を細分化し，対象集団を特定した。当時は同一の人口統計的グループの欲求と購買がより類似性の高い傾向を示していたためである。たとえば，GMのシボレーは低所得の消費者をターゲティングすることによって成功を収めた。その成功の要因は

GMのブランドにおいて, シボレー・ビュイック・キャデラックといった消費者の所得水準に相応するブランドを確立したことにある (Assael 2004)。

一方, グローバル消費者行動に最も広範囲にわたって影響を与える環境要因は「文化」である。文化にはその社会における価値観[1]と規範[2]が反映されており, 消費者の購買行動にも影響を与える。

Hofstede (1991) によると, 文化は, 集合的に人間の心に組み込まれるものであり, 集団によってあるいはカテゴリーによってそのプログラムは異なる。文化は遺伝するものではなく, 学習されるものである。また, Hofstede (1991) は, 文化が人間性や個人のパーソナリティと区別されるものであることを示した。

文化が消費者行動の文脈において果たす役割の1つは, どのような製品やサービス, あるいは買い方が, 受容可能なものかという境界線を提供することである。たとえば, 私たちはすべての食材を食べているわけではなく, 私たちが何を食べるか, あるいは何を食べて美味しいと思うかは, その食べ方を含めて食文化が大きく影響している。同様に, 文化は人々の価値観を枠付けることで, 衣・食・住などのあらゆる領域で消費に影響を及ぼしている (青木 2010)。

文化は, 国境によって境界付けられることがある。島国 (たとえば, 日本やオーストラリア) や半島 (たとえば, 韓国) が良い例だ。しかしながら, 多くの文化は国境を越えてきた。また, 多くの国は国内に異なるサブ・グループ (サブ・カルチャー) を抱えている。これらのサブ・グループでは, 言語 (例:ベルギーにおけるフラマン語とワロン語) や, 宗教 (スリランカにおける仏教のシンハラ族とヒンズー教のタミル族) などによる境界が生じる (Kotabe and Helsen 2008)。

ところが政治的・経済的・法律的環境に大きく影響される消費者にとっては「文化における差」が, 国の違いを基準とする場合が多い。

グローバル・マーケターは, いくつもの角度からセグメンテーションにアプローチする。国際市場セグメンテーションは, 通常, 地図上の候補国の分類となる。その典型的な手順では, 1つの次元 (たとえば, 1人当たりGNP), ある

いは複数の社会経済的,政治的,文化的な基準——世界銀行,ユネスコ,OECDなどの二次データ・ソースから入手できる——の組み合わせたものを用いた分類が行われる。こうした国を単位としたセグメントは「集計化セグメンテーション」と呼ばれる (Kotabe and Helsen 2008)。

マクロレベルの国際的データの多くは,当該国の経済的状況に大きく左右される。そのため,ある国の経済的環境は消費者行動に影響を及ぼす。中でも生活水準,経済的基幹施設[3],経済政策[4]という3つの要因は特に重要である (Assael 2004)。各国の生活水準を表す代表的な指標としてはGDP (国内総生産),GNI (国民総所得) などがある。

2.2 調査対象国 (アメリカ・中国・韓国・台湾)

本研究は日本と,日本の主要輸出相手国であるアメリカ・中国・韓国・台湾の消費者を調査対象とする。財務省の貿易統計によると,この4ヵ国は2000年から2008年までの9年間で常に日本の輸出上位4ヵ国である。

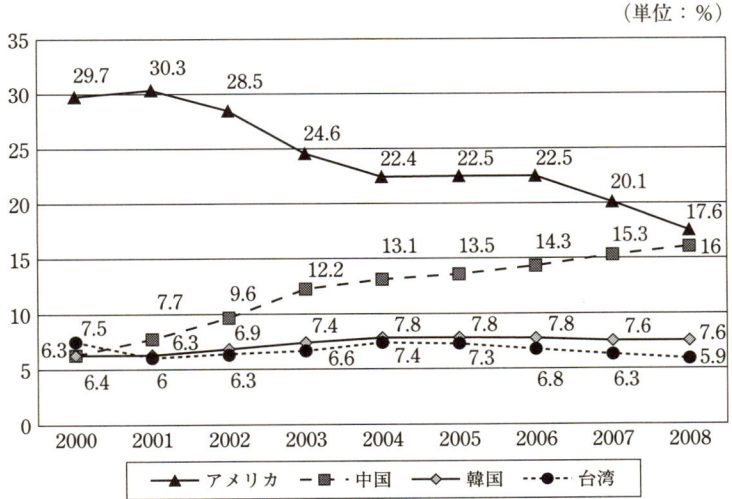

図表4-1　日本の輸出全体に占める4カ国の割合

(単位:%)

年	アメリカ	中国	韓国	台湾
2000	29.7	6.3	6.4	7.5
2001	30.3	7.7	6	6.3
2002	28.5	9.6	6.3	6.9
2003	24.6	12.2	6.6	7.4
2004	22.4	13.1	7.4	7.8
2005	22.5	13.5	7.3	7.8
2006	22.5	14.3	6.8	7.8
2007	20.1	15.3	6.3	7.6
2008	17.6	16	5.9	7.6

(出典)「財務省貿易統計」(2000年~2008年) を基に筆者作成。

アメリカ・中国・韓国・台湾が日本の総輸出に占めるシェアの推移は図表4-1のとおりである。この図表4-1からも確認できるように，日本企業の輸出相手国としては，過去9年間アメリカのシェアが低下傾向にあるのに対して，中国が上昇していることがわかる。韓国と台湾が一定水準を維持していることも確認できる。

本研究のようにマーケティングおよび消費者行動研究の研究対象国を主要輸出相手国中心に行うことには，日本企業の製品およびサービスの主要な顧客，つまり日本経済の中核的な役割を果たしているともいえる輸出相手国の消費者の観点から消費者エスノセントリズムを明らかにする目的がある。

3 仮説設定

3.1 地理的要因

地域特性は，消費者の購買行動を分析するのに最も共通性の高い人口統計的要因である。地域によって，消費者の購買態度と好みが異なることがあり，多くのマーケターは地域的特性に基づいてマーケティング戦略を立てている。

市場を細分化するための基準として，地理的変数は細分化のために広く利用されている基準であり，センサス統計の主要な基準となる。政府の権限によって，資源，法律，およびプログラムの成功を規定する要因が影響を受ける公共部門では，それは重要な問題となる。集計された製品需要・嗜好・選好は，地域間で有意に異なっている。すべての市場において，費用と市場潜在力は市場の地理的位置とともに変化すると知ることが必要である（Aaker and Day 1980)[5]。

消費者エスノセントリズムの測定尺度であるCETSCALEを初めて抽出したShimp and Sharma (1987) の調査結果をみるとデトロイト (68.58)，デンバー (57.84)，ロサンゼルス (56.62)，カロライナス (61.28) であり，地域間の差が存在する。特に，デトロイトとロサンゼルスの差が大きい (Shimp and

Sharma 1987)。

　以上をもとに，次の仮説（アメリカ：H1a，中国：H1b，韓国：H1c）をたてる。

H1a・H1b・H1c：消費者エスノセントリズムは調査地域によって異なる。

3.2　人口統計的要因

　次の仮説設定は，消費者エスノセントリズムに影響を与える人口統計的先行要因を中心にする。

　社会学分野では，ジェンダー（gender）とは生物学的な性と異なる，社会・文化的な性のことであり，後天的に獲得された「男らしさ・女らしさ」のことであると理解されるようになってきている。ジェンダーは社会・文化的なものとして位置付けられ，さまざまな現象の中に，セックスと異なるジェンダー現象がいわば「発見」されていったのである（藤村 2007）。

　先行研究では，女性のほうが消費者エスノセントリズム的傾向が強いことが確認されている（Han 1988；Good and Huddlestone 1995；Bruning 1997；Watson and Wright 1999；Balabanis et al. 2001）。

　年齢差と消費者エスノセントリズムについて，ポーランドとロシアの消費者を対象にした Good and Huddlestone（1995）の研究がこの問題を扱っている。彼らはポーランドの消費者633名とロシアの消費者314名を被験者として調査した。この研究で得られた年齢と消費者エスノセントリズムの関係に関する分析によると，ポーランドの消費者は年齢の増加に伴って消費者エスノセントリズム的傾向が強くなることがみられた。同じく年齢と消費者エスノセントリズムとの関連においては，トルコの消費者（Balabanis et al. 2001），ギリシャの消費者（Chryssochoidis et al. 2007），アメリカの消費者（Han 1988），ニュージーランドの消費者（Watson and Wright 1999），ハンガリーの消費者（Witkowski 1998）を対象にした比較的最近の調査結果も，年配者のほうが若年者よりも消費者エスノセントリズム的傾向が強いことを見出している。

所得が消費者行動に大きな影響を与えるために，マーケターは所得水準によって市場を細分化していることが多い。グローバル・マーケティングにおいても，最も一般的な経済的格差をみるための経済的指標として使われているのがGDPと国民1人の平均である1人当たりGDPである。消費者エスノセントリズムに関する先行研究も，個人収入と消費者エスノセントリズムの関係を確認している。

トルコとチェコの消費者を対象にしたBalabanis et al. (2001) の調査結果も，トルコの消費者における消費者エスノセントリズムの先行要因は愛国主義であるが，チェコの消費者における消費者エスノセントリズムの先行要因は民族主義であることを実証している。しかしながら，トルコとチェコの消費者は共通して，所得が低い消費者のほうが，所得が高い消費者よりも消費者エスノセントリズム的傾向が強いことが明らかにされている。

教育水準は消費者の意思決定に影響を及ぼすと考えられる。教育水準と所得間の相関関係が高くなるにつれて，教育水準の消費者行動に対する影響がより強くなっている。教育水準と消費者エスノセントリズムとの関連を扱った研究は，CETSCALEを提案する以前の1984年にShimpによって行われた。自由回答で得られた内容を分析した結果，教育水準が低い消費者は，よりエスノセントリズム的傾向が強いことが確認された。

その後も，ポーランド（Good and Huddlestone 1995），ロシア（Good and Huddleston 1995），ニュージーランド（Watson and Wright 1999），ギリシャ（Chryssochoidis et al. 2007）の消費者を対象にした調査結果でも同じく教育水準が消費者エスノセントリズムに影響を与えることが明らかになった。その他にも，カナダの消費者（Bruning 1997），アメリカの消費者（Shimp 1984），ニュージーランドの消費者（Watson and Wright 1999）を対象にした調査結果も，同様に教育水準の高い消費者はエスノセントリズム的傾向が弱いことを実証した。

以上をもとに，次の仮説（アメリカ：H2a・H3a・H4a・H5a，中国：H2b・H3b・H4b・H5b，韓国：H2c・H3c・H4c・H5c，台湾：H2d・H3d・H4d・H5d）を

たてる。

H2a・H2b・H2c・H2d：女性は男性より消費者エスノセントリズム的傾向が強い。
H3a・H3b・H3c・H3d：年配者は若年者より消費者エスノセントリズム的傾向が強い。
H4a・H4b・H4c・H4d：収入の低い消費者は，収入の高い消費者よりも消費者エスノセントリズム的傾向が強い。
H5a・H5b・H5c・H5d：教育水準の低い消費者は教育水準の高い消費者よりも，消費者エスノセントリズム的傾向が強い。

3.3 マクロ経済要因と国際比較

　CETSCALE は，消費者エスノセントリズムの代表的な尺度として，アメリカ (Shimp and Sharma 1987) だけではなく，フランス・日本・(旧) 西ドイツ (Netemeyer et al. 1991)，トルコ (Altintas and Tokol 2007)，韓国 (Sharma et al. 1995)，ロシア (Durvalsula et al. 1997) などアメリカ以外の25ヵ国の消費者においても尺度の妥当性と信頼性が検証された。
　このように CETSCALE は消費者エスノセントリズムの代表的な測定尺度として位置づけられたことから，多くの国際比較研究が行われ，消費者エスノセントリズムは国によって異なる影響と反応が確認されている。なお，各国のマクロ経済環境は，外国産製品に対する態度にも影響を与えると考えられる。
　アメリカの製造業労働者の割合が1971年には全体の26％だったのが，2001年には13％に減少した。GDP における製造業も1989年19.2％から2004年13％に減少した。このような製造業における労働人口の激減にもかかわらず，生産性は急速に増加した。アメリカだけではなく20ヵ国の経済大国では，1995年から2002年まで2,200万の工場労働者が仕事を失っている。このような世界的な動向は，製造業自体が減少したのではなく製造業における雇用が減少したために現れている (Keegan and Green 2011)。

図表4-2　調査対象国の貿易収支　　　（単位：百万ドル）

国　名	2005	2006	2007	2008	2009
アメリカ	▲827,902	▲879,810	▲857,420	▲868,380	▲547,060
中　国	102,000	177,775	261,531	297,040	19,762
韓　国	23,180	16,082	14,906	▲13,268	38,771
台　湾	15,817	21,319	27,425	15,181	29,304

（出典）『世界国勢図解2010』を基に筆者作成。

このような国内の製造業の減少の原因は海外からの輸入品の増加である。本研究の調査対象国であるアメリカ・中国・韓国・台湾のマクロ経済における貿易収支を示したのが，図表4-2である。

この調査結果から，中国・韓国・台湾は2005年から2009年にかけて持続的に貿易収支黒字が続いているが，アメリカの場合は莫大な貿易収支赤字が続いていることが確認できる。上記のとおり製造業における労働人口の激減と海外からの輸入品の増加が失業につながっているアメリカの消費者と，貿易収支黒字が続いている中国・韓国・台湾の消費者の消費者エスノセントリズムは異なる。

以上をもとに，次の仮説を設定する。

H6a：貿易収支は消費者エスノセントリズムに影響を与える（貿易収支赤字国であるアメリカの消費者のほうが貿易収支黒字国である中国・韓国・台湾の消費者よりも消費者エスノセントリズム的傾向が強い）。

Pereira et al.（2002）は，中国・台湾・インドの消費者を対象にした国際比較研究を行った。中国の学生109名，台湾の学生100名，インドの学生109名を調査対象とした結果，CETSCALEは一次元的で信頼性があることが確認された。さらに，中国の消費者はインドと台湾の消費者よりも消費者エスノセントリズム的傾向が強いことが確認できた。

以上の先行研究をふまえて，次の仮説を設定し，次章で検証する。

H6b：中国消費者は台湾消費者よりも消費者エスノセントリズム的傾向が強い。

4　実　証　研　究

　本研究の事前調査は，早稲田大学大学院に在籍するアメリカ・中国・韓国・台湾の留学生を対象とした定性調査を行った。調査日程は，2009年9月から10月にかけて行った。事前調査は，まずインタビュー調査を実施して消費者エスノセントリズムの実態を確認した。

　本調査は，2010年3月1日～2010年3月31日とし，調査対象国は，日本と日本の主要輸出相手国であるアメリカ，中国，韓国，台湾の消費者を調査対象とした。アメリカ，韓国，中国，台湾が日本の全体輸出に占めるシェアの推移をみると，日本企業の輸出相手国としては，過去9年間アメリカのシェアが低下傾向にあるのに対して，中国が上昇していることがわかる。韓国と台湾は一定水準を維持している。

　各国の調査地域は，アメリカはカリフォルニア州とミシガン州の消費者500名とした。中国は北京・上海・南京・天津の消費者1,164名とし，韓国はソウルとプサンの消費者300名とした。台湾は台北消費者のみを調査した。

　調査では，インターネット調査によるオンライン調査と中国の学生を対象にしたアンケート調査を併用した。4ヵ国の消費者を対象とする国際比較研究であるため，4ヵ国の消費者を同じ手法で調査する必要性があり，インターネット調査という調査方法を選択して実施した。さらに，中国における調査の信頼性を確保するために，中国の大学生を対象にした現地調査の実施も行い，北京工商大学と天津理工大学の大学生を対象とした現地アンケート調査を併用した[6]。

4.1　地理的要因

　アメリカ，中国，韓国の消費者を対象に17項目のCETSCALEについて，各国の調査地域間の差を確認するために一元配置分散分析を行った。その結果，

図表4-3 アメリカ消費者の地域別 CETSCORE[8]

地　域	平均値	標準偏差
ミシガン州	56.60	13.94
カリフォルニア州	49.83	14.13

図表4-4 中国消費者の地域別 CETSCORE

地　域	度　数	平均値	標準偏差
北　京	395	38.64	10.00
上　海	244	39.90	11.37
南　京	243	40.61	12.80
天　津	282	38.89	8.30

アメリカの消費者は有意であった（$F(1,498)=29.074, p<.000$）ことから H1a は支持された。図表4-3は，アメリカの消費者における CETSCALE の地域別の平均と標準偏差を示したものである。この結果から，GM の本社があるなどアメリカの伝統的な製造業が多いミシガン州[7]のほうが，カリフォルニア州よりも消費者エスノセントリズム的傾向が強いことが示された。

中国の消費者（$F(3,1660)=2.131, p>.095$）と韓国の消費者（$F(1,298)=0.009, p>.926$）は，調査地域間における CETSCALE は有意ではなかった。したがって，H1b と H1c は棄却された。図表4-4は，中国の消費者における CETSCALE の地域別の平均と標準偏差を示したものである。ここからは国土が広い中国の消費者における地域間差がないことが確認できた。特に，南京は第二次大戦当時の歴史的問題によって，愛国心が中国で最も高いと推測されていたが，他の地域（北京・上海・天津）と比較した結果，有意差が示されなかったのは興味深い。

4.2　人口統計的要因

各国のジェンダーの差と消費者エスノセントリズムとの関連性を確認するために，一元配置分散分析を行った。その結果，アメリカの消費者には有意差が

図表 4-5　アメリカ消費者の性別 CETSCORE

性　別	度　数	平均値	標準偏差
男　性	250	51.82	0.94
女　性	250	54.61	0.87

図表 4-6　アメリカ消費者の年代別 CETSCORE

年　代	度　数	平均値	標準偏差
20代	100	50.42	13.62
30代	100	51.17	16.14
40代	100	54.13	14.31
50代	100	55.17	13.10
60代	100	55.19	14.32

示された（$F(1,498)=4.719$, $p<.030$）ことから H2a は支持された。図表4-5は，アメリカの消費者における CETSCALE のジェンダー別の平均と標準偏差を示したものである。この結果から，アメリカの消費者において，女性は男性よりも消費者エスノセントリズム的傾向が強いことが示された。

中国の消費者（$F(1,1660)=2.396$, $p>.122$），韓国の消費者（$F(1,298)=0.164$, $p>.686$），台湾の消費者（$F(1,198)=1.088$, $p>.298$）では，ジェンダー間における CETSCALE の有意差はなかった。したがって，H2b, H2c, H2d は棄却された。

各国の年齢差と消費者エスノセントリズムとの関連性を確認するために，一元配置分散分析を行った。その結果，アメリカの消費者の場合は年齢と消費者エスノセントリズムの傾向との間に有意差が示された（$F(4,495)=2.5$, $p<.042$）ことから，H3a は支持された。図表4-6は，アメリカの消費者における CETSCALE の年齢別の平均と標準偏差を示したものである。この結果から，アメリカの消費者において，年配者は若年者よりも消費者エスノセントリズム的傾向が強いことが示された。

中国の消費者でも年齢と消費者エスノセントリズムの傾向との間に有意差が

図表 4-7　中国消費者の年代別 CETSCORE

年　代	度　数	平　均　値	標準偏差
20歳未満[9]	38	39.45	8.44
20　代	726	38.60	9.95
30　代	200	40.73	11.90
40　代	200	40.84	11.59

図表 4-8　アメリカ消費者の収入別 CETSCORE

年間世帯収入	度　数	平　均　値	標準偏差
＄10,000以下	31	54.68	14.60
＄10,000-＄19,999	50	56.50	12.60
＄20,000-＄29,999	54	58.44	12.79
＄30,000-＄49,999	125	54.24	12.63
＄50,000-＄64,999	74	54.08	16.51
＄65,000以上	166	49.10	14.81

示された（$F(3,1160)=3.678, p<.012$）ことから，H3b は支持された。図表 4-7 は，中国の消費者における CETSCALE の年齢別の平均と標準偏差を示したものである。この結果から，中国の消費者について，年配者は若年者よりも消費者エスノセントリズム的傾向が強いことが示された。

韓国の消費者（$F(1,297)=2.048, p>.131$）と台湾の消費者（$F(1,197)=1.156, p>.856$）は，年齢間における CETSCALE の有意差はなかった。したがって，H3c と H3d は棄却された。

各国の収入差と消費者 CETSCALE との関連性を確認するために，一元配置分散分析を行った。その結果，アメリカの消費者では有意差が示され（$F(5,494)=5.090, p<.000$），また収入の中間層が最も消費者エスノセントリズム的傾向が強いことから，H4a は一部支持された。図表 4-8 は，アメリカの消費者における CETSCALE の収入別の平均と標準偏差を示したものである。この結果から，アメリカの消費者における消費者エスノセントリズムは，ある

図表4-9　アメリカ消費者の教育水準別CETSCORE

教育水準	度　数	平均値	標準偏差
高卒以下	94	58.09	13.67
大学修学・大学中退など	172	55.76	12.30
大　卒	166	50.41	14.74
大学院修了以上	68	46.90	16.10

程度収入のある消費者については収入が多い消費者よりも消費者エスノセントリズム的傾向が強いことが示された。

中国の消費者 ($F(18,1145)=1.046$, $p>.403$), 韓国の消費者 ($F(5,294)=0.445$, $p>.686$), 台湾の消費者 ($F(10,189)=1.081$, $p>.379$) では収入間におけるCETSCALEの有意差はなかった。したがって, H4b, H4c, H4dは棄却された。

各国の教育水準とCETSCALEとの関連性を確認するために, 一元配置分散分析を行った。その結果, アメリカの消費者には有意差が示された ($F(3,496)=12.628$, $p<.000$) ことから, H5aは支持された。

図表4-9は, アメリカの消費者におけるCETSCALEの教育水準別の平均と標準偏差を示したものである。この結果から, アメリカの消費者において, 教育水準の低い消費者は教育水準の高い消費者よりも消費者エスノセントリズム的傾向が強いことが示された。

中国の消費者 ($F(5,1158)=2.184$, $p>.054$), 韓国の消費者 ($F(3,296)=1.189$, $p>.314$), 台湾の消費者 ($F(4,195)=1.903$, $p>.112$) では教育水準間におけるCETSCALEの有意差はなかった。したがって, H5b, H5c, H5dは棄却された。

4.3　マクロ経済要因と国際比較

マクロ経済環境である貿易収支と消費者エスノセントリズムとの関連性を確かめるために, CETSCALEと調査対象国について一元配置分散分析を行った結果, 国の効果は有意であった ($F(3,2160)=178.98$, $p<.000$)。各国別のCETSCALEの平均と標準偏差結果は, 以下の図表4-10のとおりである。

図表4-10　各国の平均値と標準偏差

	度　数	平　均　値	標準偏差
アメリカ	500	53.22	14.42
中　　国	1164	39.38	10.60
台　　湾	200	43.08	10.99
韓　　国	300	39.27	9.97

図表4-11　多重比較結果

(I) 国　　名	(J) 国　　名	平均値の差 (I-J)	標準誤差	有意確率
アメリカ	中　国	13.84	0.62	0.00
	台　湾	10.14	0.97	0.00
	韓　国	13.95	0.84	0.00
中　　国	アメリカ	−13.84	0.62	0.00
	台　湾	−3.70	0.88	0.00
	韓　国	0.11	0.75	1.00
台　　湾	アメリカ	−10.14	0.97	0.00
	中　国	3.70	0.88	0.00
	韓　国	3.81	1.05	0.00
韓　　国	アメリカ	−13.95	0.84	0.00
	中　国	−0.11	0.75	1.00
	台　湾	−3.81	1.05	0.00

　以上の結果から，アメリカの消費者のCETSCALE値が最も高いことが明らかになった。したがって，H6aは支持された。国別で多重比較した結果が以下の図表4-11である。

　以上の調査結果から，消費者エスノセントリズム的傾向は，アメリカの消費者が最も高く，次に台湾の消費者が中国と韓国の消費者よりも高いことが示された。以上の結果から，H6bは棄却された。つまり，Pereira et al. (2002) は，中国の消費者はインドと台湾の消費者よりもより消費者エスノセントリズム的傾向が強いことを確認したが，本研究では，逆に台湾の消費者のほうが中国の

第 4 章 消費者エスノセントリズムの比較分析 137

消費者よりも消費者エスノセントリズム的傾向が強いことが明らかになった。

4.4 検 証 結 果

　以上の仮説検証結果から，次のような知見が得られた。第 1 に，本調査の結果，消費者エスノセントリズムの代表的な尺度である CETSCALE の信頼性と妥当性がアメリカ（Shimp 1984；Shimp and Sharma 1987；Netemeyer et al. 1991；Herche 1992；Lantz and Loeb 1996；Klein and Ettenson 1999；Yagci 2001；Reardon et al. 2005；Russel 2007），中国（Pereira et al. 2002；Klein et al. 2006），韓国（Sharma et al. 1995），台湾（Pereira et al. 2002）の消費者を対象にした調査結果でも検証された。

　第 2 に，アメリカの消費者における消費者エスノセントリズムは地域によって異なることが確認できた（Shimp and Sharma 1987）。また，中国と韓国においては消費者エスノセントリズムに地域差が影響しないことが明らかになった。

　第 3 に，アメリカでは女性消費者のほうが消費者エスノセントリズム的傾向が男性消費者よりも強い（Han 1988；Good and Huddlestone 1995；Bruning 1997；Watson and Wright 1999；Balabanis et al. 2001）ということが確認できた。一方，中国や韓国，台湾では消費者エスノセントリズム傾向におけるジェンダー差はみられなかった。

　第 4 に，アメリカと中国の消費者においては年配者は，若年者よりも消費者エスノセントリズム的傾向が強い（Han 1988；Good and Huddlestone 1995；Witkowski 1998；Watson and Wright 1999；Balabanis et al. 2001；Chryssochoidis et al. 2007）ことが実証された。一方，韓国と台湾の消費者の消費者エスノセントリズム的傾向における年齢差は示されなかった。

　第 5 にアメリカの消費者においては教育水準が低い消費者は，消費者エスノセントリズム的傾向が強い（Shimp 1984；Good and Huddlestone 1995；Watson and Wright 1999；Chryssochoidis et al. 2007）という先行研究結果が実証された。

　しかしながら，中国・韓国・台湾の消費者の消費者エスノセントリズム的傾向における教育水準差は確認できなかった。

138　第II部　規範的原産国イメージ

　第6に，アメリカの消費者においては，収入が消費者エスノセントリズム的傾向に影響を与えることがわかった。

　第7に，アメリカの消費者は，中国・韓国・台湾の消費者よりも消費者エスノセントリズム的傾向が強いことが確認でき，貿易収支のようなマクロ経済的環境変数も消費者エスノセントリズムの先行要因として必要であることが明らかになった。

　以上のような成果から，消費者行動およびマーケティング研究におけるいくつかの戦略的インプリケーションが得られた。まず，グローバル消費者行動におけるアメリカの消費者の異質性と，中国・韓国・台湾の消費者の同質性が明らかになった。特に，国土が広く人口も多い中国の消費者の同質性は注目すべき点であると考えられる。

　中国の消費者は，台湾とインドの消費者より消費者エスノセントリズム的傾向が強い（Pereira et al. 2002）という調査結果とは相反して，台湾の消費者のほうが中国の消費者よりも消費者エスノセントリズム的傾向が強いことが確認できた。これによって，急速に経済発展している中国の消費者における意識変化を定期的に調査し，グローバル・マーケティング戦略に反映する必要性があると考えられる。

5　まとめ

　本章では日本の輸出上位4ヵ国であるアメリカ・中国・韓国・台湾の消費者行動に影響を及ぼす消費者エスノセントリズムの傾向を実証した。この調査によって消費者エスノセントリズムの代表的な尺度である CETSCALE の信頼性と妥当性がアメリカ・中国・韓国・台湾の消費者を対象にした調査結果でも検証された。マクロ経済環境下においては，アメリカの消費者は，中国・韓国・台湾の消費者よりも消費者エスノセントリズム的傾向が強いことが確認でき，貿易収支のようなマクロ経済的環境変数も消費者エスノセントリズムの先行要因として必要であることが示された。

また，アメリカ・中国・韓国・台湾の消費者を比較分析した結果，アメリカの消費者における消費者エスノセントリズムは地域・ジェンダー・年齢・収入・教育水準など，消費者個人に関する要因と環境的要因に影響されているが，中国・韓国・台湾の消費者の場合は消費者の個人的な要因と環境的な要因にほとんど影響されないことが確認された。したがって，消費者行動におけるアメリカの消費者の異質性と，中国・韓国・台湾の消費者の同質性が明らかになった。特に，国土が広く人口も多い多民族国家である中国の消費者の同質性は特に注目すべき点であると考えられる。

　以上のような成果から，消費者行動およびマーケティング研究におけるいくつかの戦略的インプリケーションが得られた。

　中国の消費者は，台湾とインドの消費者より消費者エスノセントリズム的傾向が強い（Pereira et al. 2002）という調査結果とは相反して，台湾の消費者のほうが中国の消費者よりも強い消費者エスノセントリズム的傾向が確認できた。これによって，急速に経済発展している中国の消費者における意識変化を定期的に調査し，グローバル・マーケティング戦略に反映する必要性があると考えられる。

　さらに，グローバル・マーケティング・コミュニケーション的な側面からのインプリケーションとしては，アメリカの消費者における「Buy American」キャンペーンの有効性も確認できた。

　今後の研究課題としては，インターネット調査の信頼性を確かめるために，各国における学生アンケート調査，フォーカス・グループ・インタビューなど多様な定量および定性調査を行い，グローバル消費者調査におけるインターネット調査の限界を乗り越える必要があるだろう。さらに，近年注目を浴びている敵対心研究，特に経済的敵対心との関連性を考察する必要もあると考えられる。

　消費者エスノセントリズム研究の体系化を図るためには，構造方程式モデリングによる態度および行動との関連性を明らかにすることにも価値があると思われる。また，日本の消費者を対象にした比較調査も不可欠となるだろう。

最後に，本調査結果でも明確に提示されたように，消費者エスノセントリズムの尺度は1980年代後半のアメリカのマクロ経済状況を反映した尺度である。マクロ経済状況の差，グローバル経済の進化による競争および企業環境変化，欧米とアジアにおける文化的価値の差などを考慮すると，アジアの消費者によりフィットする新たな消費者エスノセントリズム尺度の開発も価値がある研究ではないかと考える。

（1）あらゆる文化には，人々の規範や基準を形成する価値システムが存在すると考えられる。
（2）規範（norm）とは，判断・評価・行為などの基準となるべき原則である。
（3）経済的基幹施設とは，道路，港湾，病院，学校，発電所，交通機関，通信施設，飛行場など企業の生産から最終消費者に至るまでの基礎的な経済活動を行うために必要な公共施設，工業用水などの産業基盤であり，一般的には「インフラ」という。低開発国に進出するのに最も大きな障害の1つがインフラの問題である。
（4）ある国の経済政策も消費者行動に影響を及ぼす。多くの国では自国の産業を保護するために輸入に対する関税障壁を制度化している。この関税障壁は自国産業を保護するために設けられた制度的な措置であり，自国消費者の外国製品への接近を妨げている。
（5）たとえば，日本の県民1人当たり平均所得（2007年度）をみても，上位の東京（347.08万円），神奈川県（293.15万円），愛知県（286.35万円）と下位の宮崎県（184.18万円），長崎県（181.40万円），沖縄県（176.51万円）を比べてみると，日本の中でも所得上位3つの県と下位3つの県の所得差が2倍程度あることがわかる。
（6）学生だけを調査対象にすることについて，Klein et al.（2006）は，学術的なマーケティング研究において理論的検証に重点をおくのは一般的かつ適切であるとはいえ，CETSCALEのような測定尺度で学生だけを調査対象とすることは，今日のグローバル市場環境で有効な意思決定をしなくてはならないグローバル・マーケターにとって問題が多いと指摘している。一方，中国だけの現地学生アンケート調査を実施したのは，中国のインターネット調査の信頼性を確かめるためであった。
（7）ミシガン州は，アメリカの北東部に位置する州であり，自動車工業発祥の州として知られている。同州には，アメリカ合衆国において自動車産業に従事する労働者から成る全米自動車労働組合（united auto workers：UAW）の本部があるなどアメリカの製造業の中心であるため，消費者エスノセントリズム的傾向が強いと推測される。
（8）CETSCOREは，17項目のCETSCALEを測定した合計値である。
（9）18歳と19歳の大学生。

第III部

感情的原産国イメージ

第5章　敵対心研究の影響と課題

1　感情的原産国イメージ効果

　本章では，感情的原産国イメージ研究として「敵対心」(animosity)に焦点を当てて考察する。

　パレスチナ紛争，アメリカの同時多発テロ，イラク戦争，チベット問題など世界各地では国家，民族，宗教，地域間の対立が絶えない。対立発生地域の消費者は対立国家や対立民族，対立宗教，対立地域に属する人だけでなく製品およびサービスに対しても無意識のうちに敵対意識を抱くと考えられる。

　対立関係にある相手集団（国家・民族・宗教・地域など）からの製品およびサービスに対する敵対心に関する研究は，Klein et al. (1998)の研究から始まる。ある国家に対するネガティブ・イメージを研究対象としていることから，本書では感情的原産国イメージ効果研究として捉えた。また，消費者の相手国に対する感情的側面を重視しているため，感情的原産国イメージ研究に位置付けている。ただし，第3章および第4章で論じてきた消費者エスノセントリズムとは似て非なる概念である点には留意したい。消費者エスノセントリズムはすべての海外製品およびサービスに対するネガティブな態度を指す。一方，ここでいう敵対心とは，ある特定の国の製品およびサービスに対するネガティブな態度を指すのである。

　敵対心に関する研究は始まってからまだ10年くらいと歴史が浅いが，その先行研究の多くが日本に対する反感，即ち反日感情を取り上げているということは注目に値するだろう。

　かつてモノが足りない時代には，消費者は敵対心を抱きながらも当該国からの製品を買わざるを得ない場面が多々あった。しかし，1990年代以降，経済の

グローバル化とインターネットの普及によって，消費者は世界中で買い物をし，価格を比較し，欲しいものや必要なサービスを選べるようになった。つまり，敵対心を持っている国からの製品およびサービスを排除できる市場環境になっている。

また，世界経済のグローバル化は，先進国と開発途上国および低開発国間の貿易収支の不均衡を加速させている。多くの国々では貿易収支の赤字が深刻化しつつある。たとえば，日本からの輸入品の増加が国内産業を脅かし，当該産業の失業者の増加まで引き起した場合，日本に対する敵対心が一層高まることは想像に難くない。

では，こうした状況下で，日本企業はどのように海外消費者が抱く反日感情とつきあい，対処していくべきなのか。本章では敵対心に関する先行研究のレビューに基づき，敵対心の発生メカニズムの構造をひもとき，日本に対する敵対心である反日感情の構造を解き明かす。そのため，日本企業の輸出の約半数を占めるアメリカ・中国・韓国・台湾の4ヵ国の消費者を対象に実証研究を行う。

2　敵対心（Animosity）の先行研究

本節では，敵対心に関する先行研究を考察する。第2次世界大戦などの戦争を要因とした敵対心，相手国からの経済的要因によって発生する敵対心，その他の要因から発生した敵対心に区分する。以下の図表5-1は先行研究を各要因別にまとめたものである。

2.1　戦争を要因とした敵対心

先行研究の中で最も多いのは，戦争（軍事的衝突を含む）を要因とした敵対心に関する研究である。とりわけ，第二次世界大戦の侵略の被害からの敵対心を扱ったものが多い（Klein et al. 1998；Klein and Ettenson 1999；Klein 2002；Nijssen and Douglas 2004；Shimp et al. 2004；朴 2005；Hong and Kang 2006；

第5章 敵対心研究の影響と課題 145

図表5-1 敵対心研究の系譜[1]

敵対要因	戦争	経済	その他
国家間敵対心	Klein, Ettenson and Morris (1998) Klein and Ettenson (1999) Klein (2002) Nijssen and Douglas (2004) 朴 (2005) Hong and kang (2006)	Klein, Ettenson and Morris (1998) Klein and Ettenson (1999) Klein (2002) Nijssen and Douglas (2004) Ang, et al. (2004) Russel and Russel (2006)	Ettenson and Klein (2005) Russel and Russel (2006) Edwards, Gut and Mavondo (2007) Nakos and Hajidimitriou (2007)
国内敵対心	Shimp, Dunn and Klein (2004) Shoham, et al. (2006)	Hinck (2004) Shoham, et al. (2006)	

(出典) 朴 (2008) を引用作成 (一部修正)。

Shoham et al. 2006)。

　初めて敵対心という概念を確立したKlein et al. (1998) は，中国の反日感情を敵対心として捉え，反日感情が日本製品の購買にネガティブな影響を及ぼしていることを実証した。Klein et al. (1998) は「敵対心を過去または現在の軍事的（military）・政治的（political）・経済的（economic）出来事と関連した反感（antipathy）の残存物（remnants）である」と定義づけ，これらが国際市場における消費者の購買行動に影響を与えると指摘した。中国・南京の消費者を対象に，反日感情が製品評価と購買意図に与える影響を検証した。結果，反日感情は消費者エスノセントリズムとは異なって，製品の品質は高く評価しているが，購買意図にはネガティブな影響を与えることを実証した。検証モデルの結果は図表5-2のとおりである。

　Klein and Ettenson (1999) は，アメリカ市民を対象にした1992年の国家選挙研究（national election study）の調査データ2,225名分を用いて，敵対心とエスノセントリズムの関連性を分析した。この調査では，被験者の社会経済的側

図表5-2 敵対心モデル

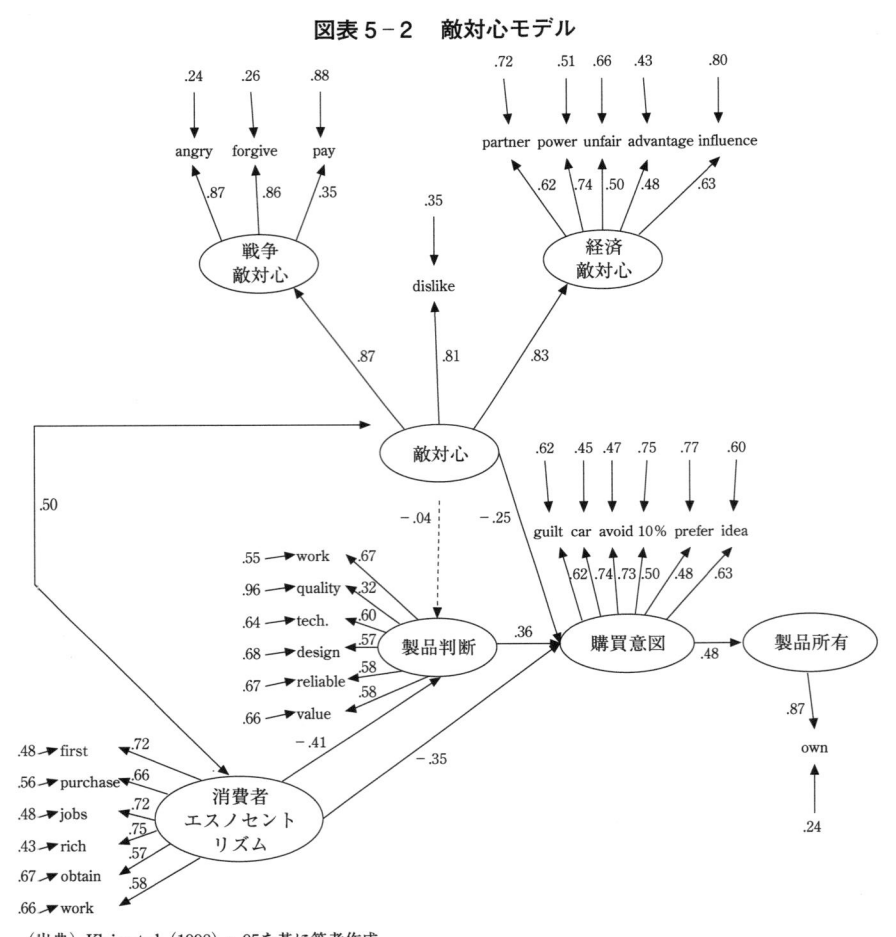

(出典) Klein et al. (1998), p.95を基に筆者作成。

面だけではなく人口統計的側面まで詳細にデータ分析を行った。

その結果から，消費者エスノセントリズムはアメリカ人女性の中でも社会的地位が低い層に多くみられることが明らかになった。一方，高齢の白人の消費者は，日本に対する敵対心が高いことが示された。この研究によって，消費者エスノセントリズムと敵対心に対するアメリカ人の人口統計的，社会経済的な

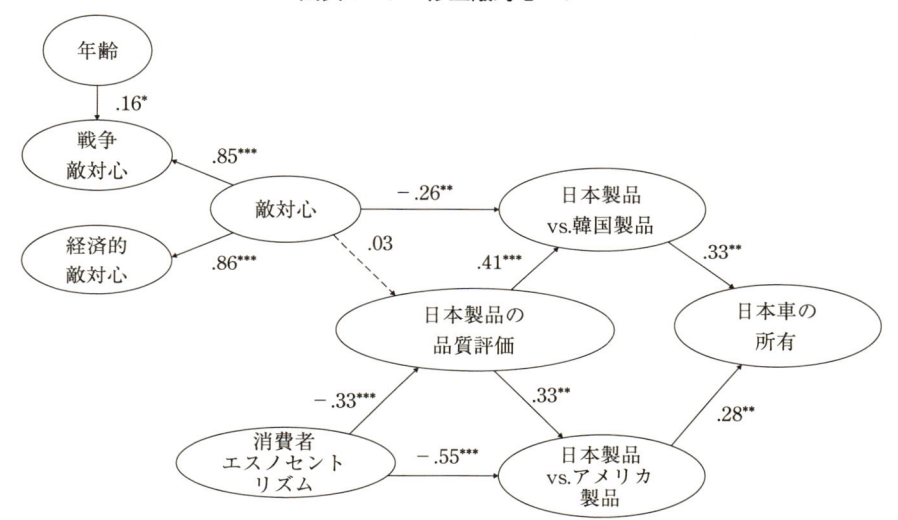

第5章 敵対心研究の影響と課題　147

図表5-3　修正敵対心モデル

```
年齢
 ↓ .16*
戦争
敵対心
     .85***
          ＼         -.26**
           敵対心 ─────────→ 日本製品
          ／    ＼              vs.韓国製品
     .86***   .03                        ＼ .33**
経済的         ＼ .41***                    ＼
敵対心          ↘                          日本車の
              日本製品の                     所有
              品質評価                    ／
          ／      ＼ .33**              ／ .28**
      -.33***      ＼                  ／
消費者            日本製品
エスノセント  ── vs.アメリカ
リズム    -.55***  製品
```

注：***0.1％水準有意，** 1％水準有意，* 5％水準有意
（出典）Klein（2002）を基に筆者作成。

アプローチができたと考えられる。

　1990年代初頭は対日貿易収支の赤字がかさみ，アメリカの景気が低迷している時期でもあった。そのため，消費者エスノセントリズムの発生背景と同様，日本に対する経済的敵対心が最も高い時期だったと推察される。特に，本調査はアメリカ経済が最も低迷していた時期であると考えられる1992年の選挙の際に行われたという点に留意したい[2]。

　Klein（2002）は，敵対心と消費者エスノセントリズムは異なる構造を持っており，消費者が利用できる商品群（例：アメリカ産 vs. 日本産，日本産 vs. 韓国産）によって影響力が異なることを明らかにした。

　たとえば，外国製品のみの集合における消費者の選択には特定国に対する敵対心が影響する。しかし，外国製品と国産製品の中から選択する場合には，消費者の選択に影響を与えるのは消費者エスノセントリズムだという。

　アメリカで行われたこの調査では，敵対国家は日本であり，代替の外国製品

は韓国である。敵対心に関する質問項目は，第二次世界大戦を要因とした敵対心と経済的敵対心であり，その中には，第二次世界大戦中の真珠湾攻撃に対する怒りも入っている。この結果をまとめたものが図表5-3である。

　Nijssen and Douglas（2004）は，海外からの輸入依存度が高い国（オランダ）における敵対心とエスノセントリズムの影響を調査した。調査結果によって，エスノセントリズムと敵対心は外国製品の評価に多大な影響を与えることが明らかとなった。

　敵対心対象国家はドイツであり，敵対要因は第二次世界大戦を要因とした経済的敵対心である。調査対象製品は，国内ブランドが存在しない製品カテゴリーとして自動車を，有力な国内のブランド（フィリップス）が存在する製品カテゴリーとしてテレビを調査対象製品にした。

　調査の結果，特定国に対する「戦争を要因とした敵対心」は当該国に対する態度形成に重要な変数となるが，「経済を要因とした敵対心」は消費者エスノセントリズムを媒介し，外国製品購買の回避に間接的に影響することが明らかになった。さらに国内に代替製品（例：フィリップス）が存在する製品カテゴリーであるテレビと代替製品がないカテゴリーである車の場合，敵対心と消費者エスノセントリズムはそれぞれに異なる影響を及ぼしていることも確認できた。

　朴（2005）は，日本のマーケティング関連の研究領域では初めて反日感情の概念を実証した。2004年の韓国・中国における反日感情の標的となっていた当時の小泉首相の靖国神社参拝と領土問題（竹島，尖閣諸島）を敵対要因とし，消費者エスノセントリズムと当該国製造業のイメージからなる仮説モデルを構築した。Klein et al.（1998）の研究成果をふまえた上で，日本・韓国・中国の3ヵ国の消費者を比較するため，各国の消費者を対象にした比較調査を行った。

　研究対象地域としては各国の首都を選んだ。Klein et al.（1998）では南京という中国でも最も反日感情が高い地域を調査対象にしたために，敵対心の存在を一般化できたとはいえなかったためである。調査時期は，2004年8月から10月までである。有効回答数は，東京399名，ソウル395名，北京302名である。

中国と韓国の消費者に対する反日感情の質問項目は，日本に対するイメージ，および調査当時（2004年）に韓国と中国で反日感情の標的となっていた小泉首相の靖国神社参拝と領土問題を選んだ。この研究結果は，反日感情は中国と韓国の消費者の知覚品質と購買意図に直接的に影響しないことを明らかにした。

Shimp et al.（2004）は，国家間の敵対心（Klein et al. 1998）を国家内の地域間における敵対心に適用し，地域的敵対心（regional animosity）の構造を明らかにした。地域的敵対心は，人は自分の地理的地域（内集団）を選好し，他の地域（外集団）の人に対して敵対心を持つことを示す。

社会的アイデンティティ理論，ステレオタイプの活性化，敵対心などが，この地理的敵対心の理論的枠組みとなった。この研究はアメリカの南北戦争を背景とする，アメリカの南部と北部に残存する国内の地域間における敵対心を対象とした。

この研究によって，地域的敵対心が存在し現状として測定可能であることが明らかになった。さらに，国内における敵対地域に対する敵対心は，消費者の

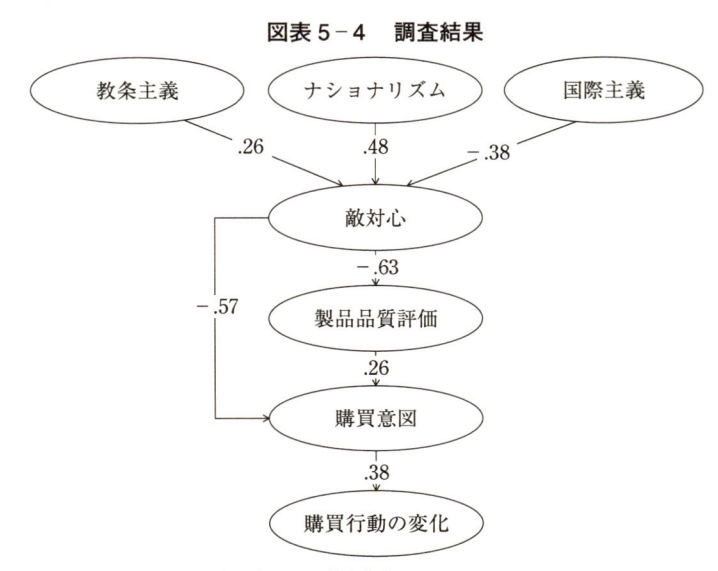

図表5-4　調査結果

```
    教条主義      ナショナリズム      国際主義
        \.26        |.48         /-.38
         \          |           /
          →       →        ←
              敵対心
         |         |
         |       -.63
         |         ↓
       -.57    製品品質評価
         |         |
         |        .26
         |         ↓
         └────→ 購買意図
                   |
                  .38
                   ↓
              購買行動の変化
```

（出典）Shoham et al.（2006）を基に筆者作成。

購買行動に影響を及ぼし，自分が属している地域からの製品に価格プレミアムまでも払う意思があることが明らかになった。

Shoham et al. (2006) は，教条主義 (dogmatism)，民族主義 (nationalism)，国際主義 (internationalism) が敵対心に与える影響を明らかにした。この研究では，国家間の敵対心ではなく国内の民族間における敵対心を調査した。

敵対心は，イスラエル国内のアラビア系イスラエル人に対するユダヤ系イスラエル人の敵対心である。敵対背景としては，パレスチナ地域で2度にわたって起こったイスラエルの軍事占領に対するインティファーダ（反イスラエル闘争）によるアラブ系に対するイスラエル人の反感を背景とする。

調査項目は，インティファーダによるアラブ人に対する敵対心とアラブ系イスラエル人に対する経済的敵対心であった。調査の結果，教条主義と民族主義は敵対心に正の影響を与えるが，国際主義は敵対心に負の影響を与えることが明らかになった。この研究により，敵対心研究が国家間の敵対心だけでなく国内の民族グループ間の敵対心にまで広がっていることが示された。

この調査結果は，敵対心の先行要因として教条主義・ナショナリズム・国際主義が存在することを明らかにした。さらに敵対心は製品の品質評価とは独立して購買行動だけに影響するという主張に対し，バランス理論 (balance theory: Heider 1946)・認知不協和理論 (cognitive dissonance theory: Festinger 1957) に基づき，敵対心は製品の品質評価と購買行動の双方にネガティブな効果を及ぼすことを実証した。

古川・金 (2007) は，製品の購買意図は個人の敵意・製品評価・主観的規範（周囲からのプレッシャーに対する主観的認識）という構成概念を中心に修正敵意モデルを構築した。そのモデルを中国の被験者を対象に調査した結果，修正敵意モデルの妥当性が確認され，朴 (2005) の研究成果と同様に，反日感情は日系製品の購買意図に直接的に影響しないことが確認された。

2.2 経済を要因とした敵対心

初めて経済的敵対心に関する研究を行ったのは Klein et al. (1998) であり，

前述の戦争を要因とした敵対心の調査と同時に調査が行われた。ただし，経済を要因とした敵対心とかなり類似した研究としては，Shimp and Sharma (1987) の消費者エスノセントリズム研究まで遡ることもできる。第3章と第4章で考察したように，消費者エスノセントリズム研究の代表的尺度であるCETSCALEの質問項目には，外国製品の輸入による被害から自国産業を守るために国産製品を買うべきであるという規範的（normative）な消費者行動[3]が中心となっている（Obermiller and Spangenberg 1989；Verlegh and Steenkamp 1999）ことから，本章では消費者エスノセントリズムと経済的敵対心研究を区別して考察する。

経済的要因からなる敵対心は，戦争・軍事的敵対心と同時に調査されることが多い（Klein et al. 1998；Klein and Ettenson 1999；Klein 2002；Nijssen and Douglas 2004；Shoham et al. 2006）。以下では，経済的敵対心を中心にした研究をみていく。特に1997年のアジア経済危機から発生した経済的敵対心を中心に調査した Ang et al.（2004）の研究に注目したい。

Ang et al.（2004）は，アジア経済危機（1997年）から生じたアメリカと日本に対する経済的敵対を敵対要因として調査を行った。調査国はタイ・インドネシア・韓国・マレーシア・シンガポールの5ヵ国であり，敵対国はアメリカと日本である。

この研究では経済的敵対要因をさらに国家に対する状況的敵対心・個人的な状況的敵対心・国家に対する持続的敵対心・個人的な持続的敵対心という4つのカテゴリーに分類して調査した。調査の結果，消費者に経済危機があった際には現地の製品の購買に対して，より愛国的な傾向を示すことが明らかになった。また韓国では第二次世界大戦から50年が経過したにもかかわらず，日本に対する敵対心は衰えていないことが見受けられた。

2.3 その他を要因とした敵対心

最後に，その他の要因からの敵対心にまつわる研究を紹介する。Ettenson and Klein（2005）は，フランスによって南太平洋で行われた核実験を要因と

したオーストラリアの消費者のフランスに対する敵対心を実証した。最初の調査ではオーストラリアの消費者の核実験に対するフランスへの敵対心は，フランス製品の品質評価にかかわらず，フランス製品の購買意図に負の影響を及ぼすことを示した。その1年後に行った2回目の調査でも，オーストラリアの消費者はフランスの商品に対して強く否定的であることが明らかになった。

Edwards et al.（2007）は，BtoBにおける購買者の敵対心を調査した。フランスの核実験を敵対心の対象にして，オーストラリアとニュージーランドの産業財市場の購買行動を調査した結果，産業財市場の敵対心は消費者市場ほど目立たないことを明らかにした。

Nakos and Hajidimitriou（2007）は，トルコ民族によるギリシャ支配など歴史的な敵対心を調査した。調査対象は一般のギリシャ人である。その結果，敵対心は，消費者エスノセントリズムと外国製品の知覚品質とは独立して消費者の購買意図に影響することを示した。

2.4 先行研究の考察

以上の敵対心に関する先行研究のレビューを基に研究対象と研究内容を考察すると以下の4点が考えられる。

第1に，第二次世界大戦を背景とする戦争・軍事的要因に対する敵対心が先行研究の中心になっているが，経済的な敵対心も付随して多くの調査がなされている。また，1997年のアジア経済危機から経済的敵対心を中心に調査したAng et al.（2004）の研究は注目に値する。その他の要因として，南太平洋におけるフランスの核実験に対する敵対心（Ettenson and Klein 2005；Edwards et al. 2007），日本と韓国の間で第二次世界大戦以後未解決の敵対心を外交的懸案問題を敵対要因として捉えた朴（2005）の研究などがある[4]。

第2に，敵対対象国は日本が最も多く，その次にアメリカ，ドイツなどが挙げられている。敵対心の調査対象国として日本が多く挙げられたのは，敵対心研究の要因が第二次世界大戦という要因と，戦後日本経済が海外輸出を中心とし発展してきたことから，日本製品が世界各国へ輸出されることによって政治

的な敵対心だけではなく，相手国における経済的敵対心も誘発しやすかったと思われる。

第3に，図表5-1の敵対心研究の系譜でも示したように，国家間の敵対心だけではなく，国内の民族間敵対心（Shoham et al. 2006），地域間敵対心（Shimp et al. 2004 ; Hinck 2004）が研究されたことが示された。

第4に，多くの敵対心研究では，消費者エスノセントリズムも調査対象にしている（Klein et al. 1998 ; Klein and Ettenson 1999 ; Klein 2002 ; Nijssen and Douglas 2004 ; 朴 2005 ; Nakos and Hajidimitriou 2007）。

敵対心と消費者エスノセントリズムとの関連性についてみると以下のようになる。消費者エスノセントリズムは，製品評価と購買意図に影響する（Shimp and Sharma 1987 ; Han 1988 ; Netemyer, Durvasula, and Lichtenstein 1991）。しかし，敵対心は製品評価とは独立して購買意図に負の影響を与える（Klein et al. 1998）という調査結果と，敵対心もバランス理論と認知不協和理論を根拠に製品評価と購買意図の双方にネガティブな影響を与えるという調査結果（Shoham et al. 2006）が対立している。

さらに，消費者エスノセントリズムはすべての外国製品に対して影響するが，敵対心は反感を持たれた特定の国だけにネガティブな影響を与えることがわかる。さらに，Nijssen and Douglas（2004）は戦争の敵対心は外国製品の購買を躊躇することに直接的に影響を与えるが，経済的敵対心は消費者エスノセントリズムを通じて，外国製品への購買に間接的に影響するとした。

その理由として，Shimp and Sharma（1987）のCETSCALEに国内における失業率の上昇などの外国製品購買による経済的脅威が反映されていることを指摘することができる。消費者エスノセントリズムと敵対心を比較したのが図表5-5である。

3　反日感情の先行要因

反日感情（anti-Japanese sentiment）とは，日本政府や日本人に対して抱い

図表 5-5　消費者エスノセントリズムと敵対心

	消費者エスノセントリズム	敵　対　心
研 究 者	Shimp and Sharma（1987）	Klein et al.（1988）
先行要因	人口統計，政治，経済，社会心理，文化	戦争，経済，その他
影　　響	すべての外国製品およびサービス	特定敵対国からの製品およびサービス
顕 在 化	国内の経済状況（例：失業率の上昇，外貨危機など）	外交問題（例：領土問題，靖国神社参拝など）
結　　果	国産製品に対する好意的態度 外国産製品に対するネガティブな態度	特定敵対国製品に対するネガティブな態度 代替製品に対するポジティブな態度

ている敵対心を意味する。その多くは第二次大戦の前後，日本の中国大陸における戦争と植民地政策に起因する。

　たとえば，1931年の満州事変，1937年から1945年までの日中戦争などの負の遺産が，現在に至るまで中国人の反日感情に多大な影響を及ぼしている。一方，韓国における反日感情は，1592年「文禄・慶長の役」[5]にまで遡ることができ，1945年までの植民地下におかれた間の民族感情に大きく影響されている。

　さらに，第二次世界大戦では，旧日本軍はアメリカとも戦闘状態に陥ったため，アメリカにおける反日感情も見逃せない。このような反日感情を第3節までに考察した敵対心研究の観点からみると，主に戦争を要因とした敵対心にあたる。

　一方，戦後の日本に対する反日感情の多くは，経済を要因とした敵対心が多く，日本の輸出主導経済に起因すると考えられる。たとえば，1980年代アメリカの自動車産業は，日本産の輸入車の急増によって大きなダメージを被ることになった結果，日本に対する経済的敵対心が強まった経緯がある。

　本節では，敵対心研究の観点から反日感情のメカニズムを究明するため，敵対心の主な先行要因である戦争を要因とした敵対心と経済を要因とした敵対心を反日感情の先行要因としたモデルを構築した。そのモデルを，2000年から2009年まで日本の主要輸出相手国（アメリカ・中国・韓国・台湾）の消費者を対

第5章　敵対心研究の影響と課題　155

象に検証する。

3.1 仮説の設定

　敵対心の先行研究から得られた研究成果をもとに，仮説を導出するために予備調査を実施した。予備調査は，現地調査の代わりに調査対象国からの留学生を対象に定性調査を行った。調査対象国（アメリカ・中国・韓国・台湾）からの留学生を対象に，反日感情についてヒアリングを実施し，特に消費行動への影響について尋ねた。その結果，国籍と調査対象者によって反日感情の背景と影響など質的な反日感情は異なっていることが確認された。

　たとえば，「靖国神社を参拝している日本の政治家には怒りを感じるが，日本商品購買とは別の問題だ」（韓国人留学生），「子供の時期には，毎日のように放送されている中日戦争ドラマの日本軍の残酷さをみて，日本人はとても怖かった」（中国人留学生），「反日感情などを考えたことがない」（アメリカ人留学生），「歴史的問題があるが，日本との協調関係が大事だ」（台湾人留学生）などである[6]。

3.1.1 戦争による敵対心

　敵対心の先行研究結果を考察すると，戦争，軍事的衝突などを中心とした研究が最も多い。これらの研究の多くは，第二次世界大戦の侵略の被害からの敵対心を扱っている（Klein et al. 1998；Klein and Ettenson 1999；Klein 2002；Nijssen and Douglas 2004；Shimp et al. 2004；朴 2005；Hong and Kang 2006；Shoham et al. 2006）研究が最も多い。

　このような第二次世界大戦からの敵対心は，たとえば，有力政治家の靖国神社参拝，領土問題などにみられるように，現在も政治・外交的懸案ニュースとしてネットを中心に対象国の人々にプライミング効果をもたらせ，戦争による敵対心が再び蘇ることが度々あるのが現状である。よって，次のような仮説（アメリカ：H1a，中国：H1b，韓国：H1c，台湾：H1d）を設定した。

H1a・H1b・H1c・H1d　戦争による敵対心は，反日感情に影響を与える。

3.1.2　経済による敵対心

　経済的敵対心に関する研究は，前述の Klein et al. (1998) の研究において戦争を要因とした敵対心の調査と同時に初めて調査されたことが知られている。また，経済的敵対心は，戦争・軍事的敵対心と同時に調査されることが多い (Klein et al. 1998 ; Klein and Ettenson 1999 ; Klein 2002 ; Nijssen and Douglas 2004 ; Shoham et al. 2006)。

　経済的敵対心を中心とした Ang et al. (2004) は，1997年アジアで起こったアジア経済危機から生じたアメリカと日本に対する経済的敵対を敵対要因として調査を行った。調査国はタイ・インドネシア・韓国・マレーシア・シンガポールであり，敵対対象国はアメリカと日本である。

　この研究の特徴は Klein et al. (1998) の研究が第二次世界大戦を背景とする政治的要因を主な敵対要因として調査していたのに対し，敵対要因を経済的敵対にしたことである。さらに，敵対要因を国家に対する状況的敵対心，個人的な状況的敵対心，国家に対する持続的敵対心，個人的な持続的敵対心という4つのカテゴリーに分類して調査した。

　調査の結果，消費者経済危機があった際には現地の製品への購買に対して，より愛国的になることが明らかになった。また，韓国では，戦後50年が経過したにもかかわらず，日本に対する敵対心は衰えていないことが見受けられた。

　以上のように消費者エスノセントリズムとは異なって，経済的敵対心は特定国との経済的関係に起因すると考えられる。日本の輸出上位4ヵ国と日本との経済的関係を確認するために，2009年度の日本と当該国との輸出・輸入金額から貿易収支を確認すると，2009年度を基準とした場合，日本の輸出上位4ヵ国のすべての国は，日本からの輸入額が輸出額を上回っていることが確認できた。たとえば，アメリカ（△44,769／100万ドル，以下同様），中国（△33,027），韓国（△27,657），台湾（△21,717.7）である。

　以上の調査結果から，日本に対する経済的敵対心がいずれの国にも存在する

可能性が高いことが確認できた。よって，以下の仮説（アメリカ：H2a，中国：H2b，韓国：H2c，台湾：H2d）を設定した。

H2a・H2b・H2c・H2d：経済による敵対心は，反日感情に影響を与える。

3.1.3 国際比較

　Keller（1998）は，消費者の国や地域が異なれば，マーケティング活動に対する態度や意見が異なることもあるので，マーケティング・ミックスに対する消費者の反応の差異が存在すると指摘している。

　Balabanis et al.（2001）は，チェコの消費者303名とトルコの消費者480名を比較した結果，チェコとトルコの消費者における消費者エスノセントリズムの構造が異なることを明らかにした。さらに，経済的敵対心を国際比較したAng et al.（2004）の研究成果も，国ごとの消費者エスノセントリズムと敵対心の違いを検証している（図表5-6）。

　よって，以下のような仮説（アメリカ⇔中国：H3a・H4a，アメリカ⇔韓国：H3b・H4b，アメリカ⇔台湾：H3c・H4c，中国⇔韓国：H3d・H4d，中国⇔台湾：H3e・H4e，韓国⇔台湾：H3f・H4f，アメリカ：H5a，中国：H5b，韓国：H5c，台湾：H5d）を設定した。

H3a・H3b・H3c・H3d・H3e・H3f：戦争による敵対心の影響は，調査対象国によって異なる。
H4a・H4b・H4c・H4d・H4e・H4f：経済による敵対心の影響は，調査対象国によって異なる。
H5a・H5b・H5c・H5d：戦争による敵対心と経済による敵対心には相関関係がある。
H6：アメリカ・中国・韓国・台湾消費者における反日感情の程度は国によって異なる

図表 5-6　調査結果

	アメリカ製品	日本製品
	消費者エスノセントリズム	消費者エスノセントリズム
インドネシア	3.74	3.70
タ　イ	3.53	3.47
マレーシア	3.27	3.39
韓　　国	3.30	3.23
シンガポール	2.61	2.53
	国家に対する状況的敵対心	国家に対する状況的敵対心
インドネシア	2.83	2.53
タ　イ	3.11	2.76
マレーシア	3.23	2.79
韓　　国	3.32	3.21
シンガポール	2.54	2.50
	個人の状況的敵対心	個人の状況的敵対心
インドネシア	2.64	2.35
タ　イ	2.58	2.42
マレーシア	2.80	2.56
韓　　国	2.51	2.63
シンガポール	2.37	2.32
	国家に対する持続的敵対心	国家に対する持続的敵対心
インドネシア	2.92	2.75
タ　イ	3.01	2.76
マレーシア	2.92	2.75
韓　　国	2.55	3.49
シンガポール	2.66	2.62
	個人の持続的敵対心	個人の持続的敵対心
インドネシア	2.65	2.41
タ　イ	2.36	2.22
マレーシア	2.47	2.54
韓　　国	2.46	3.00
シンガポール	2.20	2.27

（出典）Ang et al.(2004), p. 201を基に筆者作成。

第5章 敵対心研究の影響と課題　159

3.2　モデルの検証

3.2.1　潜在変数

　本研究のモデルは，反日感情の構造と，敵対心の先行要因として指摘された戦争による敵対心と経済による敵対心が反日感情に及ぼす影響を明らかにするために，戦争による敵対心・経済による敵対心・反日感情という3つの変数から構成されている。

　戦争による敵対心は，調査対象国によって，第二次世界大戦における反日感情に関連した歴史的な出来事が異なる（例：アメリカ―真珠湾攻撃，中国，台湾―南京大虐殺，韓国―従軍慰安婦）ために，調査対象国によって異なる質問を設けることにした。

　測定尺度は，3ヵ国共通（Klein et al. 1998 ; Nijssen and Douglas 2004）の「私は第二次世界大戦のため，日本に怒りを感じている」，「われわれは日本人が第二次世界大戦中に犯した犯罪を忘れてはいけない」という二項目に加え，各国別の反日感情を考慮し，アメリカ（Klein 2002）では，「私は日本の真珠湾攻撃を許せない」，中国と台湾（Klein et al. 1998）では，「私は日本の南京大虐殺を許せない」，韓国の被験者には「私は日本の従軍慰安婦動員を許せない」を設定した[7]。

　経済による敵対心は，Klein et al.（1998）と Nijssen and Douglas（2004）などの先行研究をもとに，「日本はアメリカ・中国・韓国・台湾で経済的な力を得ようとしている」，「日本はアメリカ・中国・韓国・台湾を利用している」，「日本はアメリカ・中国・韓国・台湾の経済に過度な影響力を行使している」，「日本はアメリカ・中国・韓国・台湾と不公正な取引をしている」の4項目にした。

　反日感情は，アメリカ・中国・韓国・台湾という国々の分析が可能なモデルを設計するために Klein et al.（1998）と Nijssen and Douglas（2004）の敵対心に関する4項目（私は日本人を嫌う，私は日本に怒りを感じる，私は日本が好きだ，私は日本が好きではない）を測定した。以上の構成概念の測定は，5段階リ

ッカード・スケール（全くそう思わない〜非常にそう思う）を採用し測定している。

本章の調査データは，2010年3月1日〜2010年3月31日とし，日本の主要輸出相手国であるアメリカ，中国，韓国，台湾の消費者を調査対象国とした。各国の調査地域は，アメリカ（500名），中国（1,164名），韓国（300名），台湾（200名）を対象に調査した。調査方法としてはインターネットを用いたオンライン調査と中国の学生を対象にしたアンケート調査を併用して行った[8]。

3.2.2 仮説の検定

アメリカ・中国・韓国・台湾の消費者を比較分析するために，多母集団同時分析による構造方程式モデリングを用いた結果，$\chi^2 = 1190.752$，$df = 164$，GFI＝0.908，AGFI＝0.852，RMSEA＝0.054他の指標などから良好な適合度モデルであることがわかった。

図表5-7には，反日感情モデルにおける構造方程式部分のパラメータ推定値（標準化係数）が示されている。

アメリカの消費者を対象にしたモデルからみると，戦争による敵対心から反日感情へ向かうパスは有意となり（0.728, $p<.000$），アメリカの消費者におけ

図表 5-7　パラメータの検証結果

調査対象国	仮説	モデル	パラメータ推定値（標準化係数）	p
アメリカ	H1a	戦争による敵対心⇒反日感情	0.728	0.000
	H2a	経済による敵対心⇒反日感情	0.099	0.019
中　国	H1b	戦争による敵対心⇒反日感情	0.460	0.000
	H2b	経済による敵対心⇒反日感情	0.313	0.000
韓　国	H1c	戦争による敵対心⇒反日感情	0.501	0.000
	H2c	経済による敵対心⇒反日感情	0.249	0.000
台　湾	H1d	戦争による敵対心⇒反日感情	0.712	0.000
	H2d	経済による敵対心⇒反日感情	0.065	0.402

る戦争による敵対心は反日感情に影響を与えるという H1a は支持された。

経済による敵対心から反日感情へ向かうパスも有意となり（0.099, $p<.019$），アメリカの消費者における経済による敵対心は反日感情に影響を与えるという H2a も支持された。

中国の消費者を対象にしたモデルからみると，戦争による敵対心から反日感情へ向かうパスは有意となり（0.460, $p<.000$），中国の消費者における戦争による敵対心は反日感情に影響を与えるという H1b は支持された。

経済による敵対心から反日感情へ向かうパスも有意となり（0.313, $p<.000$），中国の消費者における経済による敵対心は反日感情に影響を与えるという H2b も支持された。

韓国の消費者を対象にしたモデルからみると，戦争による敵対心から反日感情へ向かうパスは有意となり（0.501, $p<.000$），韓国の消費者における戦争による敵対心は反日感情に影響を与えるという H1c は支持された。

経済による敵対心から反日感情へ向かうパスも有意となり（0.249, $p<.000$），韓国の消費者における経済による敵対心は反日感情に影響を与えるという H2c も支持された。

台湾の消費者を対象にしたモデルからみると，戦争による敵対心から反日感情へ向かうパスは有意となり（0.712, $p<.000$），台湾の消費者における戦争による敵対心は反日感情に影響を与えるという H1d は支持された。

経済による敵対心から反日感情へ向かうパスは有意ではなく（0.065, n.s. $p=.402$），台湾の消費者における経済による敵対心は反日感情に影響を与えるという H2d は棄却された。

反日感情モデルの多母集団同時分析の結果から，アメリカ・中国・韓国・台湾の消費者におけるパス係数のパラメータ推定値（標準化）の検定結果と，台湾の消費者を対象にしたモデルにおける経済による敵対心から反日感情の影響はないという結果以外の，すべてのパス係数は有意となった。

以上の結果から，パス係数のパラメータ推定値を比較してみると，戦争による敵対心から反日感情への影響は以下の通りである。

戦争による敵対心から反日感情への，アメリカの消費者のパス係数（0.728）と中国の消費者のパス係数（0.460）のパラメータ間における統計検定を行った。その結果，有意差がない（−1.346, n.s.）ことが確認された。したがって，アメリカの消費者と中国の消費者の間における戦争による敵対心の影響の差はないことがわかったので，H3aは棄却された。

戦争による敵対心から反日感情への，アメリカの消費者のパス係数（0.728）と韓国の消費者のパス係数（0.501）のパラメータ間における統計検定を行った。その結果，有意差がない（−0.980, n.s.）ことが確認された。したがって，アメリカの消費者と韓国の消費者の間における戦争による敵対心の影響の差はないことがわかったので，H3bは棄却された。

戦争による敵対心から反日感情への，アメリカの消費者のパス係数（0.728）と台湾の消費者のパス係数（0.712）のパラメータ間における統計検定を行った。その結果，有意差がない（−0.095, n.s.）ことが確認された。したがって，アメリカの消費者と台湾の消費者の間における戦争による敵対心の影響の差はないことがわかったので，H3cは棄却された。

戦争による敵対心から反日感情への，中国の消費者のパス係数（0.460）と韓国の消費者のパス係数（0.501）のパラメータ間における統計検定を行った。その結果，有意差がない（−0.101, n.s.）ことが確認された。したがって，中国の消費者と韓国の消費者の間における戦争による敵対心の影響の差はないことがわかったので，H3dは棄却された。

戦争による敵対心から反日感情への，中国の消費者のパス係数（0.460）と台湾の消費者のパス係数（0.712）のパラメータ間における統計検定を行った。その結果，有意差がない（−0.868, n.s.）ことが確認された。したがって，中国の消費者と台湾の消費者の間における戦争による敵対心の影響の差はないことがわかったので，H3eは棄却された。

戦争による敵対心から反日感情への，韓国の消費者のパス係数（0.501）と台湾の消費者のパス係数（0.712）のパラメータ間における統計検定を行った。その結果，有意差がない（−0.756, n.s.）ことが確認された。したがって，韓国の

第5章　敵対心研究の影響と課題　163

消費者と台湾の消費者の間における戦争による敵対心の影響の差はないことがわかったので，H3fは棄却された。

以上のパラメータ間における統計検定の結果から，アメリカ・中国・韓国・台湾の消費者における戦争による敵対心から反日感情への影響の有意差は存在しないことが明らかになった。

続いて，経済による敵対心から反日感情へのパス係数のパラメータ推定値を比較してみると以下のとおりである。

経済による敵対心から反日感情への，アメリカの消費者のパス係数（0.099）と中国の消費者のパス係数（0.313）のパラメータ間における統計検定を行った。その結果，有意差がある（5.26, $p<0.01$）ことが確認された。したがって，中国の消費者のほうがアメリカの消費者よりも，経済による敵対心の影響が強いことが確認された。したがって，H4aは支持された。

経済による敵対心から反日感情への，アメリカの消費者のパス係数（0.099）と韓国の消費者のパス係数（0.249）のパラメータ間における統計検定を行った。その結果，有意差がある（2.058, $p<0.05$）ことが確認された。したがって，韓国の消費者のほうがアメリカの消費者よりも，経済による敵対心の影響が強いことが確認された。したがって，H4bは支持された。

経済による敵対心から反日感情への，アメリカの消費者のパス係数（0.099）と台湾の消費者のパス係数（0.065）のパラメータ間における統計検定を行った。その結果，有意差がない（−0.122, n.s.）ことが確認された。したがって，アメリカの消費者と台湾の消費者の間における経済による敵対心の影響の差はないことがわかったので，H4cは棄却された。

経済による敵対心から反日感情への，中国の消費者のパス係数（0.313）と韓国の消費者のパス係数（0.249）のパラメータ間における統計検定を行った。その結果，有意差がない（−1.740, n.s.）ことが確認された。したがって，中国の消費者と韓国の消費者の間における経済による敵対心の影響の差はないことがわかったので，H4dは棄却された。

経済による敵対心から反日感情への，中国の消費者のパス係数（0.313）と台

湾の消費者のパス係数（0.065）のパラメータ間における統計検定を行った。その結果，有意差がある（−3.413, $p<0.05$）ことが確認された。したがって，中国の消費者のほうが台湾の消費者よりも，経済による敵対心の影響が強いことが確認された。したがって，H4e は支持された。

　経済による敵対心から反日感情への，韓国の消費者のパス係数（0.249）と台湾の消費者のパス係数（0.065）のパラメータ間における統計検定を行った。その結果，有意差がない（1.6, n.s.）ことが確認された。したがって，韓国の消費者と台湾の消費者の間における戦争による敵対心の影響の差はないことがわかったので，H4f は棄却された。

　以上のパラメータ間における統計検定の結果から，アメリカ・中国・韓国・台湾の消費者における経済による敵対心から反日感情への影響の有意差はそれぞれの国同士の比較において異なっていることが明らかになった。

　アメリカ・中国・韓国・台湾の消費者における戦争による敵対心と経済による敵対心の関連性を確認するために，相関関係を検証した結果，アメリカの消費者における戦争による敵対心と経済による敵対心の相関係数は 0.528（$p<0.000$）となり，H5a は支持された。中国の消費者における戦争による敵対心と経済による敵対心の相関係数は 0.587（$p<0.000$）となり，H5b は支持された。韓国の消費者における戦争による敵対心と経済による敵対心の相関係数は 0.520（$p<0.000$）となり，H5c は支持された。

　台湾の消費者における戦争による敵対心と経済による敵対心の相関係数は 0.582（$p<0.000$）となり，H5d は支持された。

　以上の調査結果から，アメリカ・中国・韓国・台湾の消費者における戦争による敵対心と経済による敵対心の間には正の相関関係が存在することが明らかにされた。

　最後に，アメリカ・中国・韓国・台湾の消費者における反日感情の程度を確かめるために，反日感情の下位得点を以下の図表 5-8 に示す。

　各国間における反日感情の差を確認するために反日感情の下位得点を従属変数にし，調査対象国を独立変数として，一元配置分散分析を行った結果，反日

感情に対するアメリカ・中国・韓国・台湾の消費者の影響は有意であった（$F(3,2160)=338.14, p<.000$）。

図表5-9をみると，各国における反日感情の差が確認できる。

以上の結果から，反日感情は中国，韓国，台湾，アメリカの順に有意差があることが明らかになった。よって，H6の反日感情は調査対象国によって異なることが明らかになった。

図表5-8　各国の反日感情の下位得点

国　名	調査対象者	平均値	標準偏差
アメリカ	500	7.83	2.79
中　国	1,164	12.93	3.46
韓　国	300	11.89	2.89
台　湾	200	9.07	2.74

図表5-9　アメリカ・中国・韓国・台湾消費者の反日感情

(I) 国名	(J) 国名	平均値の差（I-J)	標準誤差	有意確率
アメリカ	中　国	−5.10671*	0.170	0.000
	台　湾	−1.24200*	0.266	0.000
	韓　国	−4.06533*	0.232	0.000
中　国	アメリカ	5.10671*	0.170	0.000
	台　湾	3.86471*	0.243	0.000
	韓　国	1.04137*	0.206	0.000
台　湾	アメリカ	1.24200*	0.266	0.000
	中　国	−3.86471*	0.243	0.000
	韓　国	−2.82333*	0.290	0.000
韓　国	アメリカ	4.06533*	0.232	0.000
	中　国	−1.04137*	0.206	0.000
	台　湾	2.82333*	0.290	0.000

注：*は0.01％水準で有意である。

4 調査結果

調査結果のまとめは次のとおりである。

第1に，戦争による敵対心（Klein et al. 1998 ; Klein and Ettenson 1999 ; Klein 2002 ; Nijssen and Douglas 2004 ; Shimp et al. 2004 ; Hong and Kang 2006 ; Shoham et al. 2006）は，アメリカ・中国・韓国・台湾の消費者に影響を及ぼしており，反日感情の先行要因となっていることが確認された。

第2に，経済による敵対心（Klein et al. 1998 ; Klein and Ettenson 1999 ; Klein 2002 ; Nijssen and Douglas 2004 ; Shoham et al. 2006）も，アメリカ・中国・韓国の消費者に影響を及ぼしており，反日感情の先行要因となっていることがわかった。同時に，台湾の消費者においては経済的敵対心が反日感情の先行要因にならないことが確認された。

第3に，各国消費者における戦争による敵対心から反日感情へ与える影響の差は存在しないことが明らかになった。一方，反日感情に及ぼす経済による敵対心の影響は国によって異なる。中国の消費者はアメリカと台湾の消費者よりも，経済による敵対心からの反日感情への影響が強い。韓国の消費者もアメリカの消費者よりも経済による敵対心からの反日感情への影響が強かった。さらに，戦争による敵対心と経済による敵対心の間には相関関係があることが確認された。

第4に，アメリカ・中国・韓国・台湾の消費者を対象に反日感情の影響を確認した結果，各国の反日感情の程度が異なることが確認された。反日感情の下位得点は，中国，韓国，台湾，アメリカの順になっていることが確認された。

5 まとめ

本章では，感情的原産国イメージ効果として，敵対心に関する先行研究を考察し，先行研究の結果に基づきアメリカ・中国・韓国・台湾の消費者を対象に

第 5 章　敵対心研究の影響と課題　167

反日感情の先行要因を敵対心研究の観点から検証した。

　敵対心研究を敵対要因別に考察した結果，戦争を要因とした敵対心・経済を要因とした敵対心・その他を要因とした敵対心に分類できる。

　アメリカ・中国・韓国・台湾の消費者を対象にした実証研究では，反日感情（日本に対する敵対心）の先行要因として，戦争を要因とした敵対心と経済を要因とした敵対心から各国の反日感情への影響をモデル化して比較分析を実施した。その結果，戦争による敵対心はアメリカ・中国・韓国・台湾の消費者に影響を及ぼしていることから，戦争による敵対心は反日感情の先行要因となっていることが確認された。

　経済による敵対心は，戦争による敵対心と同様にアメリカ・中国・韓国の消費者においては，反日感情の先行要因となっていた。一方，アメリカ・中国・韓国・台湾の消費者に対して多母集団同時分析を行った結果，各国消費者において戦争による敵対心が反日感情へ与える影響の差は存在しないことが明らかになった。

　反日感情に及ぼす経済による敵対心の影響は国によって異なり，中国の消費者のほうがアメリカと台湾の消費者よりも，経済による敵対心から反日感情への影響が強いことが示された。また，アメリカ・中国・韓国・台湾の消費者を対象に反日感情の下位得点を確認した結果，各国で反日感情の程度が異なることが確認された。反日感情は中国，韓国，台湾，アメリカの順に強いことから，反日感情が最も強いのは中国であり，韓国・台湾・アメリカがそれに続くことがわかった。

　今後の研究課題としては，以下の5つが挙げられる。

　第1に，敵対心の対象に関する課題である。多くの先行研究はある特定の国家を敵対心の対象として捉えてきた。しかし，グローバル・ブランドのターゲットは国家というマクロ単位だけではなく，世界各地の潜在顧客1人1人というミクロ単位に及ぶ。したがって，原産国研究の範囲は国家にとどまらず，地域，民族間，宗教間などの多様な集団間における敵対心まで拡大し，消費者行動における独自の研究領域として発展させる必要があると考えられる。

第2に，ほとんどの敵対心研究において，製品やブランドが調査対象とされていないという点である。原産国研究の調査では，外部妥当性と生態学的妥当性[9]を高めるためには実存するブランドを調査対象にする必要性がある（Thakor and Kohli 1996 ; Hui and Zhou 2003）。しかし，本章執筆の時点では朴（2005）の研究以外は具体的な調査対象ブランドは使用していない。敵対心とエスノセントリズムの関連性を究明したKlein（2002）でも，日本製品対アメリカ製品，日本製品対韓国製品を同じ品質と価格，スタイルという仮定を基にした調査である。

しかしながら，COMという製品カテゴリーのみでは，Hui and Zhou（2003）とThakor and Kohli（1996）が指摘するように外部妥当性と生態学的妥当性が確保できないと考えられる。したがって，今後の敵対心研究では第1章と第2章の認知的原産国イメージ研究の最新動向でもある実存するブランドを質問項目に取り入れ，調査の外部妥当性を高めることによって調査結果の精緻化を図る必要があると考えられる。

第3に，敵対心が実際の企業活動に与える弊害を明らかにする必要があるだろう。消費者行動研究では，特定企業に対する不買運動（boycott）に関する研究がすでに蓄積されてきた。特に，近年はツイッター・ブログ・ネット掲示板などによって，特定企業に対する不買運動が日常化されていると考えられる。自国および自社に敵対心を抱いている消費者がなぜ敵対心を抱くようになったか，さらにどのようにその敵対心を緩和するかは，企業のマーケティング・コミュニケーション活動においても今後の大きな課題になると予想される。敵対心から不買運動にまで至る消費者行動のプロセスを考察することはマーケターにとっても意義のある研究になるだろう。

第4に，敵対心と消費者エスノセントリズムとの関係についてはさらなる調査が必要である。Klein, Ettenson and Morris（1998）の敵対心研究から，敵対心研究には消費者エスノセントリズムがよく調査対象変数として用いられている。さらに，Klein（2002）の研究では敵対心とエスノセントリズムとの関係性を，選択集合における外国製品と国内製品の組み合わせによって実証した。

ところが Shimp and Sharma (1987) によって，原産国研究で初めて提案された消費者エスノセントリズム研究の代表的尺度である CETSCALE は，外国製品の輸入による被害から自国産業を守るために国産製品を買うべきであるという規範的内容が中心となっている。したがって，Shimp and Sharma (1987) の CETSCALE と貿易不均衡による経済的敵対心はかなり類似性が高いと思われる。したがって，敵対心と消費者エスノセントリズムとの関係性を明確にする必要性があると考えられる。

第5に，社会心理学の研究成果を積極的に取り入れる必要性がある。消費者行動研究における敵対心研究は，始まってわずか10年ほどしか経過していない新しい研究領域である。敵対心の主な対象は他国家，他民族，他地域である。社会心理学では内集団と外集団との関係を社会的アイデンティティ理論，ステレオタイプ，偏見などの観点からアプローチしてきた。このような内集団と外集団との関係に関連する社会心理学の研究成果を消費者行動の観点から再構築し，敵対心研究を体系化する必要性があると考えられる。

(1) 敵対要因は，各々実証研究における質問項目を中心に分類した。
(2) 第3章図表3-1を参照。
(3) 消費者が持っている原産国イメージに関連した社会的・個人的規範 (norms) を指す。
(4) その他の分類基準として，Rice and Wongtada (2007) は，原産国研究におけるネガティブ・イメージに関連した概念を消費者エスノセントリズム (consumer ethnocentrism)，反グローバル主義 (antiglobalization)，敵対心 (consumer animosity) に分類した。敵対心の要因としては，戦争，政策，エコロジカル，社会文化，経済に分類している。
(5) 日本人にとっては，歴史的事件に過ぎない傾向があるが，韓国では反日感情の根拠ともなる場合がある。
(6) 留学生を対象にする質的調査の目的は，調査設計の妥当性を確保して定量調査の限界を確認することである。
(7) 韓国に対する先行研究の調査項目がなかったために，事前調査結果を基に設定した。
(8) 中国学生調査の併用については，第4章を参照。
(9) 生態学的妥当性 (ecological validity) とは，実験室という特集な環境で得られた知見が，日常生活のような別の環境にどの程度適用 (一般化) できるかという概念である (高橋 2008)。

第6章　パラドックス連想におけるコミュニケーション戦略

1　アジアにおけるコミュニケーション戦略の必要性

　日本製品の安全性に対する信頼度は，アジア市場において高く評価されている。そのため，日本ブランドの現地コミュニケーション戦略としては日本というブランド・オリジンを前面に出したコミュニケーションを展開することが有効だと考えられてきた。しかし，2005年と2010年に勃発した中国の反日デモのような状況下で，日系企業がどのようなコミュニケーション活動を展開すべきかについては十分な検討がなされていない。

　第5章でも述べたように，初めて敵対心という概念を確立したKlein et al. (1998) は，中国の反日感情を敵対心として捉え，反日感情が日本製品の購買にネガティブな影響を及ぼしていることを実証した。Klein et al. (1998) は「敵対心を過去または現在の軍事的（military）・政治的（political）・経済的（economic）出来事と関連した反感（antipathy）の残存物（remnants）である」と定義付け，これらが国際市場における消費者の購買行動に影響を与えると指摘。中国・南京の消費者を対象に反日感情が製品評価と購買意図に与える影響を検証した。

　この「敵対心」に関する先行研究をふまえて考えると，アジア市場における日本ブランドに対するブランド連想体系では，品質的には「Made in Japan」で象徴される製品の「信頼性」に基づいたポジティブ・ノードと，反日感情のような日本という国家に関連するネガティブ・ノードがリンクまたは交差している可能性が高い[1]。

　本章では，反日感情が高まっている状況下における，日本企業のマーケティ

ング・コミュニケーション活動の方向性[2]について考察する。

まず，第2節では中国におけるグローバル企業のトラブルの事例をひもとく。中国側の主張の是非はともかく，グローバル企業はこうした批判やトラブルに対処せざるを得ないのが現状である。序章でも述べたように，経済成長が続くアジア（オセアニア含む）の営業利益は1兆2,462億円と，前の期から3割増加しており，日本国内（約7,400億円）やアメリカ，ヨーロッパを上回るとともに，リーマン・ショック前の世界的好況期だった2008年3月期の最高益1兆2,300億円をも上回ったという（日本経済新聞，2011年6月12日）。反日感情から目を背けることなく，最適なマーケティング・コミュニケーションを模索していくことは日本企業，ひいては日本経済の発展にもつながると推察される。

さらに，第3節，第4節では反日感情が高まっている状況下における消費者の購買行動を検証する。2005年や2010年のように偶発的かつ突発的な反日感情の高まりを再現すべく，アジア市場の中でも最も反日感情が根強いとされる中国および韓国の消費者を対象とし，さらに個々の調査対象者の反日感情を高めた上で，調査を実施した。

2　中国におけるグローバル企業のトラブル

本節では，中国市場におけるグローバル企業のトラブルと特定企業に対する敵対意識の拡散について考察する。それから，中国におけるインターネット利用実態を確認することによって，インターネットを媒介とした反日感情のプライミング効果[3]についても考察したい。

2.1　ネットを中心としたグローバル企業のトラブル

近年，中国市場の商標権を巡るトラブルが続出している。これまで問題とされてきた，人件費上昇・反日感情・中国の成長減速・人材流出などに加えて新たなリスクとして浮上してきたといえる。インターネットの普及などで手続きが容易になったことから，中国市場に参入する外国企業との訴訟を狙い，海外

第6章 パラドックス連想におけるコミュニケーション戦略　173

で発売された他社の新製品と同じ商標をすぐに中国で登録する動きが拡大し，中国の裁判所が受理した商標権に関する案件数は5年間で5倍近くに急増している（日本経済新聞2012年2月22日）。

　さらに，中国市場ではインターネット人口の増加に伴い，外国企業とブランドのトラブルが，インターネットを通じて急速に広がっている。中国の消費者とのトラブルがネット上で拡散され，さらなる不祥事として発展することも少なくない。2000年から2005年5月までの中国の消費者市場におけるグローバル企業と外国ブランドのトラブル21件中，日本企業が関連した事件は9件あり，全体の半分近くを占めた。東芝，日本航空，三菱自動車，松下電器（現パナソニック），トヨタなど，中国市場における日本企業と日本ブランドの危機の多発が目立った（蔡 2006）。2005年から2008年までの間，中国のインターネット上でトラブルに巻き込まれたグローバル・ブランドを調べた結果をまとめたのが図表6-1である。

　問題となった内容の多くは，外国ブランドの中国の消費者への差別的対応の問題に向けられている[5]。たとえば，なぜP&Gは「しわは47%減少し，肌の年齢は12歳若返る」という広告文句を欧米市場で全く使っていないのに，中国市場でこれを使っているのか。また，なぜ中国だけで，ケンタッキー・フライドチキンの調味料とハインツのトウガラシ味噌から発がん性が指摘されている着色料が検出されたのか。2010年度の定性調査の際にも確認された，トヨタのリコールの対応について，なぜアメリカより中国がかなり遅いのか。なぜ諸外国よりも外国ブランド品の価格が高いのか，ということである。

　さらに，グローバル・ブランドに対する問題の多くは，グローバル・ブランドの広告表現に関わるものが多かった。その中で，2003年起きたトヨタの広告問題を詳細に確認してみよう。

2.2　トヨタの広告問題

　トヨタ自動車が中国の月刊自動車雑誌や新聞に掲載した4輪駆動車の広告が，中国人の感情を傷つけたとして，中国のインターネットなどで問題とされる

図表6-1　ネットで拡散されたグローバル企業のトラブル

中国消費市場におけるグローバル企業の（危機）事件		事件の説明
2005年	①コルゲート（歯磨き粉）	コルゲートは中国で発がん性物質が含まれているとされ，危機に直面した。いくつかのマスコミがコルゲートの歯磨き粉に発ガン性物質が含まれている可能性があると報道した。
	②ソニー（デジタルカメラ）	中国浙江省の工商局が，ソニー製のデジカメの品質不良を理由に省内の販売禁止を決めた。それを受けてソニーは，中国国内の販売自粛を決め，全国の電気製品販売店からソニー製のデジカメが撤去された。
2006年	①SKⅡ（化粧品）	中国広東省の輸出入検査検疫部門が，日本から輸入されたSKⅡブランド製品から化粧品への使用が禁止されている重金属のクロムとネオジムを検出したと発表した。これにより，中国広東省や上海市では本製品の返品を求める消費者が殺到し，P&G上海支社のドアが破壊されるなどの事態となったが，10月24日に中国当局がP&G側の主張をほぼ認める形で安全宣言を出し，問題は収拾した。
	②IBMの賄賂（中国建設銀行）	建設銀行株式有限会社の理事長，建設銀行の頭取の張恩照の収賄事件の中から偶然発覚した事件。2003年11月〜2004年1月間，IBM社は仲介会社を通して22.5万ドルをサービス料の名義で香港商人の鄒と建華に為替で送り，再び鄒から乗り換えて張恩照に賄賂を送り，建設銀行の仕入れを勝ち取ったという事件。
	③ファイザー社（新薬の臨床実験）	世界最大の製薬会社であるアメリカのファイザー社は，新薬の臨床試験および研究と開発を中止した。原因は数人の患者がこの薬を服用し，死亡したという中国の監督機構からの指摘があったためである。
2007年	①LG（携帯電話）	LG携帯電話事件は，2006年から始まり2007年上半期にますます激化し，2007年1月，LG携帯電話は実は地下工場で古い携帯電話を新しいものに作りなおしていると報道された。その後，全国のメディアはLGの問題について報道し，LGはブランドの危機に陥った。
	②モトローラー（携帯電話）	中国北西部の甘粛省蘭州市で，携帯電話の電池の爆発による死亡事故が発生した。この携帯電話のメーカーであるモトローラは，爆発事件の責任は自社にはないと表明し，携帯電話の電池メーカーの責任だと発表した。

第6章　パラドックス連想におけるコミュニケーション戦略　175

	①デル（パソコン）	2007年4月から，デルは部品の品切れのため，中国消費者へパソコンを納期内に届けられなかった。しかし，デルは一切謝罪しなかったため，「デルに訴訟し，消費者の権益を擁護しよう」という活動がネット上で展開された。
	②シーメンスの賄賂	シーメンスの賄賂事件では，1990年代中期からシーメンスの賄賂金額はすでに10億ユーロを上回ったことが発覚した。報道によると，シーメンスは中国会社の業務の中で約半分は賄賂を使ったという。
2008年	①シトロエン社のスペイン広告	シトロエン社は先に，自動車販売台数No.1を記念した全面広告をスペイン紙に掲載。「シトロエン社にとって革命はまだ終わらない」とのコピーとともに毛沢東の写真が用いられており，現地の華人たちがこれに不快感を示した。
	②アディダス社香港	アディダス社が香港で中国の国旗「五星紅旗」をモチーフにしたデザインの製品を販売している。「国旗法」違反との指摘を受けた。最終的には，生産をとりやめ，謝罪声明を発表する騒ぎとなった。
	③カルフール不買運動	2008年チベット騒動を武力鎮圧した中国を非難した欧米各国の中で，フランスのサルコジ大統領（当時）による中国を非難した発言がマスコミで取り上げられた。この報道を受け，「カルフールで買うのはやめよう」という内容や，「5月1日に全国のカルフールで，清算せずに品物を持ち去ったり，店内を破壊したり」することを勧める内容の携帯電話を用いたメールが配布され，カルフール不買運動が起きる。
	④クリスチャン・ディオール起用のシャロン・ストーンの発言	ハリウッド女優のシャロン・ストーンが2008年5月25日，第61回カンヌ国際映画祭のレッドカーペットでのインタビューで「四川大地震はチベット問題における中国当局の対応への報い」という内容の発言をした。 この発言により，香港および中国国内で非難が噴出し，インターネット上ではシャロン・ストーンの出演映画や中国向けの広告塔を務めているクリスチャン・ディオールの不買運動を呼びかける書き込みがあった。その後，クリスチャン・ディオールは中国向けの広告中止を決定した。

（出典）中国のウェブを基に筆者作成[4]。

「騒動」が起きた。トヨタはただちに広告を掲載した媒体に謝罪広告を出すことも含めて対応を検討していたが，ある外交筋は「それほどひどい表現とは思わないが，中国人の対日感情の悪化を映す出来事だ」としている。

広告の写真の1枚は，2頭の石の獅子がトヨタ車に敬礼やお辞儀をするポーズをとっており，「尊敬せずにはいられない」とのコピーがついている。もう1枚は，トヨタ車が雪道で中国の国産車とみられるトラックを牽引している。これらの写真が「中国の象徴である獅子に敬礼させたり，トヨタ車が牽引するのが人民解放軍の車に見える」などとして，一部の中国人がインターネットなどを通じて「中国人を侮辱している」と問題視した（朝日新聞2003年12月4日）。

トヨタ自動車は2003年12月4日，中国市場で11月から販売を始めた現地合弁生産のスポーツタイプ多目的車（SUV）ランドクルーザー（中国名・陸地巡洋艦）など2車種の雑誌広告が「中国の民族感情を傷つけた」と批判を受けたため，インターネット上に公開謝罪文を掲載した。問題となったのはランドクルーザープラド（同・覇道）の広告である。同社中国事務所によると，中国の20以上の雑誌に掲載されたという。

広告会社によると，ランドクルーザープラドが中国の旧型トラックを牽引しているデザインと，プラドに中国の伝統の象徴である石造りの獅子が敬礼するデザインが，それぞれ中国人の自尊心を傷つけたと批判されたという（日本経済新聞2003年12月5日）。

2.3 中国の新しい民族主義の台頭

このような中国におけるグローバル・ブランドへの批判が高まっている背景について，蔡（2006）はグローバル企業のさまざまな不祥事は，中国においてグローバル企業への社会世論が「崇拝」から「批判」に変わった背景を以下のように分析している[6]。

中国の新しい民族主義傾向の台頭である。経済の持続的な高度成長，国力の増大，特に1997年と1999年の香港とマカオの復帰，2001年のWTO加盟の実現，「2008年北京五輪大会」と「2010年上海万博」の開催は中国人の自信を増

大させるとともに、民族主義の台頭に新しいエネルギーをもたらし、中国の政治と経済社会は、西側先進諸国を学ぼうとする意欲から西側先進諸国と競争する意欲へと変化しているという。

また、中国のメディアがグローバル企業の事業展開を、厳しく監視している点も挙げられる。特に、最近、メディアは特集の形でグローバル企業に関する賄賂行使、脱税容疑、知的財産権による市場独占、製品とサービスの提供における中国の消費者への差別的態度、労働組合拒否などの事件を集中的に報道・分析し、消費者のグローバル企業に対する不信感をいっそう拡大させているという。

そして、消費者の権利意識が向上しているため、消費者権益が侵害されると、インターネットを含めたメディアの力を活用して世論の圧力を形成し、消費者保護団体や政府機関の「介入」によって問題の解決をはかる傾向が顕著となっているという。中国社会調査所が2005年3月に発表した消費者調査報告によると、約50％の消費者は製品かサービスの消費で問題があった場合、まずメディアに投稿して問題を摘発すると答えている（蔡 2006）。

2.4 中国のインターネット利用状況

中国におけるインターネットの影響力は諸外国と比べても大きく、国内の問題のみならず、グローバル企業の不祥事や2005年・2010年に行われた反日デモにも多大な影響を与えたといえる。中国の最近のインターネットの利用状況を把握することによって、中国の媒体状況をインターネットの側面から考察したい[7]。

2009年までに中国のインターネット使用者数は3億8,400万人まで増加し、中国全体の人口構成では2008年22.6％から28.9％に増加した。農村地域の電気製品普及政策と携帯の3Gネットワークの使用はインターネット使用者数の増加に影響した。さらに、中国政府はインターネット普及のインフラ構築にも力を入れている。

ところが他の国と比べると、中国の普及率はいまだに低水準である。また、

図表 6-2　中国におけるインターネット利用者数と成長率

年	利用者数（千万人）	成長率（％）
2002	5.91	75.4
2003	7.95	34.5
2004	9.40	18.2
2005	11.10	18.1
2006	13.70	23.4
2007	21.00	53.3
2008	29.80	41.9
2009	38.40	28.9

（出典）「第25次中国互連網絡発展状況統計報告」(2010.1) をもとに筆者作成。

図表 6-2 で確認できるように利用者数の成長率も鈍化している。現在のインターネット非使用者は加入障壁の高いグループであり，よほど強い誘因と環境改善がなければ，新規加入は難しいと推察される。しかしながら，中国は人口が多いため，利用者数の成長率が低くなっても，実質の市場成長は著しいといえる。

　携帯電話によるインターネット接続も増えており，2009年までに携帯のみでインターネットを使用している人は全体の 8％に達した。一方，92％の利用者は有線によるインターネット使用者で，この中で97.9％はブロードバンド経由の利用者である。その結果，3億4,600万人の人がブロードバンド経由でネットを使用し，それは全体使用者数の90.1％を占め，毎年7,598万人ずつ増加している。

　全国の普及率は28.9％で，世界平均水準より高いが，各省の普及状況には，依然として大きな開きがある。中国のインターネット普及状況は，普及率の高さによって以下の 3 つのグループに分けられる。

第1グループは北京・上海・広東・天津・浙江・福建・遼寧・江蘇・山西・山東の10省である。ここでの発展は全国平均より高く，主に東部沿岸地区に集中している。その中で遼寧と山東は高い成長率を保っており，10位と12位になっている。

第2グループは海南・重慶・青海・新疆・吉林・陝西・河北・湖北の8省である。ここは全国平均より低いが，世界平均よりは高い。その中で湖北と吉林の成長率はそれぞれ11位と13位である。

第3グループは黒龍江・内モンゴル・寧夏・湖南・広西・河南・甘粛・四川・雲南・西蔵・江西・安徽・貴州の13省である。ここは世界平均より低く，発展は比較的遅い。しかし，成長率は高く，甘粛・河南・雲南は全国の1～3位となっている。

CNNIC（中国インターネットネットワーク情報センター）の研究によると，ネットの発展も地域経済発展と関連している。すなわち，ネットの普及率は地域経済発展の指標と見なすことができる。各省の普及率と1人平均GDPの相関関係を分析すると，ピアソン相関係数は0.92（$p<.001$）となっている。

性別的の利用者率をみると2009年の調査結果では，全体利用者数の内訳は男性（54.2％）と女性（45.8％）であり，男性のほうがやや利用者数が多い。性別構造をみると女性の普及率は全国女性比よりやや低く，男性の普及率と全国男性比は少し増加した。

年齢構造は，30歳以上の比率が増加し，全体の38.5％となった。この年齢層の人はより購買力が高く，重要なターゲット・グループとなっている。そのほか，10歳以下については学校のネット教育設備による影響があり，低年齢層の利用も増加している。

教育水準別のインターネット利用実態をみると低学歴層の増加が著しいことが確認できる。職業別のインターネット利用状況をみると学生利用者が減少している。無職者と農民群もネットを利用し始めていることが確認できる。収入とインターネット利用状況をみると，無収入者のインターネット利用が継続的に増加していることが確認できる。

地域構造では，都市地域（72.2%）が農村（27.8%）よりはるかに高い。農村地域の中では中西部農村地域が特に低い。農村の非利用者がネットを使わなかった理由として，38.8%の人が「パソコン・ネット関連知識の不足」，19.7%の人が「端末を持っていない」，3.5%の人が「住む地域にネット接続の条件が揃っていない」と答えている。

現在の地域差別を改善しないと，地域発展の差別化がさらに進む恐れがある。しかしながら，中国農村ではパソコンのネット環境の整備は遅れているものの，携帯の普及率は高いため，携帯経由の無線接続がより期待されている。

2.5 中国の伝統メディアの状況

中国では，新聞などの伝統的メディアは産業化を進めているが，党と政府のためのイデオロギー装置（宣伝機関）としての役割を従来から担っている。その結果，完全な産業化ができず，市民，大衆のメディアになっていないという。インターネットなどの新興メディアが民間から出発したのとは対照的である[8]。

中国においては，新聞のような伝統メディアは国有である。民間の投資や外資の参入は，専門紙など特殊なケースを除いて許可されていない。新聞や雑誌は政府機関・党機関・政府が認可した団体のみに発行が許される。

テレビ・ラジオも多チャンネル化しているが，政府に属するテレビ・ラジオ部門が運営しており，全国的な放送は中央テレビ局が握り，残りは地方の政府に属するテレビ局のチャンネルとなっているという。

このような状況であるため，中国におけるインターネットは情報入手の機会を提供するだけでなく，人々の大規模なコミュニケーションの機会を提供するようになっている。都市報や夕刊紙，テレビのニュースチャンネルなどは大衆メディアといえるが，民意を直接反映できるメディアではない。たとえば，中国の場合，国有メディアであるために投書欄であっても自由に意見を表明できない。一方，社会の不良現象を暴露する場として，インターネットは多く利用されている。人民日報の調査によると，「社会の不良現象を目撃した時，ネットを選択して暴露すべきか」という質問に対して，回答者のうち93.3%が

「YES」と答えた(『中国情報ハンドブック2009年度版』169頁)。

　外資系企業に対する不祥事と外国に対する敵対心(反日感情・反フランス感情・反韓感情)に関する内容がインターネット上で誇張・拡散される背景にはこのような中国のインターネット事情があると考えられる。つまり,グローバル・ブランドと諸外国に対する不満などについて,個人がなんらかの事実(例：2010年船長逮捕ニュース,韓国との文化的問題)に関するニュースやネットの口コミなどに接した際に,これらのことを中国社会の不良現象として捉え,その内容に本人の意見を加え,第三者に拡散していると考えられる。

　したがって,中国社会の不良問題と認識されるか否かによって,インターネット上の拡散度と,その後の行動(例：反日デモ・不買運動)との関係が決まるのではないかと推測される。

　さらに,反日感情のようなナショナリズムに関わる問題となると,政府の規制も効かないほどに民衆は爆発する。2005年の反日デモ,2008年の反フランスデモ,2010年反日デモなどはその典型である。

2.6　日本製品に対する高い評価

　中国の消費者の日本製品に対する品質評価は極めて高い。たとえば,日本を訪れている中国人観光客は「Made in Japan」を必死に探している。中国の消費者動向に詳しい中国市場戦略研究所(東京・中央区)の徐向東代表によると,訪日中国人客の心に届く上手な情報発信の方法としては,「キーワードは『癒やし』『安心』『安全』『エコ』の4点だ。銀座にあるファンケルの店が中国人に人気だが,それは同社が無添加という価値を軸に中国でブランドを浸透させたからである」という(日経MJ 2010年8月8日)。

　2006年度の中国8都市における原産国イメージ調査結果をみても,中国の消費者による日本製品への高い品質評価が現れている。中国の8都市で外国製品に対する高品質な原産国イメージを調査した結果,日本製品に対する高品質なイメージの平均値は62.8％であり,ヨーロッパ(31.96％)・アメリカ(38.8％)・韓国(30.13％)となった。この結果から,中国消費者が日本に対して高い品質

**図表6-3 日本ブランドに対する
パラドックス連想の仕組み**

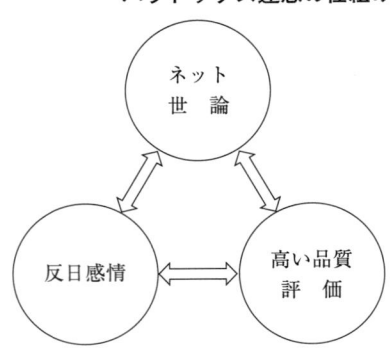

```
        ネット
        世論
       ↗    ↖
      ↙      ↘
  反日感情 ⇔ 高い品質
              評価
```

評価を下していることが明らかである（大橋・小山・博報堂中国マーケティング研究プロジェクト 2008)[(9)]。この結果からも，日本製品に対する高品質なイメージは，韓国・中国・アメリカ・ヨーロッパ製品よりも圧倒的に高いことが示されている。

　以上のことから，中国消費者の意識には反日感情というネガティブな要因だけではなく，日本製品への好意的な信念と態度が同時に存在すると考えられる。日本製品に対する高い評価というポジティブな要因と反日感情というネガティブな要因が同時に存在している日本ブランド連想を「パラドックス連想」と名付けた。以上の内容を図表で表したものが図表6-3である。

3　仮説設定

　本節では，2005年度と2010年度の反日デモ時における日本ブランドのマーケティング・コミュニケーション戦略の方向性を探るために，反日感情が高揚された時期を想定したうえで研究仮説を検証する。

　広告態度とブランド態度について，Keller（1998）は消費者の国や地域が異なれば，マーケティング活動に対する態度や意見が異なることもあるので，マーケティングミックスに対する消費者の反応の差異が存在すると指摘している。

第6章　パラドックス連想におけるコミュニケーション戦略　183

たとえば，制度としての広告に対する一般的な態度は国によって異なる。一般的にアメリカ人は広告に対してかなり批判的であるが，日本人は肯定的である。また，日米間の広告スタイルの違いも調査によって示されている。それによると，日本の広告はソフトで抽象的なトーンであるのに対して，アメリカの広告は一般的に製品情報が多い。

　グローバル・ブランドのランキング（Keller 2007, 邦訳 717頁）を確認すると，グローバル・ブランドであってもブランド・エクイティが国によって異なることが確認できる。これはリーディング・ブランドについて，世界各地でヤング&ルビカムが同社のデータベース，ブランドアセット-バリュエーター（BAV）を使って行った包括的な調査の結果である。この結果からも確認できるように，すべての国に登場するブランドは少数である。このことは，たとえトップブランドであっても，消費者の知覚は地域によって大きく異なることを示唆しており，競争の性質も異なる場合がある（Keller 2007）。

　したがって，グローバル・ブランドであっても，制度的環境（法律・政治）・地理的環境（自然環境・近隣国）・競争環境などの要因によって，同一製品およびサービスに対しても異なる消費者ニーズと使用パターンなどが存在し，ブランドに対する評価も大きく異なることになる（同一のブランドに対する異なる評価については，第2章参照）。

　つまり，価格感応性，プロモーションに対する反応，スポンサー支援など，すべてがこの調査対象国によって異なる。このようなマーケティング活動への反応の違いも，消費者行動と意思決定の差異に結び付く。たとえば，ブランドそのものに対する信念と態度がアメリカ人の購買意図に与える影響は韓国人の2倍であり，社会規範に関する信念と購買についての他者の感情が韓国人の購買意図に与える影響はアメリカ人の8倍であることが，Lee and Green（1991）による韓国とアメリカの消費者のブランド購買意図に関する比較研究において示されている[10]。

　以上のことから，国によって異なる広告態度・知覚品質・ブランド態度・購買意図が導かれると考える。よって，以下の仮説（日本ブランド1：H1a・H2a・

H3a・H4a，日本ブランド2：H7a・H8a・H9a・H10a）をたてる。

H1a・H7a：中国と韓国の消費者は同一の日本ブランド広告に対して，国ごとに異なる広告態度を示す。

H2a・H8a：中国と韓国の消費者は同一の日本ブランド広告に対して，国ごとに異なる知覚品質を示す。

H3a・H9a：中国と韓国の消費者は同一の日本ブランドに対して，国ごとに異なるブランド態度を示す。

H4a・H10a：中国と韓国の消費者は同一の日本ブランドに対して，国ごとに異なる購買意図を示す。

　Ang et al.（2004）は，1997年のアジア経済危機から生じたアメリカと日本に対する経済的敵対を要因として調査を行った。調査国はタイ・インドネシア・韓国・マレーシア・シンガポールであり，敵対対象国はアメリカと日本である。

　この研究の特徴は，Klein et al.（1998）の研究が第二次世界大戦を背景とする政治的要因を主な敵対要因として調査していたのに対し，1990年代後半のアジア経済危機に対する調査対象国における敵対要因として経済的敵対心を調査対象としたことにある。

　さらに，敵対要因を国家に対する状況的敵対，個人的な状況的敵対，国家に対する持続的敵対，個人的な持続的敵対という4つのカテゴリーに分類して調査した。その調査結果をまとめたのが第5章の図表5−6である。

　調査の結果，調査対象国（インドネシア・タイ・マレーシア・韓国）ごとに，敵対国（アメリカ・日本）への敵対心が要因別に異なることが明らかになった。たとえば，韓国では，戦後50年が経過したにもかかわらず，日本に対する敵対心は衰えていないことが見受けられた。

　したがって，経済を要因とした敵対心，戦争を要因とした敵対心は国ごとに異なると考えられる。よって，以下の仮説（日本ブランド1：H5a・H6a，日本

ブランド2：H11a・H12a）を立てる。

H5a・H11a：中国と韓国の消費者は同一の日本ブランド広告に対して，国ごとに異なる戦争を要因とした敵対心を示す。
H6a・H12a：中国と韓国の消費者は同一の日本ブランド広告に対して，国ごとに異なる経済を要因とした敵対心を示す。

　広告表現に対する消費者の反応はそれぞれ異なる。一般的に，クリエイティブ（creative）戦略とは，広告表現の展開戦略のことで，伝達すべき商品とその裏付けデータ，広告が対象とする消費者像などを総合的に考察して表現コンセプトを決定し，それに基づいて一連の表現展開を方向付けることである。マーケティング戦略をコミュニケーションとして具体化するための戦略ともいえる[11]。

　効果的な広告は一般的にクリエイティブ性があり，関連性（connectedness）・妥当性（appropriateness）・新規性（novelty）という3つの共通性があるという（Shimp 2008）。質の高い[12]テレビ広告は非常に大きい売上効果をもたらし，質の低いテレビ広告は商品ブランドの売り上げに損害を与える。質の高いクリエイティブでは売上効果が3.9％まで伸び，これは平均的なクリエイティブよりも相対的に質の高いクリエイティブのほうが178％売上効果が大きく，ほぼ確実に大きな利益を生み出すことを意味する（Rossiter and Bellman 2009）。

　したがって，広告表現に対する反応は，異なる広告態度・知覚品質・ブランド態度・購買意図・経済を要因とした敵対心・戦争を要因とした敵対心を導くと考えられる。したがって，以下の仮説（日本ブランド1：H1b・H2b・H3b・H4b・H5b・H6b，日本ブランド2：H7b・H8b・H9b・H10b・H11b・H12b）を立てる。

H1b・H7b：広告表現の相違は同一の日本ブランド広告に対して，異なる広告

態度を導く。

H2b・H8b：広告表現の相違は同一の日本ブランド広告に対して，異なる知覚品質を導く。

H3b・H9b：広告表現の相違は同一の日本ブランド広告に対して，異なるブランド態度を導く。

H4b・H10b：広告表現の相違は同一の日本ブランド広告に対して，異なる購買意図を導く。

H5b・H11b：広告表現の相違は同一の日本ブランド広告に対して，異なる戦争を要因とした敵対心を導く。

H6b・H12b：広告表現の相違は同一の日本ブランド広告に対して，異なる経済を要因とした敵対心を導く。

敵対心に関する先行研究でも考察したように，敵対心を持っている消費者にどのようなマーケティング・コミュニケーション活動を展開するのかはグローバル・ブランドにとっても重要な課題である。

今までのグローバル・ブランドのグローバル・マーケティング・コミュニケーションの構築において，重要な決定の1つとなるのが標準化戦略と現地化戦略に関する論争であった。グローバル・ブランド・エクイティを構築する広告コミュニケーション戦略についての広告の標準化と現地化に関する議論は数多くなされている。グローバル広告における標準化と現地化は，広告の表現戦略に関わっていると考えられる。

有賀（2006）は，グローバル広告における広告表現を，母国イメージ強調型・参入国同化型・ブランドワールド型という3つのタイプ[13]に分類した。

有賀（2006）のグローバル広告における表現戦略を，標準化と現地化のカテゴリーからみると，母国イメージ強調型とブランドワールド型の広告表現戦略はブランドのグローバル性を前面に出す標準化戦略としても捉えることができる。これらのグローバル・ブランドの標準化戦略は，グローバル・ブランドとしての価値（ブランドのグローバル性，信頼性など）を現地国の消費者に与える

第6章 パラドックス連想におけるコミュニケーション戦略　187

ことができると考えられる。

　さらに，有賀（2006）の母国イメージ強調型のグローバル広告は，国という2次的ブランド連想のイメージをブランド自体にリンクさせるブランド・レバレッジ戦略（Shimp 2008）としてみなすことができる。

　しかしながら，たとえば，中国市場における日本ブランドのように，グローバル・ブランド連想に結び付いた国家イメージ効果のパラドックス（良好な日本製品イメージ vs. 敵対心）についてグローバル・ブランドはどのように対処すべきかに関する議論は，学術的研究領域では試みられていなかった。そのため，本研究では，日本ブランド連想に結び付いた国家イメージ効果のパラドックス（良好な製品イメージ vs. 反日感情）を実証する。

　Klein et al.（1998）は，中国の南京の消費者を調査した結果，南京の消費者の敵対心は消費者エスノセントリズムとは異なって，敵対心は製品の品質とは独立して購買意図のみに対してネガティブな影響を及ぼしているという。

　したがって，あるブランドの母国に敵対心を持っている消費者には，ブランドの母国強調型広告表現がネガティブな効果をもたらすと考える。

　したがって広告表現により，異なる広告態度・知覚品質・ブランド態度・購買意図・経済を要因とした敵対心・戦争を要因とした敵対心が導かれると考える。ここから，以下の仮説（日本ブランド1の韓国消費者：H1c・H2c・H3c・H4c・H5c・H6c，日本ブランド1の中国消費者：H1d・H2d・H3d・H4d・H5d・H6d，日本ブランド2の韓国消費者：H7c・H8c・H9c・H10c・H11c・H12c，日本ブランド2の中国消費者：H7d・H8d・H9d・H10d・H11d・H12d）を立てる。

H1c・H1d・H7c・H7d：日本イメージ強調型広告より単純な事実提示型広告のほうに高い広告態度を示す。

H2c・H2d・H8c・H8d：日本イメージ強調型広告より単純な事実提示型広告のほうに高い知覚品質を示す。

H3c・H3d・H9c・H9d：日本イメージ強調型広告より単純な事実提示型広告のほうに高いブランド態度を示す。

H4c・H4d・H10c・H10d：日本イメージ強調型広告より単純な事実提示型広告のほうに高い購買意図を示す。

H5c・H5d・H11c・H11d：単純な事実提示型広告より日本イメージ強調型広告のほうに強い戦争を要因とした敵対心を示す。

H6c・H6d・H12c・H12d：単純な事実提示型広告より日本イメージ強調型広告のほうに強い経済を要因とした敵対心を示す。

4　実証研究

4.1　調査設計

　本研究の事前調査は，早稲田大学大学院に在籍する中国と韓国の留学生を対象として行った。調査日程は，2008年12月15日である。事前調査は，まずインタビュー調査を実施して調査対象の製品，ブランド，日本を象徴するイメージ（国旗と着物）を決定した。そして，その調査対象ブランド，製品，日本を象徴するイメージを取り入れたカラー広告を作成した。

　その後，作成したカラー広告への広告態度・知覚品質・ブランド態度・購買意図・経済を要因とした敵対心・戦争を要因とした敵対心の質問項目を先行研究に基づいて加え，予備調査を行った。予備調査の結果が有意だったため，本調査に入ることにした。

　調査プロセスは，第3節で考察した2005年の反日デモを想定し，①反日関連の情報⇒②インターネットによる拡散と反日デモ⇒③日系企業のマーケティング・コミュニケーション対策，というプロセスを再現するために，調査の冒頭で反日関連の記事を被験者に読ませ，反日感情をプライミングさせた。次に調査対象の広告を提示し，調査を行った。本調査は，2009年2月15日〜2009年2月24日に中国と韓国の消費者を対象に行った。インターネットによるオンライン調査を採用した。

4.2 測定尺度

　日本イメージ強調型広告表現は，事前調査結果に基づき，着物を着ている女性（以下：日本イメージ1）と日本国旗（以下：日本イメージ2）にした。調査対象製品とブランドは，ソニーのデジタルカメラ（以下：日本ブランド1）と，アサヒビール（以下：日本ブランド2）を設定した[14]。

　なお，従属変数は，広告態度（Elliot and Speck 1998; Brackett and Carr 2001），知覚品質（Buchanan, Simmons and Bickart 1999），ブランド態度（Shamdasani, Stanaland and Tan 2001），購買意図（Coyle and Thorson 2001），戦争を要因とした敵対心（Nijssen and Douglas 2004），経済を要因とした敵対心（Nijssen and Douglas 2004）に関する質問項目であり，それぞれ，7段階尺度（全くあてはまらない―非常にあてはまる）により測定した。

　以上のような実験の独立変数と従属変数を組み合わせ，国（中国・韓国）×広告表現（日本イメージ1・日本イメージ2・無表示）となる2×3被験者間要因配置法によって行った。

4.3 分析1 （日本ブランド1）

　日本ブランド1に対する中国と韓国の消費者における日本的広告効果を多次元的にさぐるために，広告表現（日本イメージ1・日本イメージ2・無表示）と調査対象ブランドを取り入れたカラー広告への広告態度・知覚品質・ブランド態度・購買意図・経済を要因とした敵対心・戦争を要因とした敵対心の6変数を従属変数として，国（中国・韓国）×広告表現となる2×3被験者間要因配置法で検証を行った。

4.3.1 広告態度

　図表6-4は国（2）×広告表現（3）によって，広告態度を分析し，広告態度の下位得点の平均と標準偏差を示したものである。日本ブランド1を対象にした分散分析の結果，広告態度への国の主効果（$F(1,414)=25.991$, $p<.000$）

第Ⅲ部　感情的原産国イメージ

図表6-4　広告態度への国と広告表現の効果

広告表現	国　名	M	SD
日本イメージ1	韓　国	3.07	1.16
	中　国	2.85	1.29
日本イメージ2	韓　国	2.48	1.01
	中　国	2.49	1.45
無　表　示	韓　国	4.17	0.95
	中　国	2.56	1.43

は有意であった。したがって，H1aは支持された。また，広告態度への広告表現の主効果（$F(2,414)=18.333, p<.000$）で有意であった。したがって，H1bは支持された。

　広告態度への国と広告表現の交互作用（$F(2,414)=26.313, p<.000$）も有意であった。交互作用が有意だったため，単純主効果を検定した。単純主効果検定とは交互作用が有意のときに，因子別に他方の因子のどの水準間に差があるかをみる検定である。

　国と広告表現へのペア比較から，国と広告表現の組合せによる広告態度の母平均の推定値が得られた。このペア別の比較表によって，国ごとに広告表現によって母平均の差があることが確認できた。韓国の消費者を対象にした調査では，無表示のほうが日本イメージ1と日本イメージ2より高い。したがって，H1cは支持された。さらに，日本イメージ1のほうが日本イメージ2より有意的差があることがわかった。一方，中国の消費者を対象にした調査では，広告表現間の有意差は存在しなかった。したがって，H1dは棄却された。

　これらのことから，広告態度への広告表現効果は，韓国の消費者には存在するが中国の消費者には存在しないことが明らかになった。広告表現別，また国ごとに平均の差をみると，韓国の消費者は中国の消費者より，無表示の広告表現に高い広告態度を示すことが確認できた。

第6章 パラドックス連想におけるコミュニケーション戦略　191

図表6-5　知覚品質への国と広告表現の効果

広告表現	国　名	M	SD
日本イメージ1	韓　国	4.07	1.23
	中　国	4.15	1.43
日本イメージ2	韓　国	3.99	1.45
	中　国	3.98	1.69
無　表　示	韓　国	4.34	1.14
	中　国	4.50	1.44

4.3.2　知覚品質

　図表6-5は国（2）×広告表現（3）によって知覚品質を分析し，知覚品質の下位得点の平均と標準偏差を示したものである。日本ブランド1を対象にした分散分析の結果，知覚品質への国の主効果（$F(1,414)=0.297, p>.05$）は有意ではなかった。したがって，H2aは棄却された。また，知覚品質への広告表現の主効果（$F(2,414)=3.649, p<.05$）は有意であった。したがって，H2bは支持された。知覚品質への国と広告表現の交互作用（$F(2,414)=0.127, p>.05$）は有意ではなかった。以上のことによって，知覚品質への広告表現を分析すると，知覚品質への効果は無表示のほうが日本イメージ2よりも高いことがわかった。したがって，H2cとH2dは支持された。

4.3.3　ブランド態度

　図表6-6は国（2）×広告表現（3）によってブランド態度を分析し，ブランド態度の下位得点の平均と標準偏差を示したものである。日本ブランド1を対象にした分散分析の結果，ブランド態度への国の主効果（$F(1,414)=0.647, p>.05$）は有意ではなかった。したがって，H3aは棄却された。また，ブランド態度への広告表現の主効果（$F(2,414)=3.964, p<.05$）は有意であった。したがって，H3bは支持された。ブランド態度への国と広告表現の交互作用（$F(2,414)=0.143, p>.05$）は有意ではなかった。以上のことから，ブランド態度へ

図表6-6 ブランド態度への国と広告表現の効果

広告表現	国　名	M	SD
日本イメージ1	韓　国	3.97	1.13
	中　国	3.91	1.41
日本イメージ2	韓　国	3.73	1.18
	中　国	3.68	1.68
無 表 示	韓　国	4.27	1.19
	中　国	4.06	1.58

図表6-7 購買意図への国と広告表現の効果

広告表現	国　名	M	SD
日本イメージ1	韓　国	2.90	1.45
	中　国	3.57	1.68
日本イメージ2	韓　国	2.51	1.32
	中　国	3.53	1.78
無 表 示	韓　国	3.45	1.46
	中　国	3.63	1.76

の広告表現へのペアを分析すると，ブランド態度への効果は無表示が日本イメージ2よりも高いことがわかった。したがって，H3cとH3dは支持された。

4.3.4 購買意図

図表6-7は国（2）×広告表現（3）によって，購買意図を分析し，購買意図の平均と標準偏差を示したものである。日本ブランド1を対象にした分散分析の結果，購買意図への国の主効果（$F(1,414)=16.354, p<.000$）は有意であった。したがって，H4aは支持された。また，購買意図への広告表現の主効果（$F(2,414)=3.817, p<.05$）は有意であった。したがって，H4bは支持された。

購買意図への国と広告表現の交互作用（$F(2,414)=2.478, p>.05$）は有意ではなかった。以上のことから，購買意図への広告表現を分析すると，日本ブラン

第6章　パラドックス連想におけるコミュニケーション戦略　193

図表 6-8　戦争を要因とした敵対心への国と広告表現の効果

広告表現	国　名	M	SD
日本イメージ1	韓　国	2.90	1.20
	中　国	3.91	1.41
日本イメージ2	韓　国	2.97	1.20
	中　国	3.68	1.68
無　表　示	韓　国	3.05	1.34
	中　国	4.06	1.58

ド1への購買意図は中国の消費者のほうが韓国の消費者より高い購買意図を示していることが確認できた。さらに，購買意図への効果は無表示のほうが日本表現2よりも有意的に高いことが明らかになった。したがって，仮説 H4c と H4d は支持された。

4.3.5　戦争を要因とした敵対心

　図表6-8は国（2）×広告表現（3）によって戦争を要因とした敵対心を分析し，戦争を要因とした敵対心の下位得点の平均と標準偏差を示したものである。日本ブランド1を対象にした分散分析の結果，戦争を要因とした敵対心への国の主効果（$F(1,414)=29.812, p<.000$）は有意であった。したがって，H5a は支持された。また，戦争を要因とした敵対心への広告表現の主効果（$F(2,414)=0.941, p>.05$）は有意ではなかった。したがって，H5b は棄却された。

　戦争を要因とした敵対心への，国と広告表現の交互作用（$F(2,414)=0.411, p>.05$）も有意ではなかった。さらに，日本ブランド1への戦争を要因とした敵対心は中国の消費者のほうが韓国の消費者より高いことが確認できた。さらに，広告表現の効果は有意差が存在しないこともわかった。したがって，H5c と H5d は棄却された。

194　第Ⅲ部　感情的原産国イメージ

図表6-9　経済を要因とした敵対心への国と広告表現の効果

広告表現	国名	M	SD
日本イメージ1	韓国	2.98	1.21
	中国	3.64	1.55
日本イメージ2	韓国	2.91	1.01
	中国	3.71	1.93
無表示	韓国	3.07	1.27
	中国	3.66	1.34

4.3.6　経済を要因とした敵対心

　図表6-9は国（2）×広告表現（3）によって経済を要因とした敵対心を分析し，経済を要因とした敵対心の下位得点の平均と標準偏差を示したものである。日本ブランド1を対象にした分散分析の結果，経済を要因とした敵対心への国の主効果（$F(1,414)=24.875$, $p<.000$）は有意であった。したがって，H6aは支持された。また，経済を要因とした敵対心への広告表現の主効果（$F(2,414)=0.066$, $p>.05$）は有意ではなかった。したがって，H6bは棄却された。

　経済を要因とした敵対心への国と広告表現の交互作用（$F(2,414)=0.220$, $p>.05$）も有意ではなかった。以上のことから，日本ブランド1への経済を要因とした敵対心は中国の消費者のほうが韓国の消費者より高いことが確認できた。さらに，広告表現の効果は有意差が存在しないこともわかった。したがって，H6cとH6dは棄却された。

4.4　分析2（日本ブランド2）

　日本ブランド2に対する中国と韓国の消費者における日本的広告効果を多次元的にさぐるために，広告表現（日本イメージ1，日本イメージ2，無表示）を取り入れた日本ブランド2のカラー広告への広告態度・知覚品質・ブランド態度・購買意図・経済を要因とした敵対心，戦争を要因とした敵対心の6変数を従属変数として，国（韓国・中国）×広告表現（日本イメージ1，日本イメージ

2，無表示）となる2×3被験者間要因配置法で検証を行った。

4.4.1 広告態度

図表6-10は国（2）×広告表現（3）によって広告態度を分析し，広告態度の下位得点の平均と標準偏差を示したものである。日本ブランド2を対象にした分散分析の結果，広告態度への国の主効果（$F(1,414)=7.375, p<.05$）は有意であった。したがって，H7aは支持された。また，広告態度への広告表現の主効果（$F(2,414)=13.537, p<.000$）は有意であった。したがって，H7bは支持された。

広告態度への国と広告表現の交互作用（$F(2,414)=7.868, p<.000$）も有意であった。

交互作用が有意だったため，単純主効果を検定した。広告態度へのペアごとの比較から，国と広告表現の組合せによる広告態度の母平均の推定値が得られた。このペア別の比較表によって，国ごとに広告表現によって母平均の差があることが確認できた。韓国の消費者を対象にした調査では，無表示のほうが日本イメージ1と日本イメージ2より高い。さらに，日本イメージ1のほうが日本イメージ2より有意的差があることがわかった。したがって，H7cは支持された。

中国の消費者を対象にした調査では，広告表現間の有意差は存在しなかった。

図表6-10　広告態度への国と広告表現の効果

広告表現	国　名	M	SD
日本イメージ1	韓　国	3.02	1.07
	中　国	3.48	1.25
日本イメージ2	韓　国	2.37	1.03
	中　国	3.18	1.42
無　表　示	韓　国	3.68	1.18
	中　国	3.37	1.27

したがって，H7d は棄却された。有意ではないが，日本イメージ1のほうが日本イメージ2と無表示よりは高い。これらのことから，広告態度への広告表現効果は，韓国の消費者には存在するが中国の消費者には存在しないことが明らかになった。

広告イメージ別，また国ごとに平均の差をみると，中国の消費者は韓国の消費者より，日本イメージ1と日本イメージ2を使用した場合，高い広告態度を導くことが確認できた。

4.4.2 知覚品質

図表6-11は国（2）×広告表現（3）によって知覚品質を分析し，知覚品質の下位得点の平均と標準偏差を示したものである。日本ブランド2を対象にした分散分析の結果，知覚品質への国の主効果（$F(1,414)=29.897, p<.000$）は有意だった。したがって，H8a は支持された。また，知覚品質への広告表現の主効果（$F(2,414)=2.800, p>.05$）は有意ではなかった。したがって，H8b は棄却された。

知覚品質への国と広告表現の交互作用（$F(2,414)=3.645, p<.05$）は有意だった。

以上のことから，知覚品質への国の影響の分析結果から，韓国の消費者のほうが中国の消費者より，高い知覚品質を示していることが確認できた。

図表6-11 知覚品質への国と広告表現の効果

広告表現	国名	M	SD
日本イメージ1	韓国	3.46	1.31
	中国	3.19	1.47
日本イメージ2	韓国	3.37	1.29
	中国	2.56	1.47
無表示	韓国	3.88	1.38
	中国	2.70	1.50

第6章 パラドックス連想におけるコミュニケーション戦略　197

知覚品質への国と広告表現の交互作用が有意だったため，単純主効果を検定した。国と広告表現の組合せによる知覚品質の母平均の推定値が得られた。このペア別の比較表により，国ごとの広告表現によって母平均に差があることが確認できた。

韓国の消費者を対象にした調査では，広告表現間の有意差は存在しなかった。したがって，H8cは棄却された。中国の消費者を対象にした調査では，日本イメージ1のほうが日本イメージ2より高い知覚品質を導くことが確認できた。したがって，H8dは棄却された。これらのことから，知覚品質への広告表現効果は，中国の消費者には存在するが韓国の消費者には存在しないことが明らかになった。

広告表現別，また国ごとに平均の差をみると，韓国の消費者は中国の消費者より，無表示と日本イメージ2を使用した場合のほうが，高い知覚品質を導くことも確認できた。

4.4.3 ブランド態度

図表6-12は国（2）×広告表現（3）によってブランド態度を分析し，ブランド態度の下位得点の平均と標準偏差を示したものである。日本ブランド2を対象にした分散分析の結果，ブランド態度への国の主効果（$F(1,414)=32.375, p<.000$）は有意ではなかった。したがって，H9aは棄却された。ブラ

図表6-12　ブランド態度への国と広告表現の効果

広告表現	国名	M	SD
日本イメージ1	韓国	3.33	1.22
	中国	3.01	1.40
日本イメージ2	韓国	3.11	1.19
	中国	2.32	1.32
無表示	韓国	3.66	1.42
	中国	2.52	1.47

ンド態度への広告表現の主効果（$F(2,414)=4.418, p<.05$）は有意であった。したがって，H9bは支持された。

　広告態度への国と広告表現の交互作用（$F(2,414)=3.227, p<.05$）も有意であった。知覚品質への国と広告表現の交互作用が有意だったため，単純主効果を検定した。国と広告表現のペア比較から，国と広告表現の組合せによるブランド態度の母平均の推定値が得られた。このペア別の比較表によって，国ごとに広告表現によって母平均の差があることが確認できた。韓国の消費者を対象にした調査では，無表示のほうが日本イメージ2より高い知覚品質を導くことが確認できた。したがって，H9cは支持された。

　一方，中国の消費者を対象にした調査では，日本イメージ1のほうが日本イメージ2より高い知覚品質を導くことが確認できた。したがって，H9dは棄却された。

　これらのことから，ブランド態度への広告表現効果は，韓国の消費者と中国の消費者では異なることが明らかになった。広告表現別，国ごとに平均の差をみると，韓国の消費者は中国の消費者より，無表示と日本表現2を使用した場合，高いブランド態度を導くことも確認できた。

4.4.4　購買意図

　図表6-13は国（2）×広告表現（3）によって購買意図を分析し，購買意図の平均と標準偏差を示したものである。日本ブランド2を対象にした分散分析の結果，購買意図への国の主効果（$F(1,414)=2.217, p>.05$）は有意ではなかった。したがって，H10aは棄却された。また，購買意図への広告表現の主効果（$F(2,414)=7.569, p<.01$）は有意であった。したがって，H10bは支持された。

　購買意図への国と広告表現の交互作用（$F(2,414)=6.786, p<.01$）も有意であった。購買意図への国と広告表現の交互作用が有意だったため，単純主効果を検定した。その結果，国と広告表現の組合せによる購買意図の母平均の推定値が得られた。このペア別の比較表によって，国ごとに広告表現によって母平均

図表6-13　購買意図への国と広告表現の効果

広告表現	国名	M	SD
日本イメージ1	韓国	2.73	1.33
	中国	3.07	1.50
日本イメージ2	韓国	2.33	1.27
	中国	2.25	1.25
無表示	韓国	3.25	1.59
	中国	2.37	1.40

の差があることが確認できた。韓国の消費者を対象にした調査では，無表示のほうが日本イメージ2より高い購買意図を導くことが確認できた。したがって，H10cは支持された。

一方，中国の消費者を対象にした調査では，日本イメージ1のほうが日本イメージ2と無表示より高い購買意図を導くことが確認できた。したがって，H10dは棄却された。これらのことから，購買意図への広告表現効果は，韓国の消費者と中国の消費者では異なることが明らかになった。広告表現ごとに国によって平均の差をみると，韓国の消費者は中国の消費者より，無表示を使用した場合のほうが，高い購買意図を導くことも確認できた。

4.4.5　戦争を要因とした敵対心

図表6-14は国（2）×広告表現（3）によって戦争を要因とした敵対心を分析し，戦争を要因とした敵対心の下位得点の平均と標準偏差を示したものである。日本ブランド2を対象にした分散分析の結果，戦争を要因とした敵対心への国の主効果（$F(1,414)=56.197$, $p<.000$）は有意であった。したがって，H11aは支持された。

また，戦争を要因とした敵対心への広告表現の主効果（$F(2,414)=3.371$, $p<.05$）は有意であった。したがって，H11bは支持された。一方，戦争を要因とした敵対心への国と広告表現の交互作用（$F(2,414)=2.136$, $p>.05$）は有意では

図表6-14　戦争を要因とした敵対心への国と広告表現の効果

広告表現	国　名	M	SD
日本イメージ1	韓　国	3.05	1.29
	中　国	3.77	1.71
日本イメージ2	韓　国	3.11	1.47
	中　国	4.58	1.88
無　表　示	韓　国	3.16	1.51
	中　国	4.53	1.83

図表6-15　経済を要因とした敵対心への国と広告表現の効果

広告表現	国　名	M	SD
日本イメージ1	韓　国	2.97	1.19
	中　国	3.60	1.70
日本イメージ2	韓　国	3.02	1.22
	中　国	4.27	1.96
無　表　示	韓　国	3.13	1.43
	中　国	4.38	1.79

なかった。

　日本ブランド2への戦争を要因とした敵対心は中国の消費者のほうが韓国の消費者より高いことが確認できた。さらに，広告表現の効果は無表示のほうが日本イメージ1より高いことがわかった。したがって，H11cとH11dは棄却された。

4.4.6　経済を要因とした敵対心

　図表6-15は国（2）×広告表現（3）によって経済を要因とした敵対心を分析し，経済を要因とした敵対心の下位得点の平均と標準偏差を示したものである。日本ブランド2を対象にした分散分析の結果，経済を要因とした敵対心

への国の主効果（$F(1,414)=46.794$, $p<.000$）は有意であった。したがって，H12a は支持された。

また，経済を要因とした敵対心への広告表現の主効果（$F(2,414)=5.510$, $p<.05$）は有意であった。したがって，H12b は支持された。

経済を要因とした敵対心への国と広告表現の交互作用（$F(2,414)=1.900$, $p>.05$）は有意ではなかった。以上のことから，日本ブランド2への経済を要因とした敵対心は中国の消費者のほうが韓国の消費者より高いことが確認できた。さらに，広告表現の効果は無表示のほうが日本イメージ1よりも高いことが確認できた。したがって，H12c と H12d は棄却された。

4.5 検証結果

以上の検証結果を調査対象ブランド別に考察してみると次のとおりである。

第1に，日本ブランド1を調査対象にした際には，日本イメージを強調する広告はネガティブな広告態度・知覚品質・ブランド態度・購買意図をもたらすことが明らかになった。つまり，2005年と2010年に勃発したような反日ムードが高まった時期の中国と韓国の消費者は，日本イメージが顕著なマーケティング・コミュニケーションは，相応しくないことが確認された。ただし，日本のイメージが強い広告は，経済を要因とした敵対心と戦争を要因とした敵対心を強化または刺激することは確認できなかった。

第2に，日本ブランド2を調査対象にした際には，日本イメージを強調した広告は，韓国の消費者における広告態度・ブランド態度・購買意図にネガティブな影響を及ぼしていることが確認できた。一方，中国の消費者は，反日感情にもかかわらず日本イメージ1を広告表現に用いた日本のイメージ強調型広告に高い知覚品質・ブランド態度・購買意図を示していることが確認できた。さらに，中国と韓国の消費者では，日本のイメージを強調した広告に対して，経済を要因とした敵対心，戦争を要因とした敵対心が高まらないことが明らかになった。

第3に，日本ブランド1・2に対して，中国と韓国の消費者は異なる広告態

度・購買意図・戦争を要因とした反日感情・経済を要因とした敵対心を示すことが明らかになった。

第4に，日本ブランド1・2に対して，広告表現の相違は異なる広告態度・知覚品質・ブランド態度・購買意図を導くことが明らかになった。

5 まとめ

本章では，「反日感情」をマーケティング・コミュニケーション戦略の側面から考察した。2005年と2010年の大規模な反日デモのような企業外の危機的な状況下におけるコミュニケーション戦略の方向性を検証した。

その結果，パラドックス連想が進出先の国の消費者に存在する場合，反日ムードが高まった際にはブランドの母国のイメージを強調する広告は，ネガティブな広告態度・知覚品質・ブランド態度・購買意図などをもたらすことが明らかになった。

反日感情の高まった時期を備えた日本ブランドのグローバル・マーケティング・コミュニケーション戦略も必要とされる。たとえば，日本ブランドの先進性・技術の高さ・異国性などを前面に出したグローバル・イメージ訴求型のコミュニケーション戦略，または進出先の国に適合した広告表現を駆使したコミュニケーション戦略を実行する必要性があることが明らかになった。

したがって，反日ムードが高まった時期には，ブランドの母国イメージを排除した無国籍のグローバル・マーケティング・コミュニケーション戦略が有効であると考えられる。一方，2005年のような時期の日本イメージ強調型広告が，経済を要因とした敵対心，戦争を要因とした敵対心を強化または刺激することは確認されなかったことから，マーケティング・コミュニケーション活動による反日感情のさらなる高揚はないことが確認できた。

また，中国と韓国の消費者はそれぞれ異なる広告態度・購買意図・戦争を要因とした敵対心・経済を要因とした敵対心などを示すことが明らかになった。さらに，広告表現の相違も異なる広告態度・知覚品質・ブランド態度・購買意

第6章 パラドックス連想におけるコミュニケーション戦略 203

図などを導くことが明らかになった。

以上の結果から，アジアの消費者のパラドックス連想に対するマーケティング・コミュニケーション戦略としては，受け手を中心としたマーケティング・コミュニケーション戦略の必要性が再確認された。さらに，自国とは異なる進出先の国ごとの現地消費者が知覚しているブランド・イメージを確認する重要性と，進出先の国ごとのマーケティング・コミュニケーション戦略の必要性が確認された。

本研究のインプリケーションは，以下のとおりである。

第1に，新たなグローバル・ブランド・コミュニケーション戦略の必要性があげられる。本章の調査でも明らかになったように，日本ブランドに対して，韓国の消費者と中国の消費者は異なる信念，態度を形成していることが示された。したがって，日本ブランドは自国とは異なる進出国ごとの現地消費者が知覚している自社ブランド連想を，ブランド・ポートフォリオ・マップを作成して，体系的に管理する必要がある。

日本企業の新興国市場開拓戦略にも，消費者向け企業は，「マスメディア，広告の活用」(32.8%)と「セールスプロモーション」(46.9%)など，現地のコミュニケーション戦略の重要性をあげている企業が多い[15]。このこともまた，体系的なグローバル・ブランド・コミュニケーション戦略の必要性を示唆していると考えられる。

第2に，中国と韓国の消費者に対する新たなブランド・イメージ調査の必要性が提示された。日本ブランド2を対象にした中国の消費者調査でも示されたように，中国の消費者は，戦争および経済を要因とした強い反日感情があるにもかかわらず，日本イメージ1に対する高い知覚品質，ブランド態度，購買意図が確認できた。

これらの結果は，中国と韓国消費者における日本的連想体系はネガティブな領域とポジティブな領域が一致していないことを裏付ける。さらに，韓国消費者における日本ブランドに対する知識構造では，日本イメージ1のノードは反日感情のノードと関連しているが，中国の消費者における日本ブランドに対す

る知識構造では，日本イメージ1のノードは日本に対するポジティブな領域とリンクされていると推測される。

したがって，今後の研究では反日感情と日本イメージに関するさらなる調査が必要であろう。より幅広い素材イメージを実験対象とした調査を行い，日本イメージに対するポジティブな領域のイメージとネガティブな領域のイメージを確かめる必要があるだろう。

第3に，グローバル・ブランドのブランド・ポートフォリオ戦略の必要性が考えられる。第1章と第2章で示したように，各国の消費者は，同一ブランドに対して異質のイメージが存在する。このブランド連想におけるイメージを確認してから，企業のブランド・コミュニケーション戦略を構築する必要があるだろう。したがって，グローバル・ブランドのブランド・ポートフォリオ戦略に関する研究も考えらえる。

第4に，マーケティング・コミュニケーション戦略の現地化を中心とした原産国イメージ研究の必要性が挙げられる。従来のグローバル・マーケティング・コミュニケーションに関するインプリケーションは，テレビCMを中心としたマス広告の現地化の必要性を提示したものがほとんどであった。

亀井（1997）は，「受け手（すなわち人間）の想像力ないしは独創力を刺激し促進することのできるあらゆる広告コミュニケーション的な発見と積極的な利用にその鍵が存在しているのである」と指摘した。亀井の指摘からグローバル・ブランド・コミュニケーションに関する研究をみると，テレビCMを中心としたマス広告だけの現地化から，受け手（各国の消費者）を中心としたブランド・コミュニケーションに転換する必要があると思われる。ブランド・オリジンにおけるネガティブな原産国イメージを緩和し，ポジティブなブランド連想を変容させるグローバル・ブランド・コミュニケーションの全般に視野を広げ，コミュニケーション戦略の開発・展開ができるグローバル・ブランド・コミュニケーションに関する議論が必要であろう。

最後に，今回の調査では反日感情が強い地域（中国・韓国）において，反日ムードが高まった時期の消費者の購買行動を実証・分析を行ったが，今後は平

第6章 パラドックス連想におけるコミュニケーション戦略　205

常時における行動研究や調査国の拡大など，さらなる研究が不可欠であろう。

（1）このような体系は連想ネットワーク・モデルと呼ばれている。連想ネットワーク・モデルでは，記憶を多数のノードと，それらを互いに結び付けるリンクからなるネットワークとして捉えている。ノードとは頭の中に蓄えられた情報や概念のことで，リンクとはそれらの情報同士，概念同士の結び付きの強さである（Keller 2007）。
（2）反日デモのような反日ムードが高まった時期に，広告キャンペーンを中止すべきかどうか，日本イメージを控えるべきかどうか等。
（3）プライミング効果とは，先行刺激の受容が後続刺激の処理に無意識的に促進効果を及ぼすことである。
（4）グローバル企業のトラブル内容は，中国のネットで拡散された内容をもとに作成したために，真相とは異なる内容もあり得る。
（5）2009年3月に中国現地（北京・天津）で行った定性調査の際にも，当時トヨタ自動車のリコール問題に対して，アメリカ市場における対応と中国市場における対応のギャップが指摘されていた。さらに，中国国内市場における外国ブランド製品の価格がかなり高いことから，外国企業は中国市場で中国の消費者を搾取しているという意見もあった。
（6）中国の新しい民族主義の台頭についての内容は，蔡　林海（2006）『巨大市場と民族主義〜中国中産階層のマーケティング戦略〜』9-12頁をもとに引用した。
（7）本記述は「第25次中国互連網絡発展状況統計報告」（2010.1）を翻訳して記述した。
（8）本記述（中国の伝統メディアの状況）は『中国情報ハンドブック』の内容を基に記述した。
（9）日本製品に対する高品質なイメージの平均値（上海：55.2・北京：65.3・広州：55.0・成都：57.3・大連：69.4・福州：60.3・瀋陽：75.5・武漢：64.5）であり，ヨーロッパ（上海：33.0・北京：30.5・広州：29.0・成都：43.9・大連：35.0・福州：31.6・瀋陽：25.0・武漢：27.7），アメリカ（上海：41.3・北京：32.5・広州：42.0・成都：41.5・大連：38.2・福州：44.9・瀋陽：37.3・武漢：32.6），韓国の製品（上海：18.9・北京：26.1・広州：24.1・成都：35.4・大連：36.6・福州：30.6・瀋陽：35.5・武漢：33.8）よりも遥かに高い。
（10）Keller（1998），恩蔵直人・亀井昭宏訳（2000）『戦略的ブランド・マネジメント』638-639頁。
（11）亀井昭宏監修（2008）『電通広告辞典』。
（12）広告における質はクリエイティブの高さを意味する。
（13）①母国イメージ強調型：商品の母国，ないしは母国地域的な表現要素を強調するタイプである。母国との結び付きを強調できる商品や，参入市場における母国イメージが良好である場合が条件で，良好な母国イメージを付与することによる商品のイメージアップを図るのが狙いである。たとえば，フランスの香水，スイスの時計，アメリカのたばこなどが挙げられる。日産が高級車ブランドであるインフィニティを，はじめてアメリカ市場に投入した際の和風広告も，これにあたる。
②参入国同化型：参入国に特有の表現要素を強調することによって，同化や親近性の向上を図るタイプである。参入国の事情に対応して仕様変更した点があることを強調できる商品や，類似競争商品にグローバル・ブランドが多い場合が条件である。参入国イメージを

付与することにより，商品の独自性，親近性の向上を図ることができる。
　③ブランドワールド型：国際性の訴求や参入国的な表現要素を特に強調せず，当該商品の持つ独自の機能の説明やブランドイメージを訴求するタイプである。商品の機能，品質やブランド・イメージに独自性，有意性がある場合や，消費者に商品の機能，品質，ブランドイメージに対するこだわりが強い場合が条件である。
(14) 中国市場における日系企業トップ10社をみると，自動車メーカーが多い。中国における自動車普及率はまだかなり低く，学生に身近な製品とはいえないため，上記のブランド1とブランド2を調査対象とした。
(15) 『通商白書（2010）』308頁。

第IV部

原産国イメージに基づいたブランド戦略

第7章　ブランド・レバレッジ戦略

1　二次的ブランド連想の活用

　広告に有名人（celebrity）を起用する手法は，マーケティング・コミュニケーション戦略の1つとして定着している。第2章で論じたように，原産国イメージもまた，ブランドに結び付き，ブランド・エクイティを構築する1つの要因となりうる。
　Shimp（2008）はブランドを場所（原産国）・人（有名人）・物事（コーズ）・別のブランドにリンクさせるブランド・レバレッジ・プロセス（Keller 2003）をブランド・レバレッジ（brand leverage）戦略とみなし，いずれもブランド・エクイティを構築する方法と位置づけている。
　そこで本章ではまず，レバレッジ戦略の必要性とブランド・レバレッジ戦略について概観する。そして，日本の消費者を対象に行った実証調査をもとに，有名人の持っている原産国イメージが消費者のブランド連想に移転，または強化するプロセスを明らかにし，原産国イメージと有名人を活用したブランド・レバレッジ戦略の効果を検証する。

2　ブランド・レバレッジ戦略

　ブランド・レバレッジ戦略の中でも，原産国イメージと有名人に焦点を当て，マーケティング・コミュニケーションの観点からブランド・レバレッジ戦略の可能性について考察していきたい。

2.1 ブランド・レバレッジ戦略の必要性

　ブランド・エクイティを強化するためには消費者の記憶に強く，好ましく，そしてユニークなブランド連想を抱かせる必要がある。ポジティブなブランド・イメージは，強く，好ましく，そしてユニークな連想を記憶内で当該ブランドに結び付けるマーケティング・コミュニケーションによって形成される（Keller 1998）。つまり，ブランド連想は，広告コミュニケーションをコントロールするマーケターによって形成されるが，そうではない場合もある。どのような方法で強く，好ましく，ユニークなブランド連想を抱かせるかについては解明されていない。

　Shimp (2008) によると，具体的にブランド・エクイティを強化する方法としては，①自ら話す（speak-for-itself），②メッセージ誘導（message driven），③レバレッジ（leveraging）戦略という3つの戦略的方法がある。

　①ブランド・エクイティを強化する方法の1つである「自ら話す」方法は，ブランドが「自ら話す」ことによって，ブランドに対する好意的または好意的でない連想をもたらすことである。たとえば，ブランドの使用経験は典型的な「自ら話す」方法である。消費者があるブランドを使用しながら，良いか悪いか，またはそのブランド提供する便益は何かを学習する。ところが消費者のブランド使用がなく，外部から情報も与えられないと，消費者のブランドについての理解は十分でない場合が多い。したがって，「自ら話す」アプローチにおけるマーケティング・コミュニケーションは限定的な役割しか遂行できない。

　②メッセージ誘導は，ブランドが持っている特徴とそれが提供する便益を繰り返し訴求することによって，好ましい連想を形成することを指す。

　企業側が発信するマーケティング・コミュニケーション・メッセージのクリエイティブ性を高めることによって，コミュニケーションの受け手である消費者は企業側のコミュニケーション・メッセージに関心を寄せるようになる。その結果，消費者における望ましいブランド連想を形成する。「自ら話す」と「メッセージ誘導」という2つの方法は相互排他的なアプローチではない。消

第7章　ブランド・レバレッジ戦略　211

費者のブランド連想はブランド経験によって学習されると同時に，マーケティング・コミュニケーション・メッセージが露出されることによって形成されるためである。

③現在のような競争が激化している市場で使用されるもう1つのブランド・エクイティ構築方法が「レバレッジ戦略」である。ブランド・レバレッジ戦略とは，人，場所，モノ，別のブランドにすでに含まれている好ましい知識を，対象ブランドに関連付けるコミュニケーションによって，消費者のブランド連想を具体化し，ブランド・エクイティを強化させるマーケティング・コミュニケーション戦略である。

マーケティング・コミュニケーションが実行されている文化と社会システムは意味（meaning）で溢れている。社会化によって人々は文化的価値を学習し，信念を形成する。この価値と信念の外観と文化遺産（artifacts）に馴染んでいる。各々の文化遺産は意味を有しており，同一世代の人々の間，または世代間で共有されている世代と世代間に移転されている。たとえば，リンカーン記念碑とエリス島はアメリカ人にとっては自由の象徴である。また，現在は崩壊したベルリンの壁は過去の抑圧と絶望の象徴であった。黄色のリボンは人質釈放に対する希望と軍人の安全帰郷を意味し，ピンク・リボンは胸部ガン患者犠牲者に対する後援を意味し，赤いリボンはAIDSに対する国際的連帯責任の象徴となっている。アフリカの血（人種）を象徴する赤，成就を示す黒，そしてアフリカの肥えた土地を意味する緑から成っている黒人自由旗（black liverration flag）は市民権の象徴である。

マーケティング・コミュニケーションは文化的に構成された世界から意味[1]を導出し，この意味を消費財に転移させる。広告は意味移転（meaning transfer）の重要な道具である。広告は，消費財と文化的に構成された意味を特定の広告物の枠組みに露出させ，関係を結ばせる1つの方法である。このように文化的に構成された意味を同時に提示された属性に帰属させることが意味移転である。

以上のようにすでによく知られている意味を持っている対象とブランドをリ

ンクさせ、ブランドの意味と連想を強化させる方法がレバレッジ戦略である。図表1-9ではあるブランドを他のブランド・場所・物事・人とリンクさせることによってどのようにブランド連想を強化できるかが示されている。

　たとえば、精密技術によって原産国イメージとブランドが同一視されたり、有名人の起用により当該ブランドに対するポジティブな連想が強化される。好ましいブランド連想を強化するには、図表1-9で確認できるようにその他にもいくつかの方法がある。

　たとえば、他のブランドを活用してブランド連想を強化することもできる。最近はブランド・エクイティと収益性を強化するためにこのような2つのブランド間の提携が増えている。アメリカの照明器具メーカーであるレイオバック（Rayovac）社はハーレー・ダビットソン社と提携し、ハーレー・ダビットソンのロゴをつけた照明器具ラインを持つ。提携するケースの多くは相互イメージが類似し、同一セグメントを訴求する共同ブランディングによって相互に利益となるからである。共同ブランディングを成功させるための最も重要な条件は、ブランドの共通性であり、共同のマーケティング・コミュニケーションのデメリットを最小限にし、メリットを最大化しなくてはならないことである。

　素材など部品をベースとする構成要素ブランディング（ingredient branding）はブランディング・パートナー間で行われる特殊な提携である。たとえば、デュポン（Dupont）社のスパン・テックス・ブランドであるライクラ（Lycra）は消費者のライクラ・プロモーションに1千万ドルを超えるグローバル広告を展開した。「Intel Inside」キャンペーンを真似したライクラの広告は、Levi Strauss（Levis），Diesel, DKNYなどジーンズメーカーが作る製品がライクラであることを強調している。デュポンはこのキャンペーンをアジアの低価格スパンテックス製品と差別化を図るために展開した。もう1つの構成要素ブランディング事例としてはゴアテックス（Gore-Tex）とデュポン、テフロン（Teflon）のフライパン広告などが挙げられる。

　このようにブランド・エクイティを構築することによって、消費者が当該ブランドに強いブランド・ロイヤルティを形成することができる。マーケティン

グ・コミュニケーションはブランド・エクイティ構築と強いブランド・ロイヤルティ構築に核心的な役割を果たす（Shimp 2008）。

2.2 ブランド連想の活用

　ブランド知識は多様な方法によって創造される。マーケターは製品・サービスおよびマーケティング・プログラムを設計して，最も望ましいブランド知識構造を作り出す必要がある。従来のマーケターは当該ブランドに対するマーケティング・リサーチを行うことによってブランドの知識を把握でき，マーケティング・プログラムによって望ましいブランド知識を構築することができた。

　ところがブランド間の競争が激化するにつれてマーケティング・プログラム（製品・価格・流通・プロモーション）のみによるブランド知識構築は困難な状況になり，消費者のブランド知識における当該ブランド連想を強く，好ましく，そしてユニークにするためには他の領域からこれらの知識を借用する必要性が浮上した。

　二次的連想（人，場所，物事，別のブランドなど）から当該ブランドに強く，好ましく，そしてユニークな知識を移転させる研究としては，原産国イメージ効果研究・有名人効果研究・共同ブランド研究・構成要素ブランド研究・企業ブランド効果研究などが挙げられる。

　このような二次的連想の設定には次の3つが重要である。第1に，二次的連想に対する消費者の知識の必要性である。消費者がその領域について熟知していない，あるいは知識がない場合，何も移転されない。消費者がその存在を認知しており，さらに強く，好ましく，ユニークな連想を有していることが理想的である。

　第2に，二次的連想自体の意味性である。この二次的連想にポジティブな連想を有していると仮定すれば，そうした連想は当該ブランドに対してどの程度関連し，意味があるだろうか。そうした他の連想の意味は，ブランドと製品の文脈によって一様ではない。連想の中には当該ブランドに対して関連性や価値を持っているものもあれば，消費者とあまり関係がないものもある。

第3に，二次的連想の移転可能性である。潜在的に有効で意味のある連想が存在し，それが当該ブランドに移転可能であれば，その連想は実際どのくらい当該ブランドとリンクするだろうか。鍵となる問題は，ブランドの文脈中でそうした他の連想が，強く，好ましく，そしてユニークとなる水準である。

このようなブランド・レバレッジ効果に対する理論的背景としては，情報源信憑性（source credibility），感情転移（affect transfer），認知不協和（cognitive dissonance），カテゴリー・モデル（categorization model）などの理論によって説明できる。たとえば，原産国イメージ効果は情報源信憑性によっても説明できる。

このようにブランドは，ブランドそれ自体の連想によって他の領域とリンクされている。何らかの方法でこれら他の領域とブランドを同一視することにより，消費者は他のモノを象徴付ける連想の中に当該ブランドにも当てはまる連想を生じさせる。要するに，二次的なブランド連想とは他の領域からブランドへ「移転される」ものである。本質的にブランドは，他のモノからいくつかの必要な連想を借用し，連想の性格に応じてブランド・エクイティの一部を借り

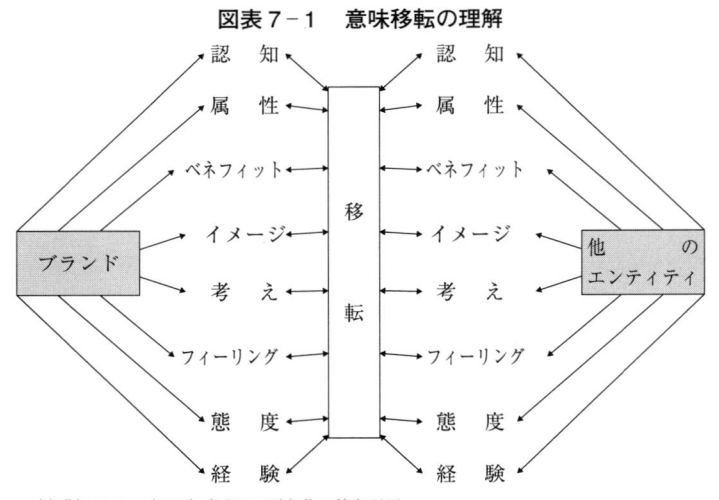

図表7-1　意味移転の理解

ブランド ↔ 認知・属性・ベネフィット・イメージ・考え・フィーリング・態度・経験 ↔ 移転 ↔ 認知・属性・ベネフィット・イメージ・考え・フィーリング・態度・経験 ↔ 他のエンティティ

（出典）Keller（2007）邦訳362頁を基に筆者引用。

ているのである。意味移転の内容を図表7-1に示す。

　二次的なブランド連想を活用したブランド・エクイティ構築の方法を示すと，二次的なブランド連想は，既存ブランドの連想が何らかの点で不完全な場合に極めて重要である。言い換えれば，二次的なブランド連想は，他にはない，強く，好ましく，そしてユニークな連想を生みだすために活用することができる。

　以上のように顧客ベースのブランド・エクイティは消費者がブランドに対して高いレベルの認知と親しみを有し，自分の記憶内に強く，好ましく，ユニークなブランド連想を抱いたときに生まれる（Keller 1998）ことからすると，今日のようなブランド間競争が激化している時代のブランド・レバレッジ戦略の重要性は明らかである。

3　ブランド・レバレッジ戦略に関する実証研究

　マーケティング・コミュニケーションにおける有名人の起用は長い歴史を持っており，今日に至るまで最も有効なコミュニケーション戦略の1つとして認識されている。

　有名人を起用したマーケティング・コミュニケーションの効果は，消費者の注意をひきつけ，商品およびブランドに対する高い再生率とブランド・アイデンティティを確立する。これらの広告によりブランド・エクイティを高めた企業は，売り上げを伸ばし，さらなる利益を生み出すことができる（Agrawal and Kamakura 1995）。

　日本の有名人を起用したコミュニケーション効果は，コミュニケーションに対する認知度アップという広告戦略にとどまらず，製品・流通・価格戦略とも深く関連しているという（梶 2001）。有名人を起用した広告は，製品とブランドだけの純粋な事実提示型広告より，高い広告態度・ブランド態度・購買意図を導く（朴 2009c）。

　有名人広告に関する理論的・実証的な研究は，社会心理学分野でHovland and Weiss（1951）のグループが中心となって行った情報源の信憑性研究に始ま

り，海外のジャーナルを中心として活発に議論がなされてきた。しかしながら，日本における有名人広告に関する研究は限られている（小泉1999；朴2009a）。

本研究の目的は，有名人の意味移転モデルに焦点を当て，従来の意味移転モデルをブランド・コミュニケーションの観点から再構築し，実際のブランド・コミュニケーションに応用できる新たな意味移転モデルの可能性を実証することである。

3.1 先行研究と仮説導出

3.1.1 先行研究

有名人広告に関する先行研究を考察すると，情報源モデル（情報源信憑性モデル・情報源魅力モデル），複合モデル（マッチアップ仮説・意味移転モデル），その他の研究に分類できる（朴2009a）。

送り手要因を中心に分析した情報源モデルに関する先行研究では，情報源信憑性モデルと情報源魅力モデルが代表的である。情報源信憑性モデルは，コミュニケーションの有効性を送り手の信憑性に注目して考察している。つまり送り手の信憑性が受け手にどのくらい受け入れられているかがコミュニケーションの有効性を左右するという見方である（Hovland and Weiss 1951；Ohanian 1990；Pornpitakapan 2003）。一方，情報源魅力モデルとは，消費者が送り手に魅力を感じる場合に，そうではない場合よりもポジティブなステレオタイプを形成し，消費者の信念を変容させることができるというものである（Baker and Churchill 1977；Debevec and Kernan 1984）。

以上のような情報源モデルから出発した有名人に関するコミュニケーション研究をさらに精緻化したのが複合モデルである。複合モデルとしては，有名人と製品イメージのマッチアップ（celebrity-product match-up）仮説と意味移転（meaning transfer）モデルが挙げられる。

マッチアップ仮説とは，有名人が持っているイメージと製品ならびにブランドのイメージが一致する際に，有名人は製品およびブランドに対する評価を強化することができるというものである（Baker and Churchill 1977；Friedman and Friedman 1979; Kahle and Homer 1985)。たとえば,有名人の身体的な魅力が製品に関連し,その製品とマッチすること(例:魅力ある女性タレントと化粧品)で,当該広告ならびに製品とブランドに関する評価はよりポジティブになる。一方,当該製品が有名人の魅力と全く関連性がないと,その広告効果は限定的になる。したがって広告に起用する有名人の魅力と当該製品およびブランドとの関係性によって,その広告と製品に関する評価は異なると考えられる。マッチアップ仮説では特に,身体的な魅力と製品との関連性に関わる研究が多くなされてきた(Kahle and Homer 1985; Lynch and Schuler 1994; Kamins and Gupta 1994)。また,適度な不一致のほうがより効果的であるという研究も報告されている(Lee and Thorson 2008)。

　一方,McCracken (1989) は,有名人広告研究の主流であった情報源信憑性モデルと情報源魅力モデルの限界に注目して,意味移転モデルを提案した。McCracken (1989) が提案した意味移転モデルによると,有名人広告の有効性はその有名人がすでに持っている文化的意味(cultural meanings)に由来するという。たとえば,タレントが持っている文化的意味とは,そのタレントがドラマの中で役を演じることによって,ドラマの視聴者が当該タレントに対してある意味を持つようになることである。

　意味移転モデルでは有名人が持っている「意味」が有名人から製品に,また製品から消費者に移転する3段階のプロセスが提示されている。有名人による推奨は,意味移転プロセスで重要な役割を果す。意味移転と推奨のプロセスを図表化すると,意味移転プロセスを文化(culture)・推奨(endorsement)[2]・消費(consumption)の3つの段階に区分できる。文化の段階によって有名人の意味(イメージ)が形成され,推奨の段階ではその意味が有名人から製品に移転されて,最後に製品から消費者に移転するというプロセスをたどる。図表7-2は意味移転モデルを図式化したものである。

　以上の情報源モデルと複合モデル以外にも,有名人をテーマとした数多くの研究がなされた。その代表的な研究を内容別にみると,有名人のタイプ(Friedman et al. 1976; Freiden 1984),有名人の民族的特性の影響(Desphande

図表 7-2 意味移転モデル

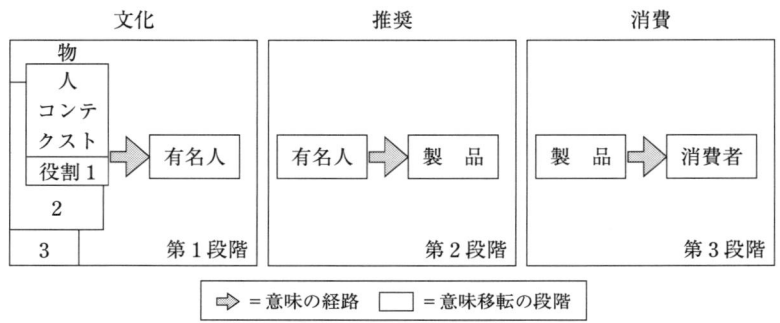

文化	推奨	消費
物・人・コンテクスト・役割 1, 2, 3 → 有名人	有名人 → 製品	製品 → 消費者
第 1 段階	第 2 段階	第 3 段階

⇨ = 意味の経路　□ = 意味移転の段階

(出典) McCraken (1989), p.315を基に引用作成。

and Stayman 1994），広告実務家を対象にした調査（Miciak and Shanklin 1994 ; Erdogan et al. 2001），有名人広告の株価への影響（Agrawal and Kamakura 1995），有名人の不祥事（Louie et al. 2001），COO（Country Of Origin）との関係（Chao et al. 2005），有名人と製品イメージの適度の不一致（Lee and Thorson 2008），有名人キャスティングのプロセス（Erdogan and Drollinger 2008）などがある。

以上の有名人起用効果に対する先行研究をまとめたのが図表 7-3 である。

3.1.2 仮説導出

先行研究を概観すると，情報源モデルから出発した有名人コミュニケーションに関する研究は，マッチアップ仮説と意味移転モデルのような複合モデルによって，情報源だけではなく製品・ブランドとの関係，効果プロセス，受け手要因などを取り入れてさらに精緻化されたと評価できる。

しかしながら，McCracken (1989) の意味移転モデルは実際のコミュニケーション効果の側面からみると，いくつかの疑問点が浮上する。本章では，この疑問点に注目して実験仮説を設定する。

第 1 に，意味移転モデルによると，有名人広告効果の有効性はその有名人がすでに持っている文化的意味に由来するという。たとえば，タレントが持って

図表 7-3 有名人起用効果に対する先行研究

情報源モデル	情報源信憑性モデル	コミュニケーションの有効性は送り手の信憑性によって左右されるため、有名人の信憑性が受け手にどのくらい受け入れられているか重要である（Hovland and Weiss 1951 ; Ohanian 1990 ; Pornpitakapan 2003）
	情報源魅力モデル	コミュニケーションの有効性は送り手の信憑性によって左右される。受け手が有名人に魅力を感じる場合に、消費者の信念を変容させる（Baker and Churchill 1977 ; Debevec and Kernan 1984）
複合モデル	マッチアップ仮説	有名人が持っているイメージと製品ならびにブランドのイメージが一致する際に有名人は製品およびブランドに対する評価を強化することができる（Baker and Churchill 1977 ; Friedman and Friedmen 1979 ; Kahle and Homer 1985 ; Lynch and Schuler 1994 ; Kamins and Gupata 1994）
	意味転移モデル	有名人広告の有効性はその有名人がすでに持っている文化的意味（cultural meanings）に由来する。意味移転モデルでは有名人が持っている「意味」が有名人から製品に、また製品から消費者に移転する 3 段階のプロセスによって移転される（McCracken 1989）
	その他	有名人のタイプ（Friedman, Termini and Washington 1976 ; Freiden 1984），有名人の民族的特性の影響（Desphande and Stayman 1994），広告実務家を対象にした調査（Miciak and Shanklin 1994 ; Erdogan, Baker and Tagg 2001），有名人広告の株価への影響（Agrawal and Kamakura 1995），有名人の不祥事（Louie, Kulik and Jacobson 2001），原産国との関係（Chao, Wuhrer and Werani 2005），有名人と製品イメージの適度の不一致（Lee and Thorson 2008），有名人キャスティングのプロセス（Erdogan and Drollinger 2008）

（出典）朴（2011）を基に引用作成。

いる文化的意味とは、そのタレントがドラマの中で役を演じることによってドラマの視聴者に与える意味のことである。しかしながら、図表 7-4 の意味移転モデルでは、どのような先行要因によって有名人の文化的意味が形成されるのかという議論はあまり行われてこなかった。有名人の文化的意味の先行要因を探るためには、有名人の形成に注目する必要があると考えられる。

　有名人の登場は大衆文化の形成というマス媒体の発達と密接に関連しており，

マス媒体によって有名人という概念が形成されたと考えられる。Marshall (1997) も，映画・テレビ・ポピュラー音楽産業を有名人の展開を組織した制度構造とみなしている。

さらに，NHK 国民生活時間調査によると，日本人のマス媒体の接触時間は，テレビの割合が圧倒的に高い。また，有名人広告を日本では通称「タレント広告」と名付けていることからもわかるように，マス媒体，特にテレビに出演している有名人の広告起用の頻度が高いことは明らかである。

以上のような有名人の形成状況から，マス媒体の接触時間は，有名人の文化的意味形成に最も大きく影響していると考えられる。消費者の媒体接触は複数媒体の同時接触が一般的なので仮説として設定していないが，媒体間の相関関係もモデルに反映させた。したがって，以下の仮説を設定する。

H1a：テレビの視聴時間が長くなるほど，有名人の文化的意味の程度も高くなる。
H1b：新聞を読む時間が長くなるほど，有名人の文化的意味の程度も高くなる。
H1c：ラジオを聴く時間が長くなるほど，有名人の文化的意味の程度も高くなる。
H1d：雑誌を読む時間が長くなるほど，有名人の文化的意味の程度も高くなる。
H1e：インターネットを利用する時間が長くなるほど，有名人の文化的意味の程度も高くなる。

第 2 に，McCracken (1989) の意味移転モデルでは，推奨という行為を経て有名人の文化的意味が有名人から製品に移転されるという。

McCracken (1989) は意味移転モデルとして概念的な分析枠組みを提示したが，意味移転モデルに関する実証は Langmetyer and Walker (1991) によって行われた。この研究によると有名人は象徴的意味を持っており，推奨した製品にこれらの意味が移転することが実証された。

さらに小泉 (1999) も，広告に登場していた有名人がブランドの連想に影響

を与えていることから，日本でも有名人の効果を説明する上で情報源効果と意味移転効果はある程度妥当であると述べた。

ただし，McCracken（1989）の意味移転モデルの推奨のプロセスについては，日米における有名人の役割の差（例：アメリカではプロモーション型のCMが多いことから推奨者として有名人が起用されているケースが多いものの，日本では推奨者として起用されるケースは少ない）が存在することから異なるプロセスによって形成されると考えられる。

したがって，日本では，McCracken（1989）の意味移転モデルのように推奨によって文化的意味が有名人から当該ブランドに移転するのではなく，有名人を当該キャンペーンに起用したことによる意味転換によって，有名人の文化的意味がブランドの文化的意味に移転されることが多いと考えられる。よって，以下の仮説を設定する。

H2：有名人の文化的意味のイメージは，当該ブランドの文化的意味に移転される。

第3に，情報源モデルは説得コミュニケーションの送り手要因を説明する研究から始まったために，広告における有名人という送り手要因の分析には優れているが，受け手要因を十分に考慮していなかった。

McCracken（1989）の意味移転モデルは，有名人の文化的意味という送り手要因を送り手から受け手までの伝達プロセスの中で体系化したと評価できる。しかしながら，文化的観点から有名人研究にアプローチした結果，概念的なモデルに留まっていたのではないかと考えられる。さらにマッチアップ仮説とは対照的に，意味移転モデルはLangmetyer and Walker（1991）の実証的研究以外には，さらなる検証もあまり見受けられない。

以上のような意味移転モデルの課題を解決するためには，ブランド・コミュニケーションの側面からの考察が必要ではないかと考えられる。有名人を対象にしたブランド・コミュニケーション戦略としては，ブランド・レバレッジ戦

略が注目に値する。ブランド・レバレッジ戦略とは，ブランドをその二次的連想である人・場所・コトなどにリンクさせることによって，ブランド・エクイティを高めるコミュニケーション戦略である（Shimp 2008；Keller 2003）。

意味移転モデルをブランド・コミュニケーションの側面から再構築するために，以下ではマーケティング・コミュニケーションに照らして考察する。

亀井（2009）は，マーケティング・コミュニケーションの機能を①消費者ないし見込み客への消費情報の伝達（＝情報訴求），②消費への好意の形成（＝イメージないしシンボル訴求），③購買決定への直接的刺激づけ（＝直接刺激訴求）という3つに分類している。この分類から，従来の意味移転モデルをみれば，意味移転モデルは文化的意味から消費に至るまで，消費への好意の形成と購買決定への直接的な刺激付けの機能を反映していない。

さらに，ブランド・コミュニケーションの目的が，短期的な需要刺激と長期的なブランド構築の双方である（岸 2008）ことから，ブランド・エクイティ構築と購買意図の変数を，意味移転モデルに加えることが必要であると考えられる。加えて，有名人広告は，ブランド認知，ブランド態度，ブランド購買意図などのコミュニケーション効果を増幅することができる（Percy and Rossiter 1997）。有名人を起用した広告は製品とブランドだけの純粋な事実提示型広告より，高い広告態度，ブランド態度，購買意図を導く（朴 2009c）。

以上から，製品の文化的意味が消費にまで至るプロセスをブランド・コミュニケーションのモデルにあてはめると，消費者にとって好ましい文化的意味は，当該ブランドへの好ましいイメージを形成すると考えられる。つまり有名人の好ましい文化的意味は，当該ブランドに対する，強く，好ましく，ユニークなブランド連想（Keller 1998）の形成に結び付き，ブランド・エクイティを高めると考えられる。

さらに，ブランド・エクイティを高めた企業はそのベネフィットとして，成長だけではなく収益性を導くことができる（Keller 1998）。有名人起用のコミュニケーション効果によって，ブランド・エクイティを高めた企業は，売り上げを伸ばしさらなる利益を生み出すことができる。ひいては，企業価値を向上

させることもできる（Agrawal and Kamakura 1995）。したがって，以下の仮説を設定する。

H3：ブランドに付随している好ましい文化的意味が高くなるほど，高いブランド・エクイティを導く。
H4：ブランドに付随している好ましい文化的意味が高くなるほど，高いブランドの購買意図を導く。
H5：ブランド・エクイティが高くなるほど，高いブランドの購買意図を導く。

3.2 実証研究

3.2.1 調査概要

冒頭で述べたように，本研究ではブランド・コミュニケーションにおける意味移転モデルのメカニズムを探るために質問紙による調査を行った。調査に当たっては，吉田秀雄記念事業財団の平成20年度オムニバス調査を活用した。

調査地域と対象者は首都圏30km内の満15歳から65歳の男女である。被験者の抽出方法は，事前に調査のお願い状を配布し，実施期間中に，該当年齢者を説得し，了解を得て調査票を留め置き，回収する方法であるランダムロケーション・クォータサンプリングをとり，調査員の訪問による質問紙の留め置き・回収調査を行った。

実施期間は，次のとおりである。調査お願い配布が2008年6月6日から2008年6月12日，調査実施が2008年6月12日から2008年6月23日，回収審査作業が2008年6月23日から2008年7月1日。回収数は779名であり，有効回答数は720名であった。

本調査では，実務に応用できる有名人コミュニケーションの意味移転モデルを検証するために，実際にオンエアされた有名人コミュニケーションを対象とした。調査対象製品とブランドは，シャープの液晶テレビAQUOSである。調査対象有名人は，2000年からAQUOSの広告キャンペーンに起用されてい

る女優の吉永小百合にし，文化的意味は日本にする。

　原産国研究の調査では，外部妥当性と生態学的妥当性を高めるためには実存するブランドを調査対象にする必要性がある（Thakor and Kohli 1996；Hui and Zhou 2003）。実験の外部妥当性を高めることは，リアリティをとらえることを意味すると考えれば，実在するブランドを調査対象とすることによって，実験をより現実に近づけることができるということである。

3.2.2　測定尺度

　本研究のモデルは，ブランド・コミュニケーションにおける有名人の意味移転プロセスの検証を目的として，有名人の文化的意味・ブランドの文化的意味・ブランド・エクイティという3つの潜在変数と，媒体（テレビ・新聞・ラジオ・雑誌・インターネット）接触時間と購買意図に関する質問項目によって構成されている。

　マス4媒体（テレビ・新聞・ラジオ・雑誌）とインターネットの1日平均接触時間に関する測定は，1（みない・聞かない・ほとんどしていない）〜8（6時間以上まで）の8段階に設定した。

　有名人の文化的意味については，吉永小百合の日本的イメージを潜在変数とした。国のイメージに関する研究は長い歴史を持っている。それは原産国イメージ効果研究領域で数多く行われており，今日に至るまでマーケティング研究の進歩と共に消費者行動研究の主要テーマの1つとして変貌・発展してきたといえる（Tan and Farley 1987）。多くの原産国イメージ研究で，原産国情報は，製品の品質評価に影響を与える（Bilkey and Nes 1982；Han 1988；Hong and Wyer 1989）ことが明らかになっている。

　有名人広告の意味移転モデルの先行研究から，吉永小百合が持っている日本的イメージに注目した。吉永小百合の文化的意味として日本を選択した理由は，日本の代表的な女優の一人であり，長年の演技活動の中で伝統的な日本女性のイメージを有するようになっていると考えられるからである。

　ブランドの文化的イメージに関する潜在変数は，シャープの生産に関する日

本的イメージを測定することにした。ブランドにおける国家イメージは最終生産，部品などの関連国を確認することにした。

有名人の意味移転モデルをブランド・コミュニケーションに応用したため，ブランド・エクイティを潜在変数とした。本調査では，ブランド・エクイティを知覚品質と価格プレミアムによって測定した。知覚品質とは，製品およびサービスに対して顧客が持つ品質に対する感覚的で主観的な知覚であり，必ずしも客観的な品質ではない。しかし，顧客の知覚は製品やサービスに対する態度の形成に影響することが多いため，ブランド・エクイティの形成・判断において，知覚品質は非常に重要な要素とされている。

Zeithaml（1988）も，「知覚品質」を，「客観的または実際品質とは異なり，ある製品の特定属性よりも高いレベルの，抽象的で，いくつかの場合，態度に類似している全体的評価であり，一般的に消費者の考慮集合の中で判断される」と定義している。

Aaker（1996）は，「価格プレミアム」はブランド・ロイヤルティの基本的な指標であり，顧客が同様の利益を提供する別のブランドとの比較において支払う金額であると示した。Keller（1998）もポジティブな顧客ベースのブランド・エクイティを有する「ブランド」は，「価格プレミアム」を得ることができると指摘している。

ブランド購買意図とは，購買者が当該ブランドを購買する（あるいはその他の購買に関連した行為を行う）際の自己教示として定義される。事実，それは予想されるところの行為段階における意識的な計画，すなわち最終的な購買者の反応段階（ターゲットオーディエンスの行為）である（Percy and Rossiter 1997）。

以上の潜在変数から仮説を立てると，吉永小百合の日本的イメージは，シャープの液晶テレビの原産地は日本であるという消費者のブランド連想における原産地連想に移転される。シャープの原産地関連国が日本であるということが強化された消費者は，シャープの液晶テレビに対して，高いブランド・エクイティと購買意図を導くと考えられる。

3.2.3 調査結果

 本研究の仮説モデルを確かめるため,構造方程式モデリングを用いた。モデルの適合度($\chi^2=95.723$, df=52, GFI=0.980, AGFI=0.966, CFI=0.986, RMSEA=0.034)から確認できるように,高い水準の適合度モデルであることが分かった。

 検証結果をみると,各々の媒体接触時間から有名人の文化的意味(吉永小百合の日本イメージ)へのパスをみると,テレビから文化的意味へのパスは有意となり(0.084, $p<0.05$),テレビの視聴時間が長くなるほど,有名人の文化的意味の程度も高くなるという H1a は支持された。

 しかし,その他の媒体接触時間から有名人の文化的意味へのパスは,新聞(0.056, $p>0.05$),ラジオ(0.011, $p>0.05$),雑誌(−0.075, $p>0.05$),インターネット(−0.053, $p>0.05$)となり有意ではなかった。したがって,新聞,ラジオ,雑誌,インターネットの接触時間が長いと有名人の文化的意味の程度も高くなるという H1b,H1c,H1d,H1e は棄却された。

 有名人の文化的意味からブランドの文化的意味へのパスは有意となり(0.172, $p<0.01$),有名人の文化的イメージは当該ブランドのイメージに移転されるという H2 は支持された。

 ブランドの文化的意味からブランド・エクイティへのパスは有意となり(0.434, $p<0.01$),ブランドに付随している好ましい文化的意味が高くなるほど,高いブランド・エクイティを導くという H3 は支持された。

 ブランドの文化的意味からブランドの購買意図へのパスは有意ではなかった(0.047, $p>0.01$)ため,ブランドに付随している好ましい文化的意味が上昇するほど高いブランドの購買意図を導くという H4 は棄却された。

 ブランド・エクイティからブランドの購買意図へのパスは有意となり(0.573, $p<0.01$),ブランド・エクイティが高くなるほど,高いブランドの購買意図を導くという H5 は支持された。

3.3 検証結果

 検証結果は,以下のとおりである。

第1に，本調査の結果，消費者の媒体接触は，有名人の文化的意味に影響を及ぼすことが明らかになった。一般的に有名人の文化的意味はさまざまな経路を通じて形成されると考えられる。本章の調査結果は，その中でもテレビを中心としたマス媒体によって左右されることがわかった。ただし，新聞・ラジオ・雑誌・インターネットの接触時間と有名人の文化的意味形成との関連性がないことが示されたのは，調査対象ブランドであるシャープのAQUOSの広告キャンペーン戦略における媒体戦略は，テレビを中心として行われたことに強く影響しているからである。したがって，今後の研究ではその他の媒体を中心とした広告キャンペーンの結果を検証する必要があるだろう。

第2に，ブランド・コミュニケーションにおける意味移転モデルの有効性が明らかになった（McCracken 1989 ; Langmetyer and Walker 1991 ; 小泉 1999）。さらに，概念的な要素が多い意味移転モデルを改良した，ブランド・コミュニケーションにおける意味移転モデルの有名人広告研究の新たなモデルとしての可能性も確認できた。

吉永小百合が持っている日本的イメージは，シャープの液晶テレビの原産関連国は日本であるという消費者のブランド連想を強化することが確認できた。これらの結果は，McCracken（1989）が提案した有名人広告の意味移転モデルが実際の企業広告でも価値のあるモデルであることを明らかにした。

つまり，吉永小百合の文化的意味である日本的イメージは，シャープの液晶テレビキャンペーンへの彼女の起用によって，当該ブランドの連想に日本イメージを移転させたといえよう。

第3に，本研究では，日本という文化的意味がブランド・エクイティを高めることを明らかにした（Bilkey and Nes 1982 ; Han 1988 ; Hong and Wyer 1989）。このように，有名人が持っているイメージが，ブランド・エクイティを高めるコミュニケーション戦略としての可能性が確認されたことで，ブランド・レバレッジ戦略の有効性を確認できたとも考えられる（Keller 2003 ; Shimp 2008）。

第4に，高いブランド・エクイティがブランドの購買意図を導くことを確認できた。Keller（1998）は，ブランド・エクイティを構成する消費者の反応の

図表7-4　仮説検証結果

媒体接触時間

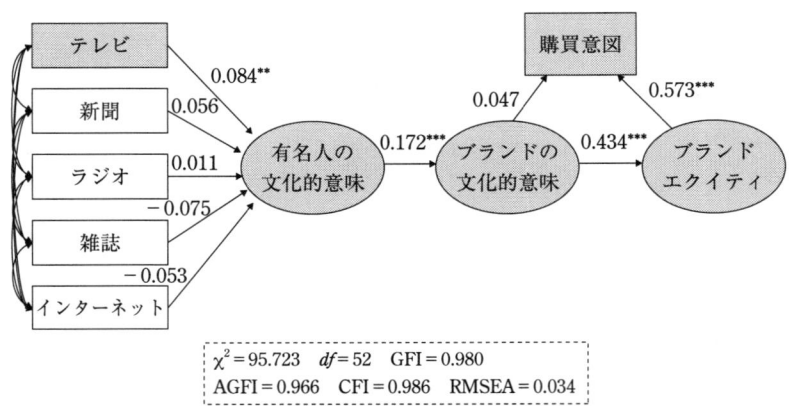

テレビ → 0.084** → 有名人の文化的意味
新聞 → 0.056 → 有名人の文化的意味
ラジオ → 0.011 → 有名人の文化的意味
雑誌 → −0.075 → 有名人の文化的意味
インターネット → −0.053 → 有名人の文化的意味

有名人の文化的意味 → 0.172*** → ブランドの文化的意味
ブランドの文化的意味 → 0.047 → 購買意図
ブランドの文化的意味 → 0.434*** → ブランドエクイティ
ブランドエクイティ → 0.573*** → 購買意図

$\chi^2 = 95.723$　$df = 52$　GFI $= 0.980$
AGFI $= 0.966$　CFI $= 0.986$　RMSEA $= 0.034$

注：*** 1％水準有意，** 5％水準有意

違いは，ブランドのあらゆるマーケティング局面と結び付いた知覚・選好・行動の中に現れるとしている。

したがって，ブランド・エクイティを高める，強く，好ましく，そしてユニークな連想を消費者の記憶内で当該ブランドに結び付けることがマーケティング・コミュニケーションの中でも必要であることを確認できた。

以上の仮説検証結果をまとめたのが図表7-4である。

4　まとめ

本章では，原産国を活用したマーケティング・コミュニケーション戦略について論じ，ブランド・レバレッジ戦略の必要性と諸概念を提示した。

さらに，意味移転モデル（McCraken 1989）の概念的色合いが強いことから，実際のブランド・コミュニケーションにおける新たな意味移転モデルを構築し，日本の消費者720名を対象に検証した。その結果，日本の場合，有名人の文化的意味がテレビによって形成されていることと，文化的意味が人からブランド

第7章 ブランド・レバレッジ戦略　229

に移転，またはブランドを強化し，ブランド・エクイティを高め購買意図にもつながるプロセスを検証した。原産国イメージを活用したブランド・レバレッジ戦略の有効性が確認された。

今後の研究課題としては，以下の4つが挙げられる。

第1に，有名人の文化的意味に関するさらなる研究の必要性である。本研究でもうかがえたように，媒体は有名人の文化的意味の形成に影響を及ぼしている。したがって，媒体別の形成効果，媒体特性と文化的意味の関連性，広告キャンペーンと媒体効果などを中心とした研究が必要である。

第2に，実際にブランド・コミュニケーションに起用されている有名人とブランドを調査対象としたことで，マス4媒体とインターネットを有名人の文化的意味形成の先行要因として加えることができた。しかしながら，マス媒体接触時間以外の文化的意味の先行要因についてさらなる研究の必要性が浮上した。したがって，今後の研究では，インターネットを中心としたクロス・メディア，メディア・エンゲージメントなどの要因も考慮する必要があるだろう。

第3に，有名人の文化的意味から当該ブランドの文化的意味移転に関する研究課題を指摘できる。有名人から当該ブランドへの文化的意味移転は，当該ブランド知識と全く関連性がないものが有名人から移転される場合と，当該ブランド知識との関連性の高い文化的意味が移転されるケースがあると考えられる。したがって，連想ネットワークモデル，スキーマの一致などの研究成果を取り入れ，製品およびブランドの知識構造との関連性に関するさらなる考察も必要であろう。

第4に，調査の項目に関する課題である。本研究は，オムニバス調査の中で行ったために，十分な調査項目を設けることができなかった。今後の研究では，独自の調査の中で幅広い質問項目を設けて行う必要があるだろう。

最後に，有名人とブランド，原産国情報とブランド，有名人と原産国情報など各水準間における効果についての考察も必要になると考えられる。有名人は1つの文化的意味を持っているわけではなく，数多くの意味の集合によって形成されている。したがって，調査対象の有名人が持つ多様な文化的意味が，ど

のように受け手である視聴者に伝えられているのか，また，送り手である広告主が意図した有名人の文化的コンテクストは，きちんと受け手に伝えられているのかなどを，送り手だけではなく受け手の視点から考察することも必要である。

（1）マーケティング論における「意味」については，武井 寿（1997）『解釈的マーケティング研究―マーケティングにおける「意味」の基礎理論的研究―』137-153頁参照。
（2）推奨（endorsement）については，日米欧における広告に起用される有名人の役割の差（例：欧米ではプロモーション型のCMが多いため推奨者として有名人が起用されているケースが多いものの，日本では推奨者として起用されるケースは少ない）に注意すべきである。したがって，日本では推奨よりも出演に近いと考えられる。

終章　本書の意義と今後の研究課題

1　原産国イメージ効果研究の体系化と新たな方向性

　本書では，欧米を中心として行われた原産国イメージに関連した先行研究の体系化と，その研究課題と新たな方向性を検証するために，日本および日本の輸出上位4ヵ国（アメリカ・中国・韓国・台湾）の消費者を対象に大規模な国際比較研究を行った。先行研究のレビューだけではなく，大規模な調査を重ねた狙いは，50年近くの研究歴史がある原産国イメージ効果についてのさまざまな議論が，今日の企業マーケティング活動にとってどのような意味を持ち，どのように影響を与えるのかを探ることである。また，マーケティング戦略の方向性を明らかにするという一貫した問題意識から，理論的考察のみならず，実証研究を行った。

　本書は原産国イメージ効果の全体像の理解を目的にしているため，1965年から今日に至るまでの研究成果を認知的効果・規範的効果・感情的効果に分類し，原産国イメージ効果研究の全体像の理解促進を目指している。

　本章では，本書の意義と今後の研究課題を提示したい。

2　本書の意義

　日本企業のマーケティング戦略において原産国イメージ効果への重要性が高まっているにもかかわらず，原産国イメージ効果はあまり注目されなかったといわざるを得ない。いくつかの先行研究はあるものの，海外の最新研究の潮流から遅れたものや，狭義的な原産国イメージ効果にとどまるなど，原産国イメージ効果全体を網羅的かつ体系的に考察し実証するところまで踏み込んだ研究

成果は見受けられなかった。そこで本書では原産国イメージ効果の体系化と精緻化を目指し，原産国イメージ効果研究を認知的効果・規範的効果・感情的効果に分類しながら，日本の消費者だけではなく日本の輸出上位4ヵ国の消費者を対象に大規模な実証研究を行った。1990年以後の原産国イメージ研究の新たな潮流であるブランド・オリジンとブランド連想を中心とした概念整理，消費者エスノセントリズム研究と敵対心研究の体系化，既存の研究成果と課題の実証などによって従来の原産国イメージ効果研究を考察し，海外研究成果を追試するのではなく新たな研究成果と方向性を提示してきたことは，本書の意義の1つといえるだろう。

また，これまでは海外の消費者を対象にしたマーケティングおよび消費者行動研究において，どの国の消費者を対象に，どのような方法で比較するかについては明確な方向性と範囲を提示する研究は少なかった。従来の国際比較研究成果を考察すると，調査対象国の面では，日米・日欧の比較など，欧米を中心とした国際比較研究が多い。しかし，ヨーロッパは日本と同様，経済発展の低迷と少子高齢化によって，市場規模が縮小しつつある。市場規模と成長率などの重要性から海外戦略を構築している企業にとって，欧米を中心とした国際比較研究だけでは限界があると指摘せざるを得ない。

本書では，日本の輸出上位4ヵ国という，日本企業の海外輸出を半分弱占めている対象国の消費者を対象にした国際比較研究を行うという明確な方向性を提示するとともに，学術的な提言にとどまらず，実務的なインプリケーションとしても有効性を高めることができたと考えられる。

3　今後の研究課題

本書では膨大な原産国イメージ効果に関連した先行研究を1つの論文にまとめたために，いくつかの研究課題を有している。ここでは今後の研究課題を提示したい。

1つ目の研究課題は，原産国イメージ効果を製品戦略ではなくコミュニケー

ション戦略の観点からアプローチする必要性を提示した。また，ブランド・コミュニケーション戦略における原産国イメージの活用方法として，ブランド・レバレッジ戦略を取り上げた。しかし，中国の消費者における反日感情，アメリカの消費者における消費者エスノセントリズムのようなネガティブな原産国イメージ効果を緩和できる具体的なコミュニケーション戦略を提示することができなかった。

　消費者エスノセントリズムや反日感情に代表される，企業およびブランドに対するネガティブな感情は，インターネットを通じて考えられないほど急速に拡散する傾向をみせている。第6章で示したように中国におけるグローバル・ブランドの問題の多くも，企業の不注意と，国外ブランドに対するネガティブな感情との相乗効果によってさらなる問題に発展したと考えられる。

　したがって，反日感情と消費者エスノセントリズムのようなネガティブな原産国イメージをどう払拭するかは企業のコミュニケーション戦略上の課題である。原産国イメージ効果研究を体系化するためにも，このようなネガティブな原産国イメージ効果を緩和，または払拭できるコミュニケーション戦略に関する研究は必要不可欠であると考えられる。

　次の研究課題は，日本とアメリカだけではなく，アジア市場の消費者を対象に実証研究を重ねていくことである。

　これまでのマーケティングおよび消費者行動研究では，欧米の消費者行動が中心となっており，アジアの消費者を対象とする研究成果はそれほど多くない。しかし，日本の輸出上位4ヵ国がアメリカ・中国・韓国・台湾であることからも確認できるように，日本におけるアジア市場の重要性とその比重は年々増加しつつある。今後は各国消費者の個人特性・ライフスタイル・社会文化的要因など多面的な観点から日本・韓国・中国の消費者を対象にした実証研究の成果を蓄積し，アジアの市場を中心とした消費者行動の多国間分析を体系化する必要があるだろう。

　最後に，リサーチ手法に関する課題が挙げられる。消費者行動と広告などのマーケティングに関連した諸研究では，質問紙による調査は定量的マーケティ

ング・リサーチの典型的方法であり，仮説検証に最も有効なリサーチ方法として，実験心理学系の学術的領域では幅広く採用されている。本書でも日本の消費者とアメリカ・中国・韓国・台湾の消費者を対象に質問紙による調査を中心に行った。緻密な調査方法に加えて，多変量解析など多様な統計的分析方法を採用したとはいえ，質問紙調査に依存した結果になったことは否めない。今後の調査では，調査対象国の消費者を対象としたフォーカス・グループ・インタビューのような定性調査，あるいはPOSデータなどによる定量分析など多様なリサーチ手法を採用し調査分析することによって，さらに多元的に消費者行動の実態を捉えていきたい。

参 考 文 献

【書籍・論文等】

Aaker, David A. and George S. Day (1980), *Marketing Research : Private and Public Sector Decisions*, John Wiley & Sons. (石井淳蔵・野中郁次郎訳『マーケティング・リサーチ』)

Aaker, David A. (1991), *Managing Brand Equity*, The Free Press. (陶山計介・中田善啓・尾崎久仁博・小林 哲訳『ブランドエクイティ戦略』ダイヤモンド社, 1994)

Aaker, David A. (1996), "Measuring Brand Equity Across Products and Markets," *California Management Review*, 38 (3), pp. 102-120.

Adorno, T. W., Else Frenkel-Brunswik, Daniel J. Levinson and R. Nevitt Sanford (1950), *The Authoritarian Personality*, Harper & Brothers. (田中義久・矢沢修次郎・小林修一訳『権威主義的パーソナリティ』青木書店, 1980)

Agrawal, J. and Wagner A. Kamakura (1995), "The Economic Worth of Celebrity Endorsers: An Event Study Analysis," *Journal of Marketing*, 59 (July), pp. 56-62.

Ahmed, Sadrudin A. and Alain d'Astous (1995), "Comparison of Country-of Origin Effects on Household and Organizational Buyers' Product Perceptions," *European Journal of Marketing*, 29 (3), pp. 35-51.

Alden, Dana L., Jan-Benedict E. M. Steenkamp and Rajeev Batra (2006), "Consumer Attitudes toward Marketplace Globalization: Structure, Antecedents and Consequences," *International Journal of Research in Marketing*, 23, pp. 227-239.

Altintas, Murat Hakan and Tuncer Tokol (2007), "Cultural Openness and Consumer Ethnocentrism: an Empirical Analysis of Turkish Consumers," *Marketing Intelligence & Planning*, 25 (4), pp. 308-325.

アメリカ合衆国商務省センサス局 (2009)『現代アメリカデータ総覧』東洋書林。

Anderson, W. T. and William H. Cunningham (1972), "Gauging Foreign Product Promotion," *Journal of Advertising Research*, 12 (1), pp. 29-34.

Ang, Swee Hoon, Kwon Jung, Ah Keng Kau, Wiew Meng Leong, Chanthika Pornpitakpan, and Soo Jiuan Tan (2004), "Animosity towards Economic Giants: What the Little Guys Think," *Journal of Consumer Marketing*, 21 (3), pp. 190-207.

青木幸弘 (2010)「消費者行動の分析」, 池尾恭一・青木幸弘・南 知恵子・井上哲浩『マーケティング』有斐閣。

青木幸弘 (2010)『消費者行動の知識』日本経済新聞出版社。

有賀 勝 (2006)「グローバル広告」嶋村和恵監修『新しい広告』電通。

Assael, Henry (2004), *Consumer Behavior : A Strategic Approach*, Houghton Mifflin.

Baker, Michael J. and Gilbert A. Jr. Churchill (1977), "The Impact of Physically Attractive Models on Advertising Evaluations," *Journal of Marketing Research*, 14 (Nov), pp. 538-555.

Balabanis, George and Adamantios Diamantopoulos (2008), "Brand Origin Identification by Consumers: A Classification Perspective," *Journal of International Market-

ing, 16 (1), pp. 39-71.
Balabanis, George and Adamantios Diamantopoulos (2004), "Domestic Country Bias, Country-of-Origin Effects, and Consumer Ethnocentrism: A Multidimensional Unfolding Approach," *Journal of the Academy of Marketing Science*, 32 (1), pp. 80-95.
Balabanis, George, Adamantios Diamantopoulos, Rene Dentiste Mueller and T. C. Melewar (2001), "The Impact of Nationalism, Patriotism and Internationalism on Consumer Ethnocentric Tendencies," *Journal of International Business Studies*, 32 (1), pp. 157-175.
Bilkey, Warren J. and Erik Nes (1982), "Country-of-Origin Effect on Product Evaluation," *Journal of International Business Studies*, 13 (1), pp. 89-98.
Brackett, Lana K. and Benjamin N. Carr (2001), "Cyberspace Advertising vs. Other Media Consumer vs. Mature Student Attitude," *Journal of Advertising Research*, 41 (5), pp23-32.
Bruning, E. R. (1997), "Country of Origin, National Loyalty and Product Choice: The Case of International Air Travel," *International Marketing Review*, 14 (1), pp. 59-74.
Buchanan, Lauranne, Carolyn J. Simmons and Barbara A. Bickart (1999), "Brand Equity Dilution: Retailer Display and Context Brand Effect," *Journal of Marketing Research*, 36 (Aug), pp. 345-355.
Cattin, Philippe, Alain Jolibert and Colleen Lohnes (1982), "A Cross-Cultural Study of "Made in" Concepts," *Journal of International Business Studies*, 13 (3), pp. 131-141.
Chakraborty, Goutam, Anthony T. Allred and Terry Bristol (1996), "Exploring Consumers' Evaluations of Counterfeits: The Roles of Country of Origin and Ethnocentrism," *Advances in Consumer Research*, 23, pp. 379-384.
Chao, Paul (1989), "Export and Reverse Investment: Strategic Implications for Newly Industrialized Countries," *Journal of International Business Studies*, 20 (1), pp. 75-91.
Chao, Paul (1993), "Partitioning Country of Origin Effects: Consumer Evaluations of a Hybrid Product," *Journal of International Business Studies*, 24 (2), pp. 291-306.
Chao, Paul (2001), "The Moderating Effects of Country of Assembly, Country of Parts, and Country of Design on Hybrid Product Evaluations," *Journal of Advertising*, 30 (4), pp. 67-79.
Chao, Paul Gerhard Wuhrer and Thomas Werani (2005), "Celebrity and Foreign Brand Name as Moderators of Country-of-Origin Effects," *International Journal of Advertising*, 24 (2), pp. 173-192.
Chryssochoidis, George, Athanassios Krystallis and Panagiotis Perreas (2007), "Ethnocentric Beliefs and Country-of-Origin (COO) Effect Impact of Country, Product and Product Attributes on Greek Consumers' Evaluation of Food Products," *European Journal of Marketing*, 41 (11/12), pp. 1518-1544.
Coyle, James R. and Esther Thorson (2001), "The Effect of Progressive Levels of

Interactivity and Vividness in Web Marketing Sites," *Journal of Advertising*, 30 (fall), pp. 65-77.

Darling, John R. and Van R. Wood (1990), "A Longitudinal Study Comparing Perceptions of U. S. and Japanese Consumer Products in Third/Neutral Country : Finland 1975 to 1985," *Journal of International Business Studies*, 21 (3), pp. 427-450.

Debevec, Kathleen and Jerome B. Kernan (1984), "More Evidence on the Effects of a Presenter's Physical Attractiveness," *Advances in Consumer Research*, pp. 127-132.

Desphande, Rohit and Douglas M. Stayman (1994), "A Tale of Two Cities : Distinctiveness Theory and Advertising Effectiveness," *Journal of Marketing Research*, 31 (Feb.), pp. 57-64.

Dichter, Ernest (1962), "The World Customer," *Harvard Business Review*, 40 (4), pp. 113-122.

Durvasula, S., Andrews J. Craig and R. G. Netemeyer (1997), "A Cross-Cultural Comparison of Consumer Ethnocentrism in the United States and Russia", *Journal of International Consumer Marketing*, 9 (4), pp. 73-93.

Edwards, Ron, Anne-Marie Gut and Felix Mavondo (2007), "Buyer Animosity in Business to Business Markets : Evidence from the French Nuclear Tests," *Industrial Marketing Management*, 36, pp. 483-492.

Elliot, Michael T. and Paul Surgi Speck (1998), "Consumer Perception of Advertising Clutter and Its Impact Across Various Media," *Journal of Advertising Research*, 38 (Jan/Feb), pp. 29-41.

Erdogan, B., Zafer, Michael J. Baker and Stephen Tagg (2001), "Selecting Celebrity Endorsers : The Practitioner's Perspective," *Journal of Advertising Research*, 41 (3), pp. 39-48.

Erdogan, B. Zafer and Tanya Drollinger (2008), "Endorsement Practice : How Agencies Select Spokespeople," *Journal of Advertising Research*, 48 (4), pp. 573-582. (抄訳：朴 正洙「イギリスはどのように有名人を広告に起用しているのか」『日経広告研究所報』246号, 103-106頁, 2009)

Ettenson, Richard and Jill Gabrielle Klein (2005), "The Fallout from French Nuclear Testing in The South Pacific : A Longitude Study of Consumer Boycotts," *International Marketing Review*, 22 (2), pp. 199-224.

Etzel, Michael J. and Bruce J. Walker (1974), "Advertising Strategy for Foreign Products," *Journal of Advertising Research*, 14 (3), pp. 41-44.

Evanschitzky, Heiner, Florian v. Wangenheim, David Woisetschläger and Markus Blut (2008), "Consumer Ethnocentrism in The German Market," *International Marketing Review*, 25 (1), pp. 7-32.

Fesinger, Leon (1957), *A theory of cognitive dissonance*, Stanford University Press. (末永俊郎監訳『認知不協和の理論―社会心理学序説』誠信書房, 1965)

Freiden, Jon B. (1984), "Advertising Spokesperson Effects : An Examination of Endorser Type and Gender on Two Audiences," *Journal of Advertising Research*, 24 (5), pp. 33-41.

Friedman, Hershey H. and Linda Friedman (1979), "Endorser Effectiveness by Product Type," *Journal of Advertising Research*, 19 (5), pp. 63-71.

Friedman, Hershey H., Termini, Salvatore and Robert Washington (1976), "The Effectiveness of Advertisements Utilizing Four Types of Endorsers," *Journal of Advertising*, 5 (3), pp. 22-24.

古川和孝編 (1994)『社会心理学小辞典』有斐閣。

Gaedeke, Ralph (1973), "Consumer Attitudes Toward Products "Made In" Developing Countries," *Journal of Retailing*, 49 (2), pp. 13-24.

Gary Lock, Vacant, Rebecca M. Blank and Robert M. Groves (2010), *Statistical Abstract of the United States : 2011*, U. S. Department of Commerce.

Good, Linda K. and Patricia Huddleston (1995), "Ethnocentrism of Polish and Russian Consumers : are Feelings and Intentions Related?," *International Marketing Review*, 12 (5), pp. 35-48.

Guhan-Canli, Zeynep and Durairaj Maheswaran (2000), "Determinants of Country-of-Origin Evaluations," *Journal of Consumer Research*, 27, pp. 96-108.

Hamin and Greg Elliott (2006), "A Less-Developed Country Perspective of Consumer Ethnocentrism and "Country of Origin" Effects ; Indonesian Evidence," *Asia Pacific Journal of Marketing*, 18 (2), pp. 79-92.

Hamzaoui, Leila and Dwight Merunka (2006), "The Impact of Country of Origin Design and Country of Manufacture on Consumer Perceptions of Bi-national Product's Quality : an Empirical Model Based on the Concept of fit," *Journal of Consumer Marketing*, 23 (3), pp. 145-155.

Han, C. Min (1988), "The Role of Consumer Patriotism in the Choice of Domestic versus Foreign Products," *Journal of Advertising Research*, June/July, pp. 25-32.

Han, C. Min (1989), "Country of Image : Halo or Summary Construct?" *Journal of Marketing Research*, 26 (2), pp. 222-229.

Han, C. Min and Vern Terpstra (1988), "Country-of-Origin Effects for Uni-National and Bi-National," *Journal of International Business Studies*, 19 (2), pp. 235-252.

藤村正之 (2007)「ジェンダーとセクシュアリティ」,長谷川公一・浜 日出夫・藤村正之・町村敬志『社会学』有斐閣。

Heider, Fritz (1946), "Attitudes and Cognitive Organization," *Journal of Psychology*, 21, pp. 107-112.

Herche, Joel (1992), "A Note on the Predictive Validity of the CETSCALE," *Journal of the Academy of Marketing Science*, 20 (3), pp. 261-264.

Hinck, Wolfgang (2004), "The Role of Domestic Animosity in Consumer Choice : Empirical Evidence from Germany," *Journal of Euromarketing*, 14 (1/2), pp. 87-104.

Hofstede, Geert (1991), *Culture and Organizations*, McGraw-Hill International. (岩井紀子・岩井八郎訳『違いを学ぶ共存への道を探る多文化世界』有斐閣, 1995)

Holt, Douglas B., John A. Quelch and Earl L. Taylor (2004), "How Global Brands Compete," *Harvard Business Review*, Sep., pp. 68-75.

Hong, Sung-Tai and Dong Kyoon Kang (2006), "Country-of-Origin Influences on

Product Evaluations: The Impact of Animosity and Perceptions of Industriousness Brutality on Judgements of Typical and Atypical Products," *Journal of Consumer Psychology*, 16 (3), pp. 232-239.

Hong, Sung-Tai and Julie F. Toner (1989), "Are There Gender Differences in the Use of Country-of-Origin Information in the Evaluation of Products?," *Advances in Consumer Research*, 16, pp. 468-472.

Hong, Sung-Tai and Robert S. Jr. Wyer (1989), "Effects of Country-of-Origin and Product-Attribute Information on Product Evaluation: an Information Processing Perspective," *Journal of Consumer Research*, 16 (2), pp. 175-185.

Hong, Sung-Tai and Robert S. Jr. Wyer (1990), "Determinants of Product Evaluation: Effects of the Time Interval between Knowledge of a Product's Conutry of Origin and Information about Its Specific Attributes," *Journal of Consumer Research*, 17, pp. 277-288.

Hovland, Carl I. and Walter Weiss (1951), "The Influence of Source Credibility on Communication Effectiveness," *Public Opinion Quarterly*, 15 (Winter), pp. 635-650.

藤永 保・仲 真紀子監修 (2004)『心理学辞典』丸善。

Huddleston, Patricia, Linda K. Good and Leslie Stoel (2001), "Consumer Ethnocentrism, Product Necessity and Polish Consumers' Perceptions of Quality," *International Journal of Retail & Distribution Management*, 29 (5), pp. 236-246.

Hui, Michael K. and Lianxi Zhou (2003), "Country-of-Manufacture Effects for Known Brands," *European Journal of Marketing*, 37 (1), pp. 133-153.

李炅泰 (2006)「複合的原産地情報とブランド名がデジタルカメラの製品評価に及ぼす影響」『広告科学』第47集、84-100頁。

李炅泰 (2007)「製品に対する消費者の関心度が複合的原産地情報の働きに与える影響」『流通研究』第9巻、第3号、1-13頁。

石黒広昭・亀田達也編 (2010)『文化と実践—心の本質的社会性を問う』新曜社。

板垣 博 (2002)「海外生産」『国際経営論への招待』有斐閣、102-121頁。

Johansson, Johny K. and Hans B. Thorelli (1985), "International Product Positioning," *Journal of International Business Studies*, 16 (3), pp. 57-75.

Johansson, Johny K. and Israel D. Nebenzahl (1986), "Multinational Production: Effect on Brand Value," *Journal of International Business Studies*, 17 (3), pp. 101-125.

Johansson, Johny K., Susan P. Douglas and Ikurjiro Nonaka (1985), "Assessing the Impact of Country of Origin on Product Evaluations: a New Methodological Perspective," *Journal of Marketing Research*, 22 (Nov.), pp. 388-396.

Kahle, Lynn R. and Pamela M. Homer (1985), "Physical Attractiveness of the Celebrity Endorser: A Social Adaptation Perspective," *Journal of Consumer Research*, 11 (Mar), pp. 954-961.

梶 祐輔 (2001)『広告の迷走』宣伝会議。

亀井昭宏 (1997)「ブランドと広告コミュニケーション」青木・小川・亀井・田中編『新ブランド・マネジメント体系(理論から広告戦略まで)』日経広告研究所、73-86頁。

亀井昭宏 (2005)「広告への新しい視点」、亀井昭宏・疋田聰編著『新広告論』日経広告研究

所。
亀井昭宏 (2009)「マーケティング・コミュニケーションの本質と構成領域」亀井昭宏・ルディー和子編『新マーケティング・コミュニケーション戦略論』日経広告研究所, 13-25頁。
亀井昭宏監修 (2008)『電通広告辞典』電通。
Kamins, Michael A. and Kamal Gupta (1994), "Congruence between Spokesperson and Product Type: A Matchup Hypothesis Perspective," *Psychology & Marketing*, 11 (6), pp. 569-586.
Keegan, Warren and Mark C. Green (2011), *Global Marketing*, 6th ed., Pearson Education.
経済産業省 (2007)『ものづくり白書』経済産業省。
経済産業省 (2007)『通商白書 2007』。
経済産業省 (2010)『通商白書 2010』。
Keller, Kevin Lane (1998), *Strategic Brand Management*, Prentice-Hall, Inc. (恩蔵直人・亀井昭宏訳『戦略的ブランド・マネジメント』東急エージェンシー, 2000).
Keller, Kevin Lane (2003), "Brand Synthesis: The Multidimensionality of Brand Knowledge," *Journal of Consumer Research*. 29 (Mar), pp. 595-600.
Keller, Kevin Lane (2007), *Strategic Brand Management*, 3rd ed., Prentice-Hall, Inc. (恩蔵直人監訳『戦略的ブランド・マネジメント』東急エージェンシー, 2010)
Kim, Chungkoo and Jayyoung Chung (1997), "Brand Popularity, Country Image and Market Share," *Journal of International Business Studies*, 28 (2), pp. 361-386.
岸 志津江 (2008)「ブランド・コミュニケーション」『基礎から学ぶ広告の総合講座 2009』日経広告研究所。
北山 忍 (1998)『自己と文化―文化心理学による問いかけ』共立出版。
Klein, Jill Gabrielle and Richard Ettenson (1999), "Consumer Animosity and Consumer Ethnocentrism: an Analysis of Unique Antecedents," *Journal of International Consumer Marketing*, 11 (4), p. 5-24.
Klein, Jill Gabrielle (2002), "Us Versus Them, or Us Versus Everyone? Delineating Consumer Aversion to Foreign Goods," *Journal of International Business Studies*, 33 (2), pp. 345-363.
Klein, Jill Gabrielle, Richard Ettenson and Balaji C. Krishnan (2006), "Extending the Construct of Consumer Ethnocentrism: When Foreign Products are Preferred," *International Marketing Review*, 23 (3), pp. 304-321.
Klein, Jill Gabrielle, Richard Ettenson and Marlene D. Morris (1998), "The Animosity Model of Foreign Product Purchase," *Journal of Marketing*, 62 (1), pp. 89-99.
小泉秀昭 (1999)「有名人広告の戦略的考察:「情報源効果」と「意味移転」のコミュニケーション・モデル」『日経広告研究所報』40-45頁。
Kotabe, Masaki and K. Helsen (2008), *Global Marketing Management*, 4th ed., John Wiley and Sons, Inc. (栗木契監訳『国際マーケティング』碩学舎, 2010)
Kotlor, P. and K. L. Keller (2006), *Marketing Management*, 12th ed., Peason Education. (恩蔵直人監訳『コトラー&ケラーのマーケティング・マネジメント』ピアソン・エデ

ュケーション，2008）

Kucukemiroglu, Orsay (1999), "Market Segmentation by Using Consumer Lifestyle Dimensions and Ethnocentrism: An Empirical Study," *European Journal of Marketing*, 33 (5/6), pp. 470-487.

Langmetyer, Lynn and Mary Walker (1991), "A First Step Identify the Meaning in Celebrity Endorsers," *Advances in Consumer Research*, 18, pp. 364-371.

Lantz, Garold and Sandra Loeb (1996), "Country of Origin and Ethnocentrism: An Analysis of Canadian and American Preferences Using Sociai Identity Theory," *Advances in Consumer Research*, 23, pp. 374-378.

Leclerc, France, Bernd H. Schmitt and Laurette Dube (1994), "Foreign Branding and Its Effects on Product Perceptions and Attitudes," *Journal of Marketing Research*, 31 (May.), 2, pp. 263-270.

Lee James A. (1966), "Cultural Analysis in Overseas Operations," *Harvard Business Review*, March-April, pp. 106-114.

Lee, Chol and Robert T. Green (1991), "Cross-Cultural Examination of the Fishbein Behavioral Intentions Model," *Journal of International Business Studies*, 22 (2), pp. 289-305.

Lee, Dong Hwan and Charles M. Schaninger (1996), "Country of Production/Assembly as a New Country Image Construct," *Advances in International Marketing*, 7, pp. 233-254.

Lee, Junggyo and Esther Thorson (2008), "The Impact of Celebrity-Product Incongruence on the Effectiveness of Product Endorsement," *Journal of Advertising Research*, 48 (3), pp. 433-449.（抄訳：朴正洙「有名人広告における有名人と製品イメージの適度な不一致がもたらす効果」『日経広告研究所報242号』日経広告研究所44-47頁，2008）

Levitt, Theodore (1960), "Marketing Myopia," *Harvard Business Review*, 38 (4), pp. 45-56.（有賀裕子・ダイヤモンドハーバード・ビジネス・レビュー編集部訳『T. レビット マーケティング論』ダイヤモンド社，2007）

Levitt, Theodore (1983), "The Globalization of Markets," *Harvard Business Review*, May-June, pp. 92-102.（有賀裕子・ダイヤモンドハーバード・ビジネス・レビュー編集部訳『T. レビット マーケティング論』ダイヤモンド社，2007）

Liefeld, John P. (1993), "Experiments on Country-of-Origin Effects: Review and Meta-Analysis of Effect Size", in Papadopoulos, N. and Heslop, L. A. (Eds), *Product and Country Images*, Haworth Press, New York, NY.

Loeffler, Michael (2002), "A Multinational Examination of the Domestic Product Effect," *International Marketing Review*, 19 (4/5), pp. 482-498.

Louie, Therese A., L. Robert Kurik and Robert Jacobson (2001), "When Bad Things Happen to the Endorsers of Good Products," *Marketing Letters*, 12 (1), pp. 13-23.

Luque-Martinez, T., J-A. Ibanez-Zapata and Salvador del Barrio-Garcia (2000), "Consumer Ethnocentrism Measurement — an Assessment of Reliability and Validity of the CETSCALE in Spain," *European Journal of Marketing*, 34 (11/12), pp. 1353-1373.

Lynch, James and Drue Schuler (1994), "The Matchup Effect of Spokesperson and Product Congruency: A Schema Theory Interpretation," *Psychology & Marketing*, 11 (5), pp. 417-445.

Maheswaran, Durairaj (1994), "Country of Origin as a Stereotype: Effects of Consumer Expertise and Attribute Strength on Product Evaluations," *Journal of Consumer Research*, September 1994; 21 (2), pp. 354-364.

Marshall, P. David (1997), Celebirty and Power. (石田佐恵子訳『有名人と権力（現在文化における名声）』勁草書房，2002)

Martin, Ingrid M. and Sevgin Eroglu (1993), "Measuring a Multi-Dimensional Construct: Country Image," *Journal of Business Research*, 28, pp. 191-210.

McCracken, Grant (1993), "The Value of the Brand: an Anthropological Perspective", in Aaker, D. A. and Biel, A. L. (Eds), *Brand Equity and Advertising*, Lawrence Erlbaum Associates, Hillsdale, NJ.

McCracken, Grant (1989), "Who Is the Celebrity Endorser? Cultural Foundations of the Endorsement Process," *Journal of Consumer Research*, 16 (Dec), pp. 310-321.

Miciak, A. R. and W. L. Shanklin (1994), "Choosing Celebrity Endorsers," *Marketing Management*, 3 (3), pp. 51-59.

宮島 喬 (1984)「社会規範」北川隆吉監修『現代社会学辞典』有信堂。

Moon, B. J. (1996), "The Roles of Consumer Ethnocentricity and Attitude Toward a Foreign Culture in Processing Foreign Country-of-Origin Advertisements," *Advances in Consumer Research*, 23, pp. 436-439.

Moon, B. J. and Subhash C. Jain (2001), "Consumer Processing of International Advertising: the Roles of Country of Origin and Consumer Ethnocentrism," *Journal of International Consumer Marketing*, 14 (1), pp. 89-108.

諸上茂登・杉田俊明 (1999)『アジアからの輸入と調達』同文舘出版。

Nakos, George E. and Yannis A. Hajidimitriou (2007), "The Impact of National Animosity on Consumer Purchases: The Modifying Factor of Personal Characteristics," *Journal of International Consumer Marketing*, 19 (3), 53-72.

Nagashima, Akira (1970), "A Comparison of Japanese and U. S Attitude toward Foreign Products," *Journal of marketing*, 34 (1), pp. 68-74.

Nagashima, Akira (1977), "Comparative "Made In" Product Image Survey Among Japanese Businessmen," *Journal of marketing*, 41 (3), pp. 95-100.

中島義明編 (2005)『心理学辞典』有斐閣。

Nebenzahl, Israel D. and Eugene D. Jaffe (1996), "Measuring the Joint Effect of Brand and Country Image in Consumer Evaluation of Global Products," *International Marketing Review*, 13 (4), pp. 5-22.

Netemeyer, Richiard G., Srinivas Durvasula and Donald R. Lichtenstein (1991), "A Cross-National Assessment of the Reliability and Validity of the CETSCALE," *Journal of Marketing Research*, 28 (Aug.), pp. 320-327.

新倉貴士 (2005)『消費者の認知世界―ブランド・マーケティング・パースペクティブ―』千倉書房。

Nijssen, Edwin J. and Susan P. Douglas (2004), "Examining the Animosity Model in a Country with a High Level of Foreign Trade," *International Journal of Research in Marketing*, 21, pp. 23-38.

21世紀中国総研 (2009)『中国情報ハンドブック2009年度版』蒼蒼社.

21世紀中国総研 (2009)『中国情報源 2008―2009年度版』蒼蒼社.

仁科貞文・田中 洋・丸岡吉人 (2007)『広告心理』電通.

Obermiller, Carl and Eric Spangenberg (1989), "Exploring the Effects of Country of Origin Labels: An Information Processing Framework," *Advances in Consumer Research*, 16, pp. 454-459.

Ohanian, Roobina (1990), "Construction and Validation of a Scale to Measure Celebrity Endorsers Perceived Expertise, Trustworthiness, and Attractiveness," *Journal of Advertising*, 19 (3), pp. 39-52.

大橋直子・小山 諭・博報堂中国マーケティング研究プロジェクト (2008)『中国で成功するマーケティング』日本経済新聞出版社.

Olson, Jerry (1977), "Price as an Information Cue: Effects on Product Evaluation," *Consumer and Industirial Buying Behavior Wodside*, Northholland, pp. 267-28.

恩蔵直人 (1997)「製品のカントリー・オブ・オリジン」『製品開発の戦略論理：開発プロセスからブランド管理に至る競争優位源泉の解明』文一総合出版, 253-282頁.

恩蔵直人 (2007)『コモディティ化市場のマーケティング論理』有斐閣.

太田正孝 (2008)『多国籍企業と異文化マネジメント』同文舘出版.

大山 正・藤永 保・古田正昭編 (1978)『心理学小辞典』有斐閣.

Papadopoulos, Nicolas and Louise A. Heslop (1993), "But Who Knows Where or When: Reflections on the Image of Countries and their Products", in Papadopoulos, N. and Heslop, L. A. (Eds), *Product and Country Images*, Haworth Press, New York, NY.

Papadopoulos, Nicolas, Louise A. Heslop, Francoise Graby and George Avlonitis (1987), "Does Country-of-Origin Matter? Some Findings from a Cross-Cultural Study of Customer Views about Foreign Products," Working Paper, October, pp. 87-104, *Marketing Science Institute*, Cambridge, MA.

Papadopoulos, Nicolas and Louise A. Heslop (2002), "Country Equity and Country Branding: Problems and Prospects," *Journal of Brand Management*, 9 (4-5), pp. 294-314.

Parameswaran, Ravi and Attila Yaprak (1987), "A Cross-National Comparison of Consumer Research Measures," *Journal of International Business Studies*, Spring, pp.35-47.

朴正洙 (2005)「ブランドにおける「カントリー・オブ・オリジン」の影響（日本・韓国・中国消費者を対象にした比較研究）」吉田秀雄記念財団『平成16年度助成研究集』175-191頁.

朴正洙 (2008)「消費者行動に及ぼす敵対心の影響に関する研究の系譜と課題」早稲田大学商学研究科紀要67号, 65-77頁.

朴正洙 (2009a)「広告コミュニケーションにおける有名人広告の効果と課題」早稲田大学産業経営研究所『産業経営』44号, 21-37頁.

朴正洙（2009b）「グローバル・マーケティングにおける多次元的原産地情報に関する研究の系譜と課題」早稲田大学商学研究科紀要第68号，115-130頁。

朴正洙（2009c）「ダイレクトマーケティング・コミュニケーションにおける有名人広告の効果に関する実証研究」*Direct Marketing Review*（Vol. 8），日本ダイレクトマーケティング学会，17-37頁。

朴正洙（2011）「クリエイティブ戦略における有名人および非有名人起用の効果」日経広告研究所報259号，39-46頁。

Percy, Larry and John R. Rossiter (1997), *Advertising Communications & Promotion Management*, Mcgraw Hill. （青木幸弘・岸 志津江・亀井昭宏監訳『ブランド・コミュニケーションの理論と実際』東急エージェンシー，2000）

Pereira, Arun, Chin-Chun Hsu and Sumit Kundu (2002), "A Cross-Cultural Analysis of Ethnocentrism in China, India, and Taiwan," *Journal of International Consumer Marketing*, 15 (1), pp. 77-90.

Petty, Richard E. and John T. Cacioppo (1986), *Communication and Persuasion : Central and Peripheral Routes to Attitude Change*, New York Springer-Verlag.

Pornpitakapan, Chanthika (2003), "Validation of the Celebrity Endorser' Credibility Scale : Evidence from Asians," *Journal of Marketing Management*, 19, pp. 179-195.

Porter, Michael E., Klaus Schwab and Augstro Lopez-Carlos (2005), *The Global Competitiveness Report 2005-2006*, Macmillan Publishers Ltd. （鈴木立哉・渡辺典子・上坂伸一訳『国の競争力』ファーストプレス，2006）

Reardon, James, Chip. Miller, Irena Vida and Irina Kim (2005), "The Effects of Ethnocentrism and Economic Development on the Formation of Brand and Ad Attitudes in Transitional Economies," *European Journal of Marketing*, 39 (7/8), pp. 737-754.

Reierson, Curtis (1966), "Are Foreign Products Seen as National Stereotypes?," *Journal of Retailing*, Fall, pp. 33-40.

Reierson, Curtis (1967), "Attitude Change toward Foreign Products," *Journal of Marketing Research*, 4 (4), pp. 385-387.

Rice, Gillian and Nittaya Wongtada (2007), "Conceptualizing Inter-Attitudinal Conflict in Consumer Response to Foreign Brands," *Journal of International Consumer Marketing*, 20 (1), 51-65.

Rossiter, John R. and Steven Bellman (2009), *Marketing Communications : Theory and Application*, Pearson. （岸 志津江監訳『戦略的マーケティング・コミュニケーション』東京エージェンシー，2009）

Roth, Martin S. and Jean B. Romeo (1992), "Matching Product Category and Country Image Perceptions : A Framework for Managing Country-of-Origin Effects," *Journal of International Business Studies*, 23 (3), pp. 477-497.

Russell, Dale (2007), "U. S. Consumer's Cultural Choices : The Interplay of Ethnocentrism and Global Openness," *Advances in Consumer Research*, 34, pp. 331-332.

蔡林海（2006）「巨大市場と民族主義―中国中産階層のマーケティング戦略―」日本経済評論社。

Schooler, Robert (1965), "Product Bias in the Central American Common Market," *Journal of Marketing Research*, 65 (2), pp. 394-397.
Schooler, Robert (1971), "Bias Phenomena Attendant to the Marketing of Foreign Goods in the U. S.," *Journal of International Business Studies*, 2 (1), pp. 71-81.
Shamdasani, Prem N., Andrea J. S. Stanaland and Julia Tan (2001), "Location, Location, Location : Insight for Advertising Placement on the Web," *Journal of Advertising Research*, pp. 7-21.
Shankarmahesh, Mahesh N. (2006), "Consumer Ethnocentrism : an Integrative Review of its Antecedents and Consequences," *International Marketing Review*, 23 (2), pp. 146-172.
Sharma, Subhash, Terence A. Shimp and Jeongshin Shin (1995), "Consumer Ethnocentrism : A Test of Antecedents and Moderators," *Journal of Academy of Marketing Science*, 23 (1), pp. 26-37.
Shimp T. A. (1984), "Consumer Ethnocentrism : The Concept and a Preliminary Empirical Test," *Advances in Consumer Research*, 11, pp. 285-90.
Shimp, T. A. and S. Sharma (1987), "Consumer Ethnocentrism : Construction and Validation of the CETSCALE," *Journal of Marketing Research*, 24, pp. 280-289.
Shimp, T. A. (2007), *Advertising, Promotion and Other Aspects of Integrated Marketing Communication*, 7th ed. Thomson.
Shimp, T. A. (2008), *Advertising, Promotion and Other Aspects of Integrated Marketing Communication*, 8th ed. South-Western College.
Shimp, T. A., Tracy H. Dunn and Jill G. Klein (2004), "Remnants of the U. S. Civil War and Modern Consumer Behavior," *Psychology & Marketing*, Vol. 21, pp. 75-91.
Shoham, Aviv and Maja Makovec Brencic (2003), "Consumer Ethnocentrism, Attitudes, and Purchase Behavior : An Israeli Study," *Journal of International Consumer Marketing*, 15 (4), pp. 67-86.
Shoham, Aviv, Moshe Davidow, Jill Gabrielle Klein and Ayalla Ruvio (2006), "Animosity on the Home Front : The Intifada in Israel and Its Impact on Consumer Behavior," *Journal of International Marketing*, 14, pp. 92-114.
Sumner, W. G. (1906), *Folkways : The Sociological Importance of Usages, Manners, Customs, Mores, and Morals*, Ginn & Co., New York.
高橋雅延 (2008)『認知と感情の心理学』岩波書店。
武井 寿 (1997)『解釈的マーケティング―マーケティングにおける「意味」の基礎理論的研究―』白桃書房。
Tan, Chin Tiong and John U. Farley (1987), "The Impact of Cultural Patterns on Cognition and Intention in Singapore," *Journal of Consumer Research*, 13 (Mar.), pp. 540-544.
Teas, R. Kenneth and Sanjeev Agarwal (2000), "The Effects of Extrinsic Product Cues on Consumers' Perceptions of Quality, Sacrifice, and Value," *Academy of Marketing Science*, 28 (2), pp. 278-290.
Thakor, Mrugank V. and Chiranjeev S. Kohli (1996), "Brand Origin : Conceptualization

and Review," *Journal of Consumer Marketing*, 13 (3), 27-42.
Triandis, Harry C. (2007), "Culture and Psychology: A History of the Study of their Relationship," *Handbook of Cultural Psychology*, pp. 59-76.
Tse, K. David and Gerald J. Gorn (1993), "An Experiment on the Salience of Country-of-Origin in the Era of Global Brands," *Journal of International Marketing*, 1 (1), pp. 57-77.
Tse, K. David and Wei-na Lee (1993), "Removing Negative Country Images: Effect of Decomposition, Branding, and Product Experience," *Journal of International Marketing*, 1 (4), pp. 25-48.
Verlegh, Peter W. J. and Jan-Benedict E. M. Steenkamp (1999), "A Review and Meta-Analysis of Country-of-Origin Research," *Journal of Economic Psychology*, 20 (5), pp. 521-546.
Vida, Irena, Tanja Dmitrovic and Claude Obadia (2008), "The Role of Ethnic Affiliation in Consumer Ethnocentrism," *European Journal of Marketing*, 42 (3/4), pp. 327-343.
Wall, Marjorie John Liefeld, and Louise A. Heslop (1991), "Impact of Country-of-Origin Cues on Consumer Judgments in Multi-Cue Situations: a Covariance Analysis," *Journal of Academy of Marketing Science*, 19 (2), pp. 105-113.
Watson, John J. and Katrina Wright (1999), "Consumer Ethnocentrism and Attitudes toward Domestic and Foreign Products," *European Journal of Marketing*, 34 (9/10), pp. 1149-1166.
White, Phillip D. (1979), "Attitude of U. S. Purchasing Managers toward Indusrial Products Manufactured in Selected Western European Nations," *Journal of International Business Studies*, 10 (1), pp. 81-90.
Witkowski, Terrence H. (1998), "Consumer Ethnocentrism in Two Emerging Markets: Determinants and Predictive Validity," *Advances in Consumer Research*, 25, pp. 258-263.
Yagci, Mehmet I. (2001), "Evaluating the Effects of Country-of-Origin and Consumer Ethnocentrism: A Case of a Transplant Product," *Journal of International Consumer Marketing*, 13 (3), pp. 63-85.
山本昭二 (1999)『サービス・クォリティ』千倉書房。
矢野恒太記念会 (1983〜2011)『世界国勢図会1983年版〜2011年版』矢野恒太記念会。
Yoo, Boonghee and Naveen Donthu (2005), "The Effect of Personal Cultural Orientation on Consumer Ethnocentrism: Evaluations and Behaviors of U. S. Consumers toward Japanese Products," *Journal of International Consumer Marketing*, 18 (1/2), pp. 7-44.
吉原英樹 (1997)『国際経営 (新版)』有斐閣アルマ。
Yu, Julie H. and Gernal Albaum (2002), "Sovereignty Change Influences on Consumer Ethnocentrism and Product Preferences: Hong Kong Revisited One Year Later," *Journal of Business Research*, 55 (11), pp. 891-899.
Zeithaml, Valarie A. (1988), "Consumer Perceptions of Price, Quality, and Value: A Means-End Model and Synthesis of Evidence," *Journal of Marketing*, 52 (3), pp. 2

参考文献　247

【新　聞】
朝日新聞（2003）「トヨタ広告に反発中国のネット上侮辱だ」『朝日新聞』12月4日付。
日本経済新聞（2003）「中国で雑誌広告に批判」『日本経済新聞』12月5日付。
朝日新聞（2011）「対中赤字，実は黒字」『朝日新聞』1月28日付。
日本経済新聞（2011）「アジアの営業利益」『日本経済新聞』6月12日付。
日本経済新聞（2011）「三洋の白物家電売却」『日本経済新聞』7月28日付。
日本経済新聞（2012）「中国商標トラブル続発」『日本経済新聞』2月22日付。
日経MJ（2010）「中国人訪日調査」『日経MJ』8月8日付。

【ウェブサイト】
財務省貿易統計（http://www.customs.go.jp/toukei/info/：最終アクセス2011年7月31日）
「第25次中国互聯網絡発展状況統計報告書」（中国語文献）（http://it.people.com.cn/BIG5/119390/118340/179414/index.html：最終アクセス2011年6月30日）。
古川一郎・金春姫（2007）「修正敵意モデルから見る日系自動車の購買意図の形成（反日感情と製品態度のつながり方第6・7回目）」（http://news.searchina.ne.jp/topic/m0003.html：最終アクセス2008年8月31日）
博報堂 Global HABIT 2010：世界18都市における日・韓製品イメージ比較調査（http://www.hakuhodo.co.jp/news/year/2011/20110203/index.html：最終アクセス2011年3月31日）。
インターブランドジャパン「The 100 TOP BRANDS 2006・2007」（http://www.interbrand.com/ja/default.aspx：最終アクセス2008年1月15日）。
インターブランドジャパン「日本のブランドに対する定量調査」"Brand Japan Post-Disaster"（http://www.interbrand.com/ja/Default.aspx：最終アクセス2011年7月31日）。
日経リサーチ・ブランド求心力ランキング（www.nikkei-r.co.jp/digital/index.html：最終アクセス2007年10月30日）。

索　引

アルファベット

Buy American ······················93, 139
CETSCALE ······················89, 94-97
CETSCORE ··············132-135, 140
COA ·······································32, 48
COB ·······································46, 48
COD ·······································32, 48
COP ·······································32, 48
CSAs ·····································32-35
CSDs ··33
FSAs ·····································32-35
IBM ·································107, 174
JA ソーラー ································6
LG ··················27, 37, 56, 75, 85, 174
LG-PHILIPS LCD ···············77, 85
SK II ······································174
S-LCD ···································77, 85

あ

愛国心 ··········98, 99, 103, 116, 121, 132
アジア製＝低品質 ··························6
圧政の歴史 ·································118
アディダス ·································175
アメリカ············3, 91, 131-138, 160-166
イギリス ·······················9, 30, 56, 106
異質性 ·························122, 138, 139
イスラエル ······················106, 115, 150
一般的国家態度 ······························31
一般的製品態度 ······························31
意味移転 ······························211, 214
　　　──モデル ·················216-219
インターブランドジャパン ·········8, 56
インティファーダ ·······················150
インド························21, 105, 130
インドネシア ···········21, 36, 109, 156
インリーグリーンエナジー ···············6
内集団···························93, 113, 116, 117
エルサルバドル ··························14

か

海外生産拠点················5, 44, 45, 55
外国人嫌い ···················112, 116, 122
外的手がかり ···················47, 59, 66
開発途上国·········20, 40, 49, 65, 66, 144
価格プレミアム ············34, 35, 71, 225
カザフスタン ················106, 107, 115
価値のリスト ·······························118
家電業界··························6, 50, 51, 66
カルフール ·······························175
韓国·····················78, 114, 125, 165, 202
感情 ····················3, 9, 13, 90, 143
感情的原産国イメージ効果 ············143
関与 ···························26, 38, 42, 49
規範··············3, 13, 89, 94, 119, 140
規範的原産国イメージ効果············89
逆輸入···5
キャッチアップ···························15
教育水準 ·····················20, 97, 135, 179
狭義的原産国·······························63
共産主義·······················97, 110, 120
教条主義·····································150
ギリシャ ················92, 109, 112, 152
クリエイティブ戦略 ·····················185
クリスチャン・ディオール ············175
グローバル
　　　──・ソーシング··················72
　　　──ブランド········50, 52, 53, 58, 76

───・ブランド・コミュニケーション
　　　……………………………203, 204
───化 ……………23, 30, 51, 70
───広告 …………………186, 187
───マーケティング ………3, 202
軍事的 ………………144, 145, 171
経済発展の段階 …………………118
経済を要因とした敵対心 …148, 151
経常収支 …………………………3, 91
権威主義………………………92, 120
原産国
　　　───イメージ …1-3, 13, 67, 89, 143, 209
　　　───イメージ効果のメカニズム
　　　　　………………………25-27
　　　───イメージ変化……………3, 24
　　　───の複雑化…………32, 35, 37
　　　───連想……………………………2
広告態度 ………107, 116, 189, 195
広州 ………………………………………7
購買意図………36, 107, 111, 153, 192
国際広告 …………………………104
国際主義 ……………………103, 150
国際比較研究 ………30, 96, 115, 129
個人主義 ……………………99, 107
コスタリカ ………………………14
コスト削減 ……………32, 33, 35, 37
コストリーダーシップ競争…………63
コミュニケーション戦略…43, 47, 56, 68, 83, 209
コモディティ化 ………………49-51
雇用確保 …………………………121
コルゲート ………………………174

さ

サイコグラフィックス …………123
サムスン ………………56, 75-77, 85

産業構造変革……………………91
残存物 ……………………………171
参入国同化型 ……………186, 205
サンヨー ……………6, 40, 41, 56
シーメンス ………………………175
ジェンダー差……………………29
自国産業保護 ……………………121
自己集団準拠基準………………93
事前知識…………………………26
持続的敵対心 ……………151, 158
失業問題…………………………91
自動車業界………………………66
シトロエン ………………………175
シャープ ……………………56, 77
社会規範………………93, 120, 183
社会心理的要因………23, 103, 122
社会的階級 ………………………118
上海 ………………………7, 131, 205
集団主義………………………98, 107
状況的敵対心 ……………151, 158
情動 ……………………………90, 119
消費者エスノセントリズム …89-93
情報源
　　　───信憑性モデル ………216, 219
　　　───魅力モデル ……216, 217, 219
　　　───モデル ……………216, 217
情報の非対称性…………………55
女性製品…………………………29
女性らしさ ………………………107
初頭効果 ……………………28, 64
処理能力 ………………………29, 74
白物家電 ……………………………6
親近効果 ……………………28, 64
人口統計的要因 ………18, 23, 97, 98, 127
瀋陽 ………………………………………7
推奨 ………………………217, 218, 230
スキーマ ……………………40, 65

ステレオタイプ ………………1, 23, 64
スペイン……………53, 103, 115, 175
スロベニア ……………………106, 115
生産技術の普及 …………………6, 32
生産拠点 ………………33, 46, 117
政治的体制変化 …………………105
政治的要因…………97, 116, 122, 156, 184
製造業の衰退 …………………63, 91
精緻化見込みモデル ……………26, 74
成都 ………………………………7
製品カテゴリー…………21, 29, 41, 101
製品戦略 ……………46, 48, 57, 82
世界自由貿易時代………………15
戦争を要因とした敵対心…144, 148, 193, 199
選択的知覚……………………73
全米自動車労働組合 ……………140
ソウル ……………………131, 148
測定尺度 …………89, 96, 114, 159
外集団…………93, 113, 116, 149, 169
ソニー ……36-38, 77, 85, 110, 174, 189

た

大連 ………………………………7
台湾 ………21, 56, 105, 125, 130, 136, 165
多属性態度モデル ………………26
単一民族国家 …………………117
男性製品………………………29
男性らしさ……………………18, 127
地位関係 ………………………20
知覚
　――経済的脅威 ………………118
　――コスト …………………112, 118
　――必需製品 …………………118
　――品質 ……………………65
中華思想 ………………………118
中国 …8, 78, 104, 105, 125, 130-136, 165, 202
　――のインターネット ……177-180
中性製品………………………29
長期志向 ……………107, 116, 122
直接投資 ……………………36, 45
地理的要因 …………………126, 131
手がかり情報 ………23, 47, 64, 65
適合理論 ……………………39, 65
敵対心 …………………3, 9, 143, 145
デル ……………………………175
テレビ CM ……………………85, 204
天津 ……………………131, 132
ドイツ …………………16, 96, 114
動機づけ ………………………29, 74
独断主義…………………20, 111
トヨタ ………34, 38, 173, 176, 205
トルコ……………21, 31, 41, 101, 114, 152

な

内的手がかり ……………………65, 68
ナショナリズム ……………103, 113, 181
南京 …………………110, 131, 145
二次的ブランド連想………………61, 209
二重情報処理理論………………74
日本……15-19, 21-24, 30-33, 45, 92, 106, 109-111, 143-145
日本製＝高品質 …………………6
ニュージーランド ……65, 102, 109, 115, 127, 152
認知
　――革命 ……………………26
　――的原産国イメージ効果………13
　――的倹約 …………………75
　――不協和 ………150, 153, 214

は

パーソナリティ…………………20, 124

ハイアール……………………………6, 52
バイナショナル製品 ……………35, 41
白人………………………………20, 101
パナソニック …………6, 27, 56, 173
パラドックス連想 ……171, 182, 202, 203
バランス理論……………………150, 153
パレスチナ………………………143, 150
ハロー効果…………………………27, 64
ハンガリー……………………38, 101, 115
反感………………………92, 143, 145, 171
反韓感情……………………………………181
反日感情……………………3, 144, 154, 171
反日デモ…………………………171, 177, 181
反フランス感情……………………………181
反フランスデモ……………………………181
比較優位……………………………15, 33
非関税障壁……………………………15
非認知的モデル………………………90
ヒューリスティックス仮説……………28
ファイザー………………………………174
フィリップス…………75-77, 85, 110, 148
武漢…………………………………………7
複合モデル……………………216, 217, 219
福州…………………………………………7
符号化仮説……………………………28
物流コスト……………………………45
不買運動……………………………168, 175
フランス…………15-17, 22, 30, 95, 106, 152
ブランド
　――・イメージ ……35, 39, 84, 104, 105, 203, 206, 210
　――・エクイティ……24, 40, 41, 61, 73, 75, 82, 83, 209
　――・オリジン ……………2, 54, 55
　――・コミュニケーション …62, 84
　――・ポートフォリオ戦略 ……204
　――・レバレッジ戦略 ……209, 215

　――態度 ………107, 191, 197
　――の二次的連想………………61
　――連想 ……………60-62, 117
　――ワールド型 ………186, 206
プロパガンダ……………………118
文化人類学………………117, 121
文化的
　――意味………………57, 217
　――開放度……………………118
　――要因………29, 102, 103, 122, 123
　――類似性………102, 112, 118
北京 ……………7, 131, 148, 205
ヘルツェゴビナ………………113
偏見 ………17, 22, 35, 90, 120
貿易収支………………4, 91, 130
　――赤字………3, 5, 91, 117, 130
ポーランド ……38, 97, 104, 114, 127
母国イメージ強調型………186, 205
保守主義………20, 98, 112, 118
ボスニア………………………113
香港………………20, 105, 175

ま

マーケティング・コンセプト ……23, 64
マクロ経済要因………90, 129, 135
マス媒体………………220, 227
マッチアップ仮説 ……216, 217, 219
民族………………57, 116, 117
民族主義 ………128, 150, 176, 177, 205
メキシコ …14, 21, 35, 37-41, 99, 101, 115
モジュール化………………49, 51, 52
モトローラー………………………174
物事 ……………………61, 62, 209

や

有名人………………………209, 213
ユニナショナル製品………………35

ら

リーダーの操作 …………………………118

レノボ ……………………………………6
労働力確保の容易性………………………45
ロシア……………38, 53, 97, 100, 109, 110

執筆者紹介
　　略　　歴
　1970年　ソウル市生まれ　銀行・商社勤務を経て，
　2001年　成均館大学経営大学院修士課程修了（経営学修士）
　2005年　早稲田大学大学院商学研究科修士課程修了（商学修士）
　2012年　同大学大学院商学研究科博士後期課程修了，博士（商学）早稲田大学
　2008年　同大学商学学術院助手
　2012年　同大学商学学術院助教
　2013年　関東学院大学経済学部准教授
　2015年　駒澤大学グローバル・メディア・スタディーズ学部准教授

JCOPY　＜出版者著作権管理機構委託出版物＞
本書のコピー，スキャン，デジタル化など無断複写は著作権法上での例外を除き禁じられています。複写される場合は，そのつど事前に（社）出版者著作権管理機構（電話 03-3513-6969，FAX 03-3513-6979，e-mail: info@jcopy.or.jp）の許諾を得てください。また，本書を代行業者などの第三者に依頼してスキャンやデジタル化することは，たとえ個人や家庭内での利用であっても一切認められておりません。

消費者行動の多国間分析
―原産国イメージとブランド戦略―

2012年9月10日　初版第1刷発行
2015年10月30日　　　　第2刷発行

著　者　朴（ぱく）　正　洙（じょんすう）
発行者　千　倉　成　示

発行所　㈱千倉書房　　〒104-0031東京都中央区京橋2-4-12
　　　　　　　　　　　電　話・03（3273）3931㈹
　　　　　　　　　　　http://www.chikura.co.jp/

©2012 朴正洙，Printed in Japan
カバーデザイン・島 一恵／印刷・シナノ／製本・井上製本所
ISBN978-4-8051-1002-7